深瀬忠一の人と学問

平和憲法とともに

編
稲　正樹
中村睦男
水島朝穂

新教出版社

はじめに

本書は、憲法の平和主義研究に生涯を捧げた深瀬《ふかせ》忠一《ただかず》（一九二七―二〇一五）の憲法学の特質、憲法裁判への貢献、その人となりとキリスト者としての信仰を、世に広く紹介するために刊行するものです。

深瀬忠一は北海道大学法学部において憲法講座を担当し、憲法学者として恵庭裁判・長沼裁判に協力し、立憲民主平和主義の原則に立って平和的生存権研究を進め、札幌独立キリスト教会の会員として、二〇一五年一〇月五日に八八歳の生涯を閉じました。

二〇一六年一月二三日には、「深瀬忠一さんを記念する市民集会」が札幌において開催されました。この集会の発起人の一人となった稲正樹は、北海道大学法学部と同大学院で深瀬忠一の指導を直接受けています。

その後、二〇一七年七月二日に北大で開催された日本平和学会の春季研究大会において、「憲法を武器として・恵庭事件――知られざる五〇年目の真実」という映画が上映されました。

また二〇一八年四月二八日には、ＮＨＫのＥＴＶ特集において、「平和に生きる権利を求めて――恵庭・長沼事件と憲法」という番組が放送されました。この番組は、深瀬忠一の恵庭裁判における憲法理論上の貢献をよく伝えており、多くの視聴者の関心をひいたと聞いています。放送後には、「憲法とは何か、ただの理想を書き連ねたものではない。私たちがどう活《い》かすか。あらためて考えました。いい番組でした」という感想などが、ＮＨＫに寄せられたことを知りました。

その折に、同番組のディレクターの小林亮夫氏から「深瀬さんは一般の人にあまり知られていないのではないか」という意見を聞き、何とか深瀬忠一の人と学問の全体像を明らかにする本を出版したいと思うようになりました。

早速、深瀬忠一とともに北大憲法学をリードしてきた中村睦男北海道大学名誉教授・北海道大学元総長に本の出版を相談して、編者に加わってもらいました。

深瀬忠一は、憲法の平和主義研究に関して、和田英夫・小林直樹・深瀬忠一・古川純（編）『平和憲法の創造的展開――総合的平和保障の憲法学的研究』（学陽書房・一九八七年）、深瀬忠一・杉原泰雄・樋口陽一・浦田賢治（編）「恒久世界平和のために――日本国憲法からの提言」（勁草書房・一九九八年）、深瀬忠一・上田勝美・稲正樹・水島朝穂（編著）『平和憲法の確保と新生』（北海道大学出版会・二〇〇八年）という、憲法施行四〇年、五〇年、六〇年を記念した共同研究の成果を刊行しています。

最後の共同研究の成果である『平和憲法の確保と新生』において編者の一人となった水島朝穂早稲田大学教授も、本書の編者となることを快諾してくれました。そして、深瀬忠一のキリスト教関係書を数多く出版してきた新教出版社の小林望社長に相談して、本書の刊行を引き受けてもらいました。本書の企画段階から、執筆者への執筆依頼、内容構成をともに考えてきた、同労の三氏に対して、厚くお礼を申し上げます。

＊

本書の第Ⅰ部は、「憲法学者からみた深瀬憲法学」として、深瀬忠一の平和主義研究、統治機構論と議会政研究、フランス憲法研究と日仏交流への貢献を取り扱った、憲法学者による論文を収録しています。深瀬忠一が平和的生存権研究のみならず、統治機構論、議会政、フランス憲法研究をはじめとした比較憲法研究そして日仏の文化・憲法学交流にも多大な貢献をしたことが、明らかにされています。

第Ⅱ部の「憲法裁判と平和的生存権の拡大」は、深瀬が全力を注いだ憲法裁判（恵庭裁判、長沼裁判）に関して、裁判の元被告、弁護士、裁判の支援者による論文を収録しています。恵庭裁判、長沼裁判を契機にして「人権としての平和」の考え方は国内外に広がりつつあります。その発展の現状は、第二部の後半において、教育学者、テレビ番組・映画の製作関係者、弁護士による論文とコラムとして紹介され、論じられています。

第Ⅲ部は「深瀬忠一の人と信仰・学問」として、深瀬忠一の人となりとキリスト者としての信仰のありかた、立憲民主平和主義とキリスト教の関係について論じた論文、コラムを収録しています。深瀬忠一をよく知る家族、知人、札幌独立キリスト教会の関係者、教え子、友人、学者などが執筆しています。平和憲法の確保と新生を追求した深瀬忠一のビジョンの根底には、「土の器の中に持つ宝」（Ⅱコリント四章七節）、すなわち神の真理をあらわす者たちの一人でありたいと願った、深瀬忠一の信仰があったことが明らかにされています。

*

生涯札幌に踏みとどまり、札幌を源流とする平和主義を世界に広め確立するために生き抜いた深瀬忠一は、晩年折に触れて、心境を率直に述べた歌を詠んでいます。

この国と世界を愛する人なれば恒久平和の使命に生きむ　（二〇〇八年）
永遠の世界平和は至高善カントの理想を我も夢見る　（二〇〇九年）
緑なすエルムの森にますぐなる学問良心平和への道　（二〇一二年）
崖っぷち危機に立ちてぞ艱難は平和の海にはゆる不思議さ　（二〇一三年）

本書によって、とくに若い世代のみなさんが、世界人権宣言を起草した功績により一九六八年にノーベル平和賞を受賞したルネ・カッサンの述べた、「人権の尊重のためたたかうことなしに平和は無く、平和に生きることなしに人権の尊重も無い」という言葉を、実感してくだされば幸いです。平和憲法の崖っぷちの危機の時代にあって、いまこそ平和憲法をまもり、ひろめる運動を強く大きくしていきましょう。深瀬忠一が提唱していた総合的平和保障構想を実現させる道筋をどのようにつけるのかについても、本書が何らかのヒントになることを願っています。

思想・信条やさまざまな見解の相違をこえて、日本の現実を平和憲法の理想に少しでも近づけることを望んでいるすべての市民・研究者・学生のみなさんが、実際に本書を手にとって読んでくださることを、心より願っています。

二〇一九年一〇月

編者を代表して
稲 正樹

目次

第Ⅰ部　憲法学者からみた深瀬憲法学

第1章　北からの平和
――北海道と九条(1)

西村裕一

一　召命

自衛隊法違反で起訴さる　恵庭　射撃通信線切断の兄弟(2)

当時、市史によれば陸上自衛隊駐屯地が「町勢に異常な発展を促し」ていたとされる千歳郡恵庭町(現恵庭市)(3)で起こった小さな事件が、一人の憲法学者の運命を大きく変えることになる。その憲法学者とは、松岡修太郎の後を襲って北海道大学法学部憲法講座担当者に就任した深瀬忠一。彼が北大に助教授として着任したのは一九五六年のことであるが、法学部の前身である北大法経学部の助手時代は内地研究員として東京大学の宮沢俊義の下で研究に従事し、助教授昇進の翌年には二年余に及ぶ留学に出ているので、彼が札幌に腰を落ち着けるようになるのは一九六〇年に入ってからのことではないかと思われる(4)。その三年後にこの事件に出会ったことは、「非武装平和主義の深く力強い真理の証人たるべきキリスト者」であった深瀬にとって、まさに「召命（Beruf）」であった(5)。

この起訴は、北海道新聞の三面に小さく報道されただけで、ほとんどまったく見落とされましたが、当時北大法学部学生だった笹川紀勝兄……がことの重大性に気づき、私はこれが平和憲法の運命を左右する本質をもつと判断し、弁護士彦坂敏尚さんと相談しました。〔中略〕この時、強大な国家権力に対して、弱小な市民がまっこうから争うなどということは、「お上」にたてつくことで、小心な私にはとうていできないことでした。しかしその時、思い起こしたのは若きエレミヤが、神が予言者として召そうとされた時、「私は若僧で口べただからどうぞ御かんべんを」としりごみした、しかし神はその躊躇を打ち消して、万国の予言者に召して用いられたことでした（エレミヤ書一章）。私は何度も考えなおし祈ったすえ、神が、平和憲法を、日本国民のため守りなさいとおっしゃっているこことが否みえないなら、その召しに従わねばならないという信仰の良心にしたがって、憲法裁判に取り組みました。(6)

処女論文である「フランス憲法史における条約と国内法」(7)をはじめとする重厚なフランス憲法研究や、内閣の解散権に対する「習律上の制約」というコンセプトを打ち出した不朽の古典である「衆議院の解散」(8)のような議会制研究を次々と発表していた深瀬が、従来の研究からは異質に見える一本の論考を『世界』誌上に発表した(9)のは、このような経緯によるものであった。

北海道の一隅で起こった一刑事事件は、この深瀬の論考が朝日新聞の論壇時評で取り上げられた(10)こともあり、一躍、全国の知識人達の関心を集めることになる。もちろん憲法学界もその例に漏れず、とりわけ、一九六五年に発足した全国憲法研究会の第一回研究集会（同年一〇月一八日）では、この事件に「最も直接的でアキュートな関心が抱かれ」(11)ていたという。こうして「島松演習場事件」もとい「恵庭事件」は、札幌地裁で判決が下された一九六七年三月二九日には全国紙の夕刊一面で報じられるほどの、一大憲法事件へと発展していった。

他方、かかる事態に「自由な言論の価値と実際的な効果との大きさを痛感」(12)した深瀬の研究領域もまた、この論考をきっかけに大きく変化することになる。もちろん、フランス憲法研究やフランス憲法学界との交流はその後も精力的に継続され、その一連の業績は現在でも高く評価されている(13)。しかし、「深瀬憲法学の精華を示す」(14)と評されている『戦争放棄と平和的生存権』(15)を筆頭に、彼の著書（共著・編著を含む）はその多くが平和主義をテーマとするものとなり、やがて「平和のために闘う学者として確固たる高い評価」(16)を得ることになったのである。

二　北国の理想

深瀬の平和研究の動機には、「札幌に源流を発するクラーク先生とその弟子達の聖書の真理と福音の信仰そして平和主義がある」(17)。旧制一高在学中の一九四九年に東京美竹教会で洗礼を受けた深瀬は一九六二年に札幌独立キリスト教会に転会しているが、その独立教会を創立した中心メンバーである「札幌バンド」に多大な影響を与えたのが、北大の「源流」(18)である札幌農学校の初代教頭・クラーク（William Smith Clark）であった(19)。

クラークと言えば、Boys, be ambitious！であり Be gentleman！であるが、その叫びに込められた「クラーク精神」とはいかなるものであったのか。深瀬によれば、「クラーク精神」の真髄・根底にはキリスト教信仰があるとした上で(20)、Be gentleman！とは「確固たる良心に基づき、一個の独立した人格であれ」という教えであり、Boys, be ambitious！とは「高い目的をもち、人生を高く最も有効ならしめよ」という教えである、とされる(21)。これを要するに、「クラーク先生が聖書に基づき全人格をもって教えようとした精神は、まさにほかならぬ、伝統的日本文化の致命的欠陥を超克する、信仰による個人の強靭不屈の自主独立の精神であり、国境を超えた人間の温かい兄弟愛であった」(22)。そして、かような「クラーク先生の Boys, be ambitious という叱咤の声は、札幌の少数の青年たちによって、先生の真精神そのままに、受けつがれ、三斗の粉全体をふくらませる純質、微量のパン種のように、神の国の前進の起動力となったのである」(23)。その「札幌の少数の青年たち」の中に、札幌農学校二期生・内村鑑三がいた。

内村について、深瀬は「戦争の不正と戦う平和主義者」と評する。すなわち、彼が参照する松沢弘陽の解説によれば、聖書の原理的な理解に基づく絶対的平和主義の立場から日露戦争を批判した内村は、第一次大戦後、日本が「八方塞がり」から脱するためには「大国主義」を捨て「小国主義」に徹することを説くに至った(24)。「このような内村は、聖書の平和主義と正義を貫くため戦争という最大の不正義と公然と戦闘し、不正な時の権力者、御用学者、世論の大勢から、『不敬漢』『売国奴』とののしられ、孤独と悲哀に耐えた平和主義者であった」(25)。日露戦争時には、すでに内村は札幌を離れていたにもかかわらず、彼の影響を受けたキリスト者たちによって——少数派として迫害を受けつつも——「非戦論」が唱えられることになる(26)。

さらに、その内村や新渡戸稲造（札幌農学校二期生）を師と仰いだ人物が、終戦直後の講演旅行において深瀬の人生と学問に決定的な影響を与えたばかりでなく、東大総長として深瀬に生涯の指針となる卒業式訓示を行うことにもなった、矢内原忠雄である。東大を追われる直接的なきっかけとなった論文において「正義と平和とこそ国家の理想である」と論じた矢内原(27)は、深瀬によれば、「師内村のごとく、彼も少数、そして一人になっても、正義と平和の真理の言葉を叫んで不正と戦争とたたかった」のであり、「戦前・戦後を通じてもっとも明確に一貫した強靭な平和の独立人であった」(28)。

以上のように、北海道とりわけ札幌は、クラークに始まり「札幌バンド」によって受け継がれることになる「キリスト教平和主義」の源流であった(29)。「クラーク精神」を継承すべき北大と独立教会(30)に所属していた深瀬にとって、それがどれほど札幌そして北海道という土地に特別な意味を与える事実であったかは、想像に難くないように思われる(31)。

三　北からの平和

北海道は「憲法裁判の多発地域」(32)とも言われる。そうなったのには様々な要因が重なっていようが、とりわけ九条裁判についていえば、北海道の歴史が軍事的なるものと切っても切れない関係にあることと無縁ではない、というのが深瀬の認識であった。すなわち、ロシアに対する国防という目的をも有する屯田兵が開拓に大きな役割を果たした北海道には、戦後も東西冷戦のなかで「北の守りの要塞」としての役割が与えられ、日米安保体制を支える主要な軍事基地の提供が求められたのである(33)。

北海道は、明治維新以来、「北辺の守り」、屯田兵、戦略的重点地域、「犠牲防衛線」であり続けた。そして最精鋭自衛隊が最新鋭兵器をもって演習し、軍事基地を建設強化しつつある。だからこそ、平和憲法との衝突が相ついで起こった。(34)

しかし他方で、「もし、刑罰権を発動してまで自衛隊の強化を強行しようとし、あるいは保安林を切り倒してもミサイル基地を増設しようとする国家権力の発動に対して、国民の側が、無関心、無知、無気力な追随的態度であったら、なんらの『事件』も意識されないままに、北海道は軍事力強化の先導地域となっていたところでした。しかし、実際には、この『お上』の権力の発動に対して、平和憲法に挑戦する違憲の国家行為だから、『憲法の番人』である裁判所においてこれと闘い、平和憲法を擁護しなければならぬという、前代未聞の質とスケールの憲法裁判運動が起こり、平和憲法体制を守り抜いたのです」。その意味において、「軍事化の最前線」である北海道は「平和化の最前線」へと転換しうるのだと深瀬は言う[35]――「『北からの災』は転じて『北からの平和』ということにならないであろうか」[36]。

そして事実、深瀬によれば、恵庭・長沼の裁判闘争を契機として、平和憲法やそれが保障する平和的生存権の思想と力が北海道の大地に根ざした「道産子」として育ってきたのである[37]。その際に重要だったのは、裁判闘争の当事者であった恵庭事件の被告人・野崎兄弟の中に、「北国の理想」たる「クラーク精神」が生きていた――少なくとも深瀬はそう信じた――ことであろう。

野崎《ママ》兄弟は北海道の最高学府、北大農学部を卒業し、頭もよく弁が立ち、理屈がとおる。一見、地をはらったかに見える北大の「クラーク精神」が、形をかえて彼らのうちに力強く、正義のための不屈の闘志となって生きているのを見た、といってもあながち誇張ではないように思う。[38]

自衛隊に依存する町において周辺住民からの孤立を恐れず、自分たちの生活を守るために「権利のための闘争」へと立ち上がった野崎兄弟の姿は、深瀬の眼に「憲法一二条がいう基本的人権を『不断の努力によって保持』してゆく意識と姿勢をもった、いわば新憲法が期待する人間像のあらわれ」として映った[39]。この点で彼らは「平和のために戦う自主独立の個人、真のゼントルマン」[40]であったと言えようが、それはまた、「伝統的農民型」とは異なり、「近代市民に普遍的な権利意識を平和に適用し平和運動の連帯の輪をひろげてゆこうという合理的思考」が見られるという長沼事件における基地反対派農民たち[41]にも、ある程度は妥当したであろう。

四　人間の尊厳

たしかに、日本国民の多くが九条改正に反対であるように、平和憲法は「定着」したと一般に言われている。けれども、「厭戦感情、核アレルギー、『ぼくらはごめんだ』、『夫を子を父を戦場にやるな』、『平和と民主主義』〔、〕『反戦平和』等のスローガンも、どれだけ深く真実の平和への主体的把握と結びついているのであろうか」(42)。そもそも、「平和はただ夢みエンジョイする（楽しむ）だけではだめだ。平和を正義と両立させつつ確保してゆくためには、戦火によって流す血と涙以上の犠牲を自ら支払う戦いが必要だということが、明らかにされねばならない」。ところが、平和憲法を擁する「平和国家」の主権者として「平和を生み出す主体」とならねばならないにもかかわらず、日本国民の多くは「泰平ムード」に慣れきって自衛隊の必要性を肯定するに至っている。このように、国民が「民主国民にふさわしい自覚と責任」も持たず、「平和憲法の真価や現実について無関心で無知でただ長いものに巻かれろ式でずるずると世論が低きに流れてゆく」現実を、深瀬は厳しく糾弾した(43)。

日本国民がそのような軍事化順応の安逸な民であるとすれば、峻厳なる正義の神の審判・絶滅的戦争や内戦をまぬがれることができるであろうか。その破局の時に至って、国民は再び私は知らなかった政府にだまされたのだ、という弁解は全く成立の余地はない。(44)

こうして権力者による「解釈改憲」を容認する精神的風土の背景に、深瀬は、「クラーク精神」によって克服されるべき「伝統的日本文化」すなわち「天皇制的憲法文化」を見出す(45)。「平和憲法は明文上一度も改変されないまま、日米軍事同盟のもと自衛隊が世界第八位を下らぬ軍事力となって久しいが、なしくずしの軍事化の過程と受容の実態ほど、『天皇制文化』がその効用を如実に示している例はない」(46)。そのような「集団的雰囲気の推移のままに情緒的に追随・順応してゆく習性と意識」の根底にある伝統的日本文化と根本的に対立するのが「個人の尊厳に基づく人権尊重の現行憲法」であり、「人間の尊厳とその人権の尊重を根本とし、国内のみならず国境を越えた人類世界の平和に責任を感じ」ることによってこそ平和憲法の真価を維持・発展させることが可能になる、というのが深瀬の確信であった(47)。かくして、深瀬が「憲法一三条の人間個人の尊厳の精神」を「平和憲法の魂」と規定する(48)趣旨も、よく理解できるのではないだろうか。

このように見ると、深瀬が告発しようとしたのは、軍事化という現象そのものというよりは、むしろ九条を持ちながら軍事化を許容する日本社会のあり方であったように思われる。そうであるがゆえに、このような「天皇制文化」の権化たる日本陸軍の中で「せめて人間的であろうとした」憲法学者(49)が、「個人の尊重」を徹底化することにより九条中心の平和論を人権論の視角から組み直した(50)という事実に、深瀬も注目せざるを得なかったのであろう。

久田憲法学は、「戦争を経験した者」の戦争の「恐るべき」非人間性と犯罪性の告発の憲法学であるといってよかろう。〔中略〕死を免かれた無数の軍人や家族たちのうち、「戦争の経験」を徹底的に反省した者がどれほどいたろうか。戦争体験をたんなる受動にとどめず、人間性の根元に遡って考えなおし、戦争に対し抵抗し、平和を愛し創造する道を、平和憲法とともに、憲法学的に追究してやまない久田憲法学は、戦中世代の人間としての誠実の証しであろう。(51)

深瀬と久田という、ともに北海道に根を下ろした二人の憲法学者は、九条の向こう側に「かけがえのない個人」を見出したという点において、たしかに交錯していたように思われる。

友よ、わたしは
爆撃がこわいから
食糧の欠乏がいやだから
ただそれだけで戦争に反対するのではないのです。

人間が人間らしく生きるために
――盲人が見え、足なえが歩き
貧乏人が福音を聞く――ために
平和が必要なのです。(52)

（1）本稿は、拙稿「北海道と九条」法律時報八八巻九号（二〇一六年）七〇頁以下を下敷きとしつつ、一部に同「北からの平和」弘文堂スクエア『忘れられた名著たち』二〇一六年五月二七日〈http://www.jcl-classics.com/entry/2016/05/27〉の内容を組み込んで再構成したものである。
（2）北海道新聞一九六三年三月八日付朝刊一一面（北大附属図書館所蔵のマイクロフィルム版）。
（3）参照、渡辺茂編『恵庭市史』（北海道恵庭市役所、一九七九年）五二〇頁。
（4）深瀬の経歴については、参照、「深瀬忠一教授の経歴と業績」北大法学論集四〇巻五・六号下巻（一九九〇年）一四二七頁以下。なお本稿では、深瀬を含むすべての方に敬称を付さないこととする。
（5）参照、深瀬忠一＝橋本左内『平和憲法を守るキリスト者』（新教出版社、一九六八年）一一四頁［深瀬］。「召命（Beruf）」については、最晩年に物された深瀬忠一「「全国憲」の創設と継承・発展と提言について」全国憲法研究会編『日本国憲法の継承と発展』（三省堂、二〇一五年）二〇頁でも、言及されている。
（6）深瀬忠一『平和の憲法と福音』（新教出版社、一九九〇年）一二五—一二六頁。もちろん、「キリスト者」としての「責任」のみならず「憲法学者としての良心と理性」も深瀬を後押しした。参照、同「フランスと平和憲法とともに生きた四五年」深瀬忠一教授退官記念『平和と国際協調の憲法学』（勁草書房、一九九〇年）四五〇頁。
（7）北海道大学法学会論集七巻二号一頁以下（一九五六年）、七巻三・四号二三頁以下、八巻一・二号四六頁以下（一九五七年）。
（8）宮沢俊義先生還暦記念『日本国憲法体系　第四巻　統治の機構Ⅰ』（有斐閣、一九六二年）一二七頁以下。
（9）深瀬忠一「島松演習場事件と違憲問題」世界二一三号（一九六三年）二〇三頁以下。なお同じ号には、同年五月三日に京都で開催された憲法問題研究会主催の講演会の模様も収録されており（辻清明「ある憲法の運命」、末川博「憲法問題の大衆化」）、憲法学史的に見ても含蓄に富んだ構成となっている。
(10) 都留重人「論壇時評　上」朝日新聞一九六三年八月二七日付朝刊一一面（縮刷版）。
(11) 全国憲法研究会シンポジウム「憲法第九条をめぐる諸問題〔要旨〕」法律時報三七巻一一号（一九六五年）六四―六五頁。
(12) 深瀬忠一『恵庭裁判における平和憲法の弁証』（日本評論社、一九六七年）一三頁。
(13) 記念碑的な業績として、Tadakazu FUKASE et Yôichi HIGUCHI, *Le constitutionnalisme et ses problèmes au Japon*, 1984.
(14) 岡本篤尚「『武力なき平和』の憲法政策をめざして」長谷部恭男編『憲法本四一』（平凡社、二〇〇一年）一八六頁。
(15) 岩波書店、一九八七年。
(16) 浦田賢治「BOOK REVIEW」法律時報六〇巻五号（一九八八年）一〇九頁。
(17)「座談会　深瀬忠一教授を囲んで」北大法学論集四〇巻五・六号下巻（一九九〇年）一四一七―一四一八頁。
(18) 有江幹男「序」北海道大学編『北大百年史　通説』（ぎょうせい、一九八二年）頁数なし。
(19) クラークに関する著作のうち深瀬がよく掲げるものとして、逢坂信忢『クラーク先生詳伝〔再版〕』（財団法人クラーク記念会、一九六五年）、大島正健（大島智夫改訂増補）『クラーク先生とその弟子たち』（教文館、一九九三年）、ジョン・M・マキ（高久真一訳）『W・S・クラーク〔新装版〕』（北海道大学図書刊行会、一九八六年）等がある（ただし版は最新のもの）。
(20) 深瀬忠一＝大友浩編『北国の理想』（新教出版社、一九八二年）二六頁〔深瀬〕。
(21) 深瀬・前掲注（6）『平和の憲法と福音』六八頁。
(22) 深瀬忠一＝榎本栄次編『北からの平和』（新教出版社、一九七五年）三四九頁〔深瀬〕。

(23) 深瀬＝榎本編・前掲注（22）一九二頁［深瀬］。
(24) 参照、松沢弘陽「近代日本と内村鑑三」同編『日本の名著　三八　内村鑑三』（中央公論社、一九七一年）四六―四七頁、七二―七三頁。
(25) 参照、深瀬＝榎本編・前掲注（22）三四―三六頁［深瀬］。
(26) 参照、松沢弘陽「非戦を訴えた札幌市民たち」深瀬忠一ほか編『北海道で平和を考える』（北海道大学図書刊行会、一九八八年）二二三頁以下。
(27) 矢内原忠雄「国家の理想」（一九三七年）『矢内原忠雄全集　第一八巻』（岩波書店、一九六四年）六三一頁。なお参照、将基面貴巳『言論抑圧』（中央公論新社、二〇一四年）四二頁以下。
(28) 深瀬＝榎本編・前掲注（22）四四頁［深瀬］、深瀬・前掲注（6）『平和の憲法と福音』六二頁。
(29) 参照、深瀬忠一「札幌を源流とするキリスト教平和主義」同ほか編『平和憲法を守りひろめる』（新教出版社、二〇〇一年）一六頁以下。
(30) 参照、深瀬＝大友編・前掲注（20）二八頁［深瀬］。
(31) 札幌および北海道が有する「独自の価値」については、参照、深瀬＝大友編・前掲注（20）一八三―一八五頁［深瀬］。深瀬・前掲注（6）『平和の憲法と福音』二八四頁では、「札幌の貴い経験と精神的遺産なくして、私の今日も、また著作もありえなかった」とまで述べている。
(32) 久田栄正「はじめに」同『帝国憲法史』（法律文化社、一九八三年）五頁。
(33) 参照、太田一男「北海道と憲法問題」太田一男＝鳥居喜代和編『北海道と憲法』（法律文化社、二〇〇〇年）五頁。
(34) 深瀬＝榎本編・前掲注（22）一頁［深瀬］。
(35) 参照、深瀬忠一「軍事化から平和保障へ」同ほか編・前掲注（26）五五頁。
(36) 深瀬＝榎本編・前掲注（22）一頁［深瀬］。

（37）参照、深瀬・前掲注（35）五四―五六頁。「道産っ子」としての平和的生存権については、深瀬・前掲注（6）『平和の憲法と福音』三九頁以下も参照。
（38）深瀬・前掲注（12）二〇七頁。もっとも野崎兄弟のうち北大農学部を卒業したのは兄の健美氏のみのようである。かかる事実関係についてご教示下さった中村睦男先生には、この場を借りて篤く御礼申し上げます。
（39）深瀬・前掲注（12）八六―八七頁、八二頁。水島朝穂「ルポ・恵庭事件の地を訪ねて」札幌学院評論二号（一九八四年）七二―七三頁も、恵庭裁判に「権利のための闘争」という表現を用いる。
（40）深瀬・前掲注（6）『平和の憲法と福音』二三二頁。
（41）参照、深瀬忠一『長沼裁判における憲法の軍縮平和主義』（日本評論社、一九七五年）二五頁。
（42）深瀬＝榎本編・前掲注（22）一三〇頁［深瀬］。
（43）参照、深瀬＝橋本・前掲注（5）一三八―一四二頁［深瀬］、深瀬＝榎本編・前掲注（22）八九―九二頁［深瀬］。
（44）深瀬＝榎本編・前掲注（22）九五頁［深瀬］。本稿で触れることはできないが、この問題は「戦争責任」の追及とも関連する（参照、深瀬・前掲注（6）『平和の憲法と福音』四九頁以下等）。
（45）参照、深瀬・前掲注（15）三八二頁以下。同書によれば、「天皇制的憲法文化」の特徴は「①上からの縦割・権力追随的発想と姿勢、②家族共同体的意識、③情緒的本質と柔軟曖昧だが実利的順応力」であり、それに対して現行憲法が期待・要請する「民主的・平和的憲法文化」は「①個人の尊厳と独立を根本とし、②横の平等と連帯を重視し、③合理的に原則を重んじ人間の法的権利を守ることを目的とすることを基本的特徴とする」、とされる（三八五頁、三八六頁）。
（46）深瀬・前掲注（6）『平和の憲法と福音』一七九頁。
（47）参照、深瀬＝大友編・前掲注（20）六一―六二頁、一九七―二〇〇頁［深瀬］。

(48)　深瀬・前掲注(6)『平和の憲法と福音』三三頁。
(49)　久田栄正『戦争と私』(久田栄正、一九八一年)三頁。
(50)　参照、水島朝穂「戦争体験と憲法学」札幌学院法学二巻二号(一九八五年)七頁以下。
(51)　深瀬忠一「現代における平和憲法の思想的課題」和田英大ほか『現代における平和憲法の使命』(三省堂、一九八六年)四二頁。
(52)　これは、深瀬＝橋本・前掲注(5)八頁に掲載されている、野村永子による詩の一部を抜粋したものである。

第2章　九条訴訟という錯綜体

蟻川恒正

序

九条訴訟は、特異な訴訟である。

憲法九条を守ることが訴訟の狙いだと、誰もが——当の訴えの当事者も含め——当然のように思っているところがあるが、恵庭事件にせよ、長沼事件にせよ、これまでの代表的な九条訴訟の被告人（恵庭事件）や原告（長沼事件）が訴訟の眼目としてきたのは、九条とは差し当たり独立の、当事者たちの個別具体的な権利を守ることであった。

もちろん、その個別具体的な権利の重要性を弁証する上で、あるいは、その個別具体的な権利に対する政府の侵害の厳しさを弁証する上で、九条が、被告人・原告らにおいて、有効な武器と感じられたことは確かであろう。けれども、この武器は、存外使いにくい武器でもあって、無暗に振り回すと、当事者たちの個別具体的な権利を守る上で役に立たないだけでなく、かえって妨げにさえなることも少なくない。

はたして、当事者たちの個別具体的な権利を守ることと憲法九条を守ることとが容易には整合しないところに、九条訴訟の――あまり語られることのない――困難さが存する(1)。

以下では、この困難さに直面し続けた一人の憲法研究者の思考の軌跡を辿ることを通じて、九条訴訟という錯綜体に向き合うための最低限の準備をしておきたいと思う。

その憲法研究者とは、深瀬忠一（一九二七―二〇一五）(2)である。

一　恵庭訴訟（一九六三―一九六七）

深瀬が恵庭事件を知ったのは、三六歳の時であった。その時のこと(3)を、深瀬は、一九八二年のある講演で、次のように話している。

一九六三年の三月の昼、北大のわきの小さな食堂で、……笹川紀勝先生と一緒に昼食をとっていました。当時、笹川先生は北大法学部の学生［正確には法学部転部前の理学部学生――引用者注］……、私は助教授でありましたが、笹川さんがポケットから北海道新聞の小さな三面記事の切抜きを取り出して「これは大変な問題だと思いますがいかがですか」と言いました。私はそれをみて、ゾーッとしたというか、武者振いというか、全身を戦慄のようなものが走るのを覚えました。その記事とは、「島松演習場に隣接する乳牛牧場経営の野崎兄弟が通信線を切って陸上自衛隊の……加農砲射撃を防止したため、札幌地方検察庁は札幌地方裁判所に自衛隊法一二一条の防衛供用物損壊罪重罰規定を適用して起訴した」というもので、この一週間前の小記事は私が（九九％の道民と同様）全く読み落としていたものでした。……その後、知り合いの弁護士彦坂敏尚氏と、札幌の三越わきの喫茶店で、三人で面談しました。私は言いました。「この刑事裁判は、日本国民の平和と人権を守るために憲法訴訟として争わざるをえないと思うが、どうか」と。彦坂さんはちょっと考えていましたが、言いました。「先生、おっしゃるとおりです。売られた喧嘩です。やりましょう」、と。このようにして、わが国における憲法の平和主義に関する最も重要な裁判の一つである「恵庭事件」は、まず一人、ついで二人、そして三人から始まったのであります。（傍点原文）(4)

こうして始まった恵庭訴訟に、深瀬は、特別弁護人として深く関与した。わけても、これまで誰によっても試みられたことのない自衛隊法の憲法適合性審査を行うことができるようにするための理論的基礎を裁判所に提供することに努めた。一九六〇年代前半といえば、日本の憲法訴訟論の薄明期である。芦部信喜や時国康夫によって切り拓かれつつあった立法事実論などを手懸りに、深瀬は、同じく特別弁護人(5)となった行政法研究者の今村成和とともに、裁判所が自衛隊法の憲法適合性判断という難事業を手懸けることができるようにするための道筋をつけるべく力を尽くした(6)。

だが、札幌地裁による恵庭事件第一審判決は、自衛隊法の憲法判断には踏み込まなかった。同地裁は、被告人である野崎兄弟が切断した通信線が自衛隊法一二一条にいう「その他の防衛の用に供する物」には当たらないとして、兄弟の行為が同条の構成要件に該当しないことを理由とする無罪判決を下したのである。自衛隊法の憲法適合性をめぐって正面から組み合った被告人・弁護団と検察官の双方の予測を裏切って憲法判断を回避した恵庭事件第一審判決は、当時広く「肩すかし判決」と呼ばれた[7]。

深瀬は、判決後、この判決について、「いいようのない割り切れなさ、やり場のなさ」を感じたことを告白している[8]。「恵庭判決は、……違憲審査権を極端に矮小化する論理の中に自からを閉じ込め、憲法判断を回避してしまった」というのである[9]。深瀬は、「本件公判は判決が全く採用しない憲法論争に大部分を費し、判決の決め手となった構成要件該当性に焦点のあった当事者の主張・立証がなされていない」点を指摘し、「憲法判断を回避しない言明を（留保なしでも）繰り返しながら」、「もっぱら職権による法解釈により断を下した訴訟指揮は、当事者に対する信義に背く不意打ちとして、厳しい批判を免れないであろう」と言明した[10]。

けれども、深瀬は、この「肩すかし」に消極面だけを見たのではない。判決が自衛隊法の憲法判断に立ち入らなかったことに、深瀬は、「下級審の護憲の実務的知慧」（傍点引用者）を見出してもいる[11]。

砂川事件が第一審・東京地裁の日米安保条約違憲判決（一九五九年三月三〇日）の後、直ちに跳躍上告され、変則的統治行為論を用いた限りなく合憲判決に近い最高裁判決（一九五九年一二月一六日）を招いたことを本件と照合し、深瀬は、「まず、札幌地裁は最高裁ではないという事実、地裁違憲判決はただちに跳躍上告され、一年そこそこで最高裁判決が出るだろうこと、その判決が違憲判決を支持することよりも、破棄する蓋然性の方が大きいという事実を直視することを、回避することは許されまい。かりに最高裁が砂川判決流の自衛隊法合憲判決を出したとするならば、どんなに悲惨な憲法状況に変遷するか。その結果に責任をとる立場からは、地裁違憲判決は最悪の事態を最も早く招く導火線になりかねないことを考慮しなければならない」（傍点原文）と述べている(12)。憲法規範と牴触すると思われる法令が存する場合には、一般的には当該法令を違憲と断ずることが、裁判所としてなすべき護憲の振舞いであるだろう。けれども、下級審が違憲判決を下すことが、かえって最上級審での反対のモーメントの高まりに火を点ずることにしかならないとしたら、合憲判断を下さざるをえないと最上級審に思わしめる状況を作出しないことこそが、それぞれの時点での憲法状況を悪化させないために下級審が採りうる最良の方策となる。こう推論すれば、被告人無罪の結論を導出しつつ憲法判断を留保した恵庭事件第一審判決は、「右のような熟慮の末ギリギリの護憲行為をしたと解する余地」（傍点引用者）があるというのが、深瀬の見立てであった(13)。

だが、判決直後の深瀬は、この見立てにいう最良の方策を心底から最良の策であると得心していたわけではない。なぜなら、深瀬にとって、この見立ては、恵庭事件第一審判決後にはじめて思い至ったものではなく、本事件の公判当初から議論の俎上に上せていたものであり、俎上に上せた上で、いわば「熟慮の末に」棄てた筋だったからである。

深瀬は、一九六四年のある研究会での自らの報告を回顧し、「最高裁が現状のままでは、違憲判決の可能性に乏しいことを前提として、次の三つの態度のうち、いずれを最良とすべきかについて検討を乞うた」と記している。「三つの態度」とは、以下の如くである。

①うられたケンカを受けて立ち、堂々と正攻法でたたかう。……地裁違憲判決の跳躍上告に対して学者の智性を結集し、世論をできるだけ盛り上げて、最高裁の堅塁をゆさぶる
②「最高裁の本陣前に猪突猛進して全員討死」にということでは、「わな」にはまるようなものだ。自衛隊法一二一条のいう防衛に供する用具に電話線はあたらぬ、「防衛」といった漠然たる概念で、馬やトラックや兵舎まで入れるようなやり方で、重罰を課する自衛隊法を適用した起訴は、憲法三一条違反だ。ましてや、侵略の可能性が現実に全然ないのに、「防衛」に供する用具とはいえぬ。その違法の急所をつけば自衛隊の憲法第九条違反性を問題とするまでもなく……被告無罪というやり方でいけば、むしろ必らず勝つんじゃないか（傍点原文）
③両者の折衷説。自衛隊の違憲性を理論的にも実際的にも徹底的に実証する。そして自衛隊法一二一条の違憲の疑いは極めて強い。直接違憲は断定せぬ。そのような規定の適用はできるだけひかえ、防衛に供する用具は縮小解釈し、刑法の規定を適用すべきだったのに、それを排して適用した起訴処分は違法である、といった構成をとる(14)

こうした検討の上で、深瀬は、②を——「必らず勝つんじゃないか」と思いながら——あえて棄て、自らは、①を、その「わな」にもかかわらず、採用するとしたのである。深瀬は、検察による

控訴の可能性もありえたし、刑法上の器物損壊罪に切り替える可能性もないではなかったにもかかわらず、「無罪判決の確定をもたらしたのは、弁護団・学者・支援の人々が、①方式で真正面からたたかったからこそ、ありえたのである」と書いている(15)。恵庭事件第一審判決後の深瀬が、判決の採った②の態度に寄り添い切れないのは、むしろ当然でさえあるだろう。

ここに露頭しているのは、当事者たちの個別具体的な権利を守ることと憲法九条を守ることとが容易には整合しないという九条訴訟の困難である。

九条訴訟ではない通常の憲法訴訟であるならば、侵害されている当事者たちの個別具体的な権利を恢復するためには、彼らの権利を侵害している政府行為に対して違憲判断を求めるのが、当該当事者にとっての護憲の振舞いであるところ、九条訴訟にあっては、とりわけ下級審において政府行為に対する違憲判断を求めることは、最上級審での合憲判断を導くことを意味しかねず、したがって、当該当事者にとっての護憲の振舞いにならない、といった塩梅なのである。

政府行為と憲法が牴触すると思われるとき、違憲判断によって政府行為を無効とし、憲法の優位を確認することが、当該政府行為によって侵害されている当事者たちの個別具体的な権利を守ることであると同時に、「憲法を守る」ことでもある。その限りで、権利の保障と憲法の保障は重なる。違憲判断を控えることは、一般的に考えれば、憲法を守っているとは言い難いことのように思われる。

だが、九条訴訟では、政府行為に対して敢えて違憲判断をしないことによって憲法が守られる場合があるというのである。とはいえ、合憲判断にまで至れば、それが如何に当事者たちの個別具体的な権利を守ることと両立しうるとしても、憲法を守る振舞いとは流石にいえないであろう。

そうであるとすれば、ここにいう「護憲の実務的知慧」は、違憲判断を控えることであるとしても、合憲判断をすることではありえない。「護憲の実務的知慧」とは、恵庭事件第一審判決の場合、憲法判断の回避であるほかはない。

だが、これを狙うことは、「護憲」を志す者の訴訟戦略としては、少なくともふたつの意味で、すこぶる困難である。

第一に、政府行為が違憲であるとも合憲であるとも裁判所に言わせないということは、「護憲」を志す者の法戦略として魂を揺さぶるものに乏しい。

第二に、にもかかわらず、政府行為が合憲であると裁判所に言わせないためには、当該政府行為によって個別具体的な権利を侵害されたと訴える訴訟当事者としては、強い違憲主張をすることが必要となる場合があるが、この強い違憲主張が通常の意味で奏功した場合には、政府行為が違憲であると裁判所に言わせることに帰結しかねず、ダブル・バインドに陥る。

恵庭事件第一審判決が下された後の深瀬を捕えたのは、このような意味での錯綜体としての九条訴訟の制禦し難い性格であった。

二　長沼訴訟（一九六九―一九八二）

錯綜体としての九条訴訟は、恵庭事件第一審判決から僅か一年で、再び、深瀬の前に、その制禦困難な相貌を現わす。

長沼事件である。

古くから水害に悩まされ続けてきた北海道夕張郡長沼町は、町内に聳える馬追山が水源涵養保安林に指定されていることによって、川の氾濫等から守られていた。ところが、航空自衛隊ナイキミサイル基地建設のために、農林大臣が馬追山の保安林指定を解除する処分をした。この処分の適法性を問題として、多くの住民が処分取消しを求める訴えを提起したのが、長沼事件である。

保安林の指定解除が認められるのは、「公益上の理由により必要が生じたとき」（森林法二六条二項）であるとされていた。本件の保安林指定解除は憲法九条二項によって保持できないとされる戦力のための施設設置を目的とするから「公益上の理由」があるとはいえないとする原告の主張と、国の防衛施設の設置はきわめて高度の公共性をもつ国家作用であるから本件の指定解除には「公益上の理由」があるとする被告の反論とが、正面から対峙し、恵庭事件に続く大規模な九条訴訟として注目を集めた。

一九七三年九月七日、第一審・札幌地裁は、「自衛隊の存在およびこれを規定する関連法規が憲法に違反するものである以上、自衛隊の防衛に関する施設を設置するという目的は森林法の右条項にいう公益性をもつことはできない」と述べ、本件保安林指定解除処分は「「公益上の理由」を欠く違法なものであり、取消しを免がれない」との判断を下した。

長沼訴訟が、深瀬の前に、その錯綜体としての険しい面貌を現わしたのは、このときからである。

この地裁違憲判決に対し、深瀬は賛辞を惜しまない。けれども、そうであればあるだけ、深瀬には、最上級審での反動が懸念された。弁護団[16]による違憲主張が奏功すればするだけ、錯綜体としての九条訴訟は、困難な課題を突きつける。裁判所が違憲とも合憲とも言わなかった恵庭事件第一審判決の場合には突き詰めずに済んだ模擬問題が、長沼事件第一審判決の後、ついに現実問題となったのである。

長沼事件第一審判決は、保安林指定解除処分を取消す点において、原告らの具体的な権利利益を保護するとともに（権利保障の契機）、違憲判断をした点において、憲法九条の価値それ自体の確認までをもなしえたが（憲法保障の契機）、ほかならぬその後者の点の故に、むしろ最上級審での形式的ないし実質的逆転判決への導線をつけたともいいうる。

それならば、最上級審で違憲判決が維持されればそれでよいのかというと、それも、深瀬の課題意識からいって、単純には肯定できない。最上級審で違憲判決が出されれば、そこでの憲法解釈上の問題は、司法過程を含む通常の政治過程から憲法改正過程へと場を移して（いわゆる「転轍手の理論」）、当該処分を合憲であると主張する政治勢力の主導のもと、憲法改正過程で再審査の対象とされることとなるだろう。

護憲勢力にとっての到達点といわれた長沼事件第一審判決は、そうであるが故に、その戦果を、上級審・最上級審において、守り、摩耗させないためには如何なる法戦略が必要か、という極めて深刻な実践的課題に、護憲勢力を直面させずには措かなかった。

恵庭事件第一審判決の直後には、自ら同判決中に見出した「下級審の護憲の実務的知慧」を積極的に承認する覚悟までは把持していなかったように見受けられた深瀬は、ここにおいて、九条訴訟という錯綜体の孕む固有の困難を正面から引き受けるに至ったと想像される。

深瀬は言う。

①……平和憲法を守るとは、次のようなことだと考えられた。「恵庭事件は、……わが国における戦力強化の動きを阻止し、さらに公平・厳正な裁判所に一見明白な違憲事実を違憲と宣言せしめることによって立憲民主制の姿勢を正す……、最後の抵抗の場であるというべきであろう。」（傍点原文）

「恵庭裁判」は、右のような基本的認識と課題意識において一致し、弁論、理論そして世論の理解・支援が三論一体となり、違憲論が合憲論を圧倒した裁判過程だったといえる。しかし、刑事事件における一審の違憲判決と跳躍上告、一年以内の逆転最高裁合憲ないし統治行為判決については「砂川事件」の例があり、あくまでも慎重かつ結果に責任を負う判断が必要であった。かつ、最高裁判所の憲法解釈（最終決定）権と憲法「変遷」ないし憲法改正との関連も十分考えねばならない。

②……このような最高裁との関係で、困難かつ追いつめられた国民にとって、次のようにつきつめて考えねばならなかった。

「検察官が主張するような端的な自衛隊（法）合憲判決の確定は、客観的に積極改憲論者の主張の実現を意味することを、充分考慮しなければならないと思う。そのような憲法変遷の確定

＝実質的改憲を、いかにして遷延させ、限定し、解体しあるいは阻止するか、そのことによってどれだけ平和憲法を自らの力で確立することができるかという国民的課題に、いまわれわれは直面しているというべきであろう。」（傍点原文）(17)

ここには、憲法を守ることの意味が、違憲な政府行為ないし事実を端的に「違憲と宣言」すること（①）と、「憲法変遷の確定＝実質的改憲を、いかにして遷延させ」るかを戦略的に考えること（②）との、ふたつの関心からの意味に分節して提示されているが、かかる戦略論を、深瀬は、長沼事件第一審判決を承けた原告側弁護団の争い方ないし訴訟目的の設定として具体化した。

深瀬は、次のように書いている。「長沼一審判決の否定としての、逆転判決＝自衛隊合憲ないし実質的合憲（統治行為）判決を「阻止」する「長沼弁護団」の作戦（自衛隊の合違憲判断を最高裁に訴求せず、「訴の利益」のみを争い「破棄差し戻し」を請求――この点を見落して最高裁判決を論評する者が意外に多い）は、上記①の主張が反対極に逆転しうるという最高裁の現実状況を直視しつつ、上記②の「憲法変遷の確定＝実質的改憲を……遷延させ、限定し、解体しあるいは阻止する」ことをねらった」（傍点原文）ものである(18)。

「長沼弁護団」が、「作戦」として、「自衛隊の合違憲判断を最高裁に訴求」しない道を選択したということは、「長沼弁護団」および深瀬が、長沼事件第一審判決を護憲運動の誇るべき到達点としながらも、上級審・最上級審では、別の戦略をとり、長沼事件第一審判決がしたような自衛隊ないし自衛隊法に対する違憲判決を、高裁・最高裁に対しては、むしろしないよう求めるという訴訟戦略を打ち樹てたことを意味する。

違憲の政府行為に対しては違憲の烙印を押すことこそが護憲の通常の発現形態であるとする一般的な理解からすれば、これは、護憲の在り方として特筆すべきものであろう。まさしく前記の②である。深瀬は、前記①に尽くされないもうひとつの意味を「憲法を守る」営為の新たな形態として創造したのである。

既に見たように、恵庭事件第一審判決の憲法判断回避のうちに、深瀬は、「下級審の護憲の実務的知慧」を汲みとった。これとの対比でいうならば、第一審の違憲判決を承けての長沼事件の訴訟展開に対して深瀬が期待したもの——最高裁が自衛隊を合憲とする判断を下さないだけでなく違憲判断をも下さないこと——は、「最上級審の護憲の実務的知慧」というべきものであろう。

自衛隊の合違憲判断を最高裁に訴求せず、「訴の利益」のみを争い「破棄差し戻し」を請求するという「長沼弁護団」の作戦は、深瀬によれば、最高裁による「合憲判決（実質的合憲判決の効果をもつ統治行為判決をも）を「阻止」することによって達成した。(19)

一九八二年九月九日の長沼事件上告審判決は、原告らの訴えの利益は消滅したとして、原告らを敗訴させている。同判決は、「乙と表示のある上告人らの原告適格の基礎は、本件保安林指定解除処分に基づく立木竹の伐採に伴う理水機能の低下の影響を直接受ける点において右保安林の存在による洪水や渇水の防止上の利益を侵害されているところにあるのであるから、本件におけるいわゆる代替施設の設置によって右の洪水や渇水の危険が解消され、その防止上からは本件保安林の存続の必要性がなくなったと認められるに至ったときは、もはや乙と表示のある上告人らにおいて……訴えの利益は失われるに至ったものといわざるをえない」と述べ、「洪水の危険は社会通念上なくなった」とする原審の判断は是認できるとして、上告を斥けた。だが、「長沼弁護団」の作戦はその目的を「達成した」とする深瀬の言葉は、負け惜しみではない。訴えの利益が認められなくとも、最高裁に違憲とも合憲とも判断させないことによって、憲法改正過程を始動させることなく、今日まで「憲法変遷の確定＝実質的改憲を……遷延させ」ていることそれ自体が、錯綜体としての九条訴訟の訴訟過程をよく統禦し、「最上級審の護憲の実務的知慧」を引き出したと評しうるからである。

最後に、長沼事件上告審で裁判長を務めた団藤重光裁判官の反対意見に触れる。団藤重光反対意見は、次のように述べている。

多数意見［は］、「原審は、……各砂防堰堤の土砂流出防止機能とｂ一号堰堤の洪水調節能力とにより、乙と表示のある上告人らの居住する地域における洪水の危険は社会通念上なくなったものと認定判断しているものと解される」としている［が］、原判決がはたしてそのように洪水の危険が社会通念上なくなったものと認定判断しているものといえるかどうかについて、わたくしとしては、なお、不安を払拭し切れないのである。問題は、原審が訴えの利益の問題について、かならずしも多数意見（私見も同様）と同一の見解をとってはいないのではないかとおもわれる点にある。原判決はもっぱら本件代替施設が「伐採前の本件保安林が果していた理水機能による洪水防止の機能に代る機能を十分に営み得るものである」かどうかの点に着眼して、これを肯定的に認定判断しているのである。つまり、多数意見や私見においては、端的に本件代替施設の設置によって洪水や渇水の危険が解消されたと認められるにいたったかどうかを問題としているのに対して、原審は、単に右施設の理水機能が伐採前の本件保安林のそれと同程度のものになったかどうかを問うているにすぎない。……わたくしは、やはり、原審をして正しい理論的前提のもとに改めて訴えの利益の消滅の有無について審理を尽くさしめるのが本筋だとおもうのであり、原判決を破棄して事件を原審に差し戻すのが相当であると考える。

ここには、「自衛隊の合違憲判断を最高裁に訴求せず、「訴の利益」のみを争い「破棄差し戻し」を請求」するとした「長沼弁護団」の作戦どおりの判断が表現されている。団藤重光反対意見を折に触れ深瀬が高く評価するのは、当然であろう。

だが、その意味は矮小化されてはならない。原判決と上告審・多数意見との間にあり、多数意見が気づいていない可能性がある見解の差違を厳密に捉える団藤は、訴えの利益という行政訴訟の訴訟要件にかかわるテクニカルな問題領域に分け入って法専門家のみが玩味しうる高度に技術的な論議に耽っているのではない。「ややもすれば安易に徒過されかねない本件事案について、あえて緻密・鋭利な分析を加え、最高裁のより厳格な基準を鮮明にし、かつ、洪水等の被害から住（国）民の生命・生活・基本的人権を保護しようとする「人権の砦」の強靱な「本筋」を貫いたものとして、国民はこれを高く評価しなければならない」（傍点引用者）と深瀬は書き(20)、「同裁判官の本件裁判の本質に対する深い洞察に、国民と平和憲法の立場から、敬意を表することを忘れてはならないと考える」と付記している(21)。

跋

今日に至るまでの九条訴訟の積み重ねのなかで、長沼事件上告審判決における団藤重光反対意見は特筆されることが多くはない。けれども、九条訴訟という錯綜体にあって、訴えの利益が消滅したか否かのみを精緻に論じ、憲法判断に一切及ぶことのない同反対意見には、当事者たちの個別具体的な権利を守ることと憲法九条を守ることとを真に整合させるための「最上級審の護憲の実務的知慧」が濃縮されているように思われる。その意義を誰よりも重く受け止めたのが、九条訴訟の困難さに生涯直面し続けた憲法研究者(22)であったことは、偶然ではない(23)。

（1）　違憲審査制には、私権保障と憲法保障のふたつの機能が託されているが、九条以外の憲法上の条項にかかわる違憲訴訟の場合には、当事者の個別具体的な権利を守ることが当該憲法条項を守ることと緊張関係に立つことは一般に考え難い。
（2）　本稿は、私が企画に携わった二〇一六年の法律時報八八巻九号「小特集　九条裁判を再考するために——深瀬忠一の actualité」に寄せた小稿（同号五四頁）をもとにしている。本稿のほかに私が深瀬を取り上げたものとしては、蟻川恒正「「不断の努力」と憲法」辻村みよ子ほか編『国家と法の主要問題——Le Salon de théorie constituionelle』（日本評論社、二〇一八年）一〇九頁がある。

（3）この出来事については、笹川紀勝「恵庭訴訟の原点——権力によって選ばれた時と国民の決意する時」法律時報八八巻九号（二〇一六年）六〇頁を参照。

（4）深瀬忠一「一人の価値と力——世界平和の建設に寄与しうるもの」同『平和の憲法と福音』（新教出版社、一九九〇年）一八七頁、一九七—一九八頁。

（5）特別弁護人として、ほかに、憲法研究者の久田栄正がいる。久田については、西村裕一「北海道と九条」法律時報八八巻九号（二〇一六年）七〇頁を参照。

（6）一九六五年に執筆された深瀬と今村成和による「自衛隊の実体審理の必要性にかんする特別弁護人の共同意見（一）」（深瀬忠一『恵庭裁判における平和憲法の弁証』（日本評論社、一九六七年）六七頁）を参照されたい

（7）但し、恵庭事件第一審判決が憲法判断に踏み込まないことを裁判所の訴訟指揮等から予測した新聞記事があった。判決言渡し二日前、一九六七年三月二七日の北海道新聞である。

（8）深瀬忠一「恵庭裁判の残した問題」法律時報三九巻九号（一九六七年）二一頁。

（9）深瀬・前掲注（8）二一—二二頁。

（10）深瀬・前掲注（8）二二頁。

（11）深瀬・前掲注（8）二四頁。

（12）深瀬・前掲注（8）二五頁。なお、宮澤俊義「恵庭判決について」ジュリスト三七〇号二五頁を参照。

（13）深瀬・前掲注（8）二五頁。

（14）深瀬・前掲注（8）二六頁注三。

（15）同上。

(16) 内藤功「恵庭・長沼裁判の今に生きる教訓」法律時報八八巻九号（二〇一六年）六六頁を参照。内藤は、恵庭事件・長沼事件等、代表的な九条訴訟の弁護団にあって重要な役割を果たした。
(17) 深瀬忠一「平和憲法は冬眠しているか——憲法解釈額の一つの今日的課題」法律時報五六巻六号（一九八四年）二二頁、二五頁。
(18) 深瀬・前掲注（17）二六頁。
(19) 同上。
(20) 深瀬忠一「長沼最高裁判決と憲法の平和主義（下）——恵庭・長沼裁判の二〇年の意義と今後の展望」法学セミナー三三七号（一九八三年）一六頁、一八頁。
(21) 深瀬・前掲注（20）二一頁。
(22) 深瀬の九条論については、岡田信弘「深瀬九条論の今日性——「丸山九条論への応答」として読み解く」法律時報八八巻九号（二〇一六年）七六頁を参照。
(23) 九条訴訟に対する私の考えは、蟻川恒正「裁判所と九条」同『尊厳と身分——憲法的思惟と「日本」という問題』（岩波書店、二〇一六年）九五頁。

第3章　安保法制違憲訴訟に見る深瀬憲法理論

志田陽子

はじめに

日本の平和主義と国家存立に重大な自己矛盾を生じさせることとなった、二〇一五年九月一九日採決による(1)新安保法制（以下「新安保法制」と記す）は、二〇一九年六月三〇日現在、全国規模の「安保法制違憲訴訟」によってその違憲性が問われている。本稿では、その経過と意義を概観し、この分野の訴訟が拠って立つ憲法論に深瀬の憲法理論が深い影響を与えていることを確認する。

一　経過

(一) 提訴

二〇一五年九月一九日以降の新安保法制を憲法に反するとして争う訴訟は、全国で提起されている。このうち最大規模の集団訴訟である「安保法制違憲訴訟の会」（以下、「違憲訴訟の会」と略記）による訴訟は、二〇一六年四月二六日の東京訴訟を皮切りに、二二の地方裁判所に国賠・差止め合わせて二五の訴訟が提起された。二〇一九年六月末の時点で、原告数は七七〇四名、代理人弁護士数は一六八五名となる(2)。また、女性原告一一一人と女性弁護士による「女の会」(3)、元自衛官が個人で訴訟を提起した本人訴訟などがあり、新安保法制に対する法的な疑義は、全国で多数の主体・多数の観点から提起されている(4)。

(二) 提訴後の経過

これらの訴訟の多くは、現在、それぞれの地方裁判所において審理中である。

国側は、すべての訴訟で「原告の訴えはすべて抽象的な不安感または意見に過ぎないため、却下すべきである」との主旨の応答を繰り返しており、原告の主張内容に対する答弁を行っていない。

上記「違憲訴訟の会」による訴訟の中では、二〇一九年四月二二日、札幌地裁で最も早い判決が出された。国賠訴訟については請求棄却、差止訴訟については訴えが不適法であるとして却下、というものである。国賠訴訟における請求棄却の理由は、憲法前文の「平和のうちに生存する権利」（以下「平和的生存権」と記す）は具体的権利とは言えないこと、「原告らの不安や恐怖は抽象的なものに過ぎず、法律上保護された利益が侵害されたとは言えない」ことだった。

この判決は、「全ての基本的人権は平和の基盤なしに存立しえない」として、憲法前文の平和的生存権を「具体的権利」と認めた二〇〇八年の名古屋高裁判決（二〇〇八年四月一七日判決）から、大きく後退している。この二〇〇八年判決は、後述するように、深瀬の憲法理論が大きな影響を与えた判決である。

原告に証言の機会を与えることも、申請された証人を採用することもなく出された上記札幌判決についていては、このような手続きだけで上記の判断が下せるのか、疑問である(5)。原告は、この判決を不服として控訴している。

そのような中でも、原告本人尋問と証人尋問を採用する裁判所も出てきた。その最初の例として、二〇一九年六月一三日、「違憲訴訟の会」前橋地裁の公判で証人尋問が行われた。この証人尋問には、宮崎礼壹（れいいち）・元内閣法制局長官、半田滋・東京新聞論説委員、筆者の三名がそれぞれの専門から、所見を述べた。まず半田氏は現在施行されている法制の下での自衛隊の活動が、軍事的危険を増大させているものであることを実態調査に基づいて指摘し、「専守防衛の概念を逸脱しており、日本が戦争に巻き込まれる蓋然性が高くなった」との所見を述べた。次に筆者が人格権に関する基礎理論と近年の裁判例の展開と、そこから見て原告に具体的な権利侵害が生じているとする所見を述べた。最後に宮崎氏は、内閣法制局時代の解釈変更と法制度改正が根拠の不明な、混乱を招くものであること、それ以前の政府解釈は単なる答弁ではなくそれに基づいて予算措置や行政行為が行われてきた「国家実践」であったことから、現在の制度変更は現行憲法への違反となるとの所見を述べた(6)。

二　安保法制違憲訴訟の意義

(一) 安保法制違憲訴訟の法的意義と社会的意義

この安保法制違憲訴訟は、原告の権利・利益の回復という法的意義をもつ裁判であることはもちろんだが、そこにはとどまらない法的・社会的意義をも担っている。その一つは、憲法が明文で掲げる平和主義が法規範であることを、司法の場で確認することである。憲法前文と憲法全体の構成を見たとき、平和的生存権は「政府」(国家)を拘束する立憲的な法規範として掲げられており、九条はその保障のために国家に課せられた拘束規範である。この理論的関係を明らかにし、その法規範性を確認したのが深瀬の平和的生存権論である。この権利を根拠として国を訴える一連の裁判においては、深瀬が特別弁護人として法廷に立った恵庭訴訟(札幌地裁一九六七年三月二九日判決)、その理論が本格的に展開し裁判所に受容された事例とされる長沼ナイキ訴訟第一審判決(札幌地裁一九七三年九月七日判決)がある。その後、これにとどまらず、同分野の訴訟の中に深瀬の影響は濃く見て取れる(7)。

政治経済・外交は常にルールなき《力》の競い合いへと陥る危険と隣り合わせである。その中で、憲法上の諸原則は、これらを方向づけ拘束する法規範である。新安保法制の採用と施行、その周辺で起きてきた公文書(自衛隊日報)の扱いなどによって、日本ではこの立憲的統制の全般が崩れつつあることが明確になってきた。したがって、現在行われている安保法制違憲訴訟は、《安全保障の問題領域において侵害されている権利の救済、そのために必要な立憲的規律の回復》という課題を通じて、日本における立憲主義そのものの回復をめざす訴訟であると言える。

法規範遵守ルールとしての立憲主義を維持するための最終的な機関が裁判所である。安保法制違憲訴訟では、このことを裁判所に問い、三権分立の一翼を担う役割を自覚するよう、裁判所に訴えている(8)。こうした訴訟は、政治部門が扱うべき政策議論とは別に、権利侵害という法的問題を争うものであり、市民には当事者として権利主張を行う資格がある。先に見た現在の訴訟の原告数は、この思考が市民および法律家の間に定着してきたことを示しているが、これは、深瀬の尽力と足跡によるところが大きい。

(二) 原告の訴え

現在の安保法制違憲訴訟の原告の中には、第二次世界大戦時に空襲被害や原爆被害によって直接戦争被害を受けた人、第二次世界大戦によって家族を失った人、基地周辺の住民、障がいを持つ市民、原子力技術者、法学者、教育者、科学者などが含まれている。また、自らの経験から危険を切実に憂慮している元自衛官や、危惧と心的苦痛を感じている自衛官の家族が含まれている(9)。原告にはさらにジャーナリストや船舶・航空関係者など海外で活動する人々も含まれるが、その経験談から、こうした人々の活動にとって日本がこれまで「国家実践」――前述の宮崎元内閣法制局長官の言による――として採ってきた平和主義が大きな力を持っていたことも、明らかになってきた(10)。新安保法制によって日本が戦争に参加する蓋然性または当事国として攻撃を受ける蓋然性が高まったことは、多くの調査研究や報道から知りうる事柄である(11)が、このことによって自らの恐怖体験の再現を余儀なくされたり、家族の戦死や戦後の苦難に関する過酷な記憶に苛まれることとなった原告が多く存在する。上記の「違憲訴訟の会」の訴えの内容を見ると、これらの原告の訴えは、平和的生存権、人格権、憲法改正決定権の三つに整理され構成されている(12)。

三　三つの権利侵害と深瀬憲法学の発展的継受

(一) 主張の論理構造

新安保法制が日本国憲法に違反していることはさまざまな観点から論証されている。しかし付随的違憲審査制をとっているわが国の違憲審査では、統治に関する憲法違反を直接に裁判で訴えることは難しい。そこで、(第一段階) 原告の訴えが裁判所による法的救済を要する権利侵害の訴えであることを明らかにし、(第二段階) その侵害が違憲違法な国家行為から生じていることを論証し、(第三段階) その侵害の深刻さに応じた法的救済を求める、という論理手順が必要となる。新安保法制について「憲法違反」が論じられるときの議論の多くはこの第二段階に属するものだが、現在の裁判所の姿勢を前提とした場合、この第二段階の問題を司法の場で問うことは、第一段階を通過することで初めて可能となる。

上記の、平和的生存権、人格権、憲法改正決定権の議論は、この第一段階の議論である。

これに対して上述の札幌地裁判決は、この第一段階のところで、国賠訴訟については「請求棄却」、差止め訴訟については訴えを不適法として「却下」とした。しかし、権利侵害からの法的救済を求めて行われた提訴に対して、その権利侵害の有無を判断せずに済ませることはできないはずである。深瀬の論による平和的生存権を具体的権利と認めた長沼ナイキ訴訟一審判決は、たしかに最高裁で覆されたが、その最高裁判決は《憲法判断を行わない》というものであり、平和的生存権の具体的権利性を取り上げて否定したものではない。一方、それよりも時間的に後の二〇〇八年名古屋高裁判決では、平和的生存権の具体的権利性を改めて認めており、この訴訟はこの高裁判決で確定しているため、これを覆す判決は存在しない。したがって裁判所は、具体的権利としての平和的生存権に照らして原告の主張を検討すべきであろう。

こうした論理の基礎を提供しているのが、平和的生存権の解明を通じて、日本の平和主義を政治的理念にとどまらない「人権」へと基礎づけ、これを裁判における実践理論として精錬した、深瀬の平和的生存権論である。

（二）安保法制違憲訴訟における三つの権利論と深瀬理論

本稿執筆中の二〇一九年六月末の段階では、安保法制違憲訴訟の多くが地裁（一審）の最終準備書面提出前の段階にあり、裁判所が前述の第一段階の論証を認めて審理に踏み込むかどうかはまだ不明であるとともに、最大の関心事となっている。その第一段階の三つの権利侵害論と深瀬憲法論の関りを見てみたい。

（ア）平和的生存権について。新安保法制により、憲法が諸国民に保障する「平和のうちに生存する権利」が脅かされ、侵害の危険にさらされている、との主張である。ここには、客観的な危険性の主張と、人格権的側面と言われる主張が含まれる。

客観的な危険性とは、新安保法制の施行に基づく自衛隊の活動によって軍事衝突が起きやすくなっていること、米国がどこかの国と戦争を行うことになったとき、日本は米国の軍事同盟国としてその戦争に諾否を示す余地もなく加担せざるを得なくなること、その蓋然性の高さから見て国民にとっての危険が生じていることをいう。仮に本当に軍事衝突が起き、自衛隊員を含む国民の生命や生活が破壊されることとなれば、この権利侵害は文字通り具体的なものとなる。さらにこの権利に「恐怖」という文言による明文の内容充填が付されていることから、そのような重大な被害（惨禍）の危険――被害を受ける者にとっては「恐怖」――が認められるときには、被害を事前に差し止めることも認められるべきであろう。

一方、平和的生存権の人格権的側面に、上記の危険性に対する「恐怖」（被害者となることの恐怖感）が含まれることは当然だが、これに加えて「加害者になりたくない」という良心的な拒否が含まれると理解されている。この部分は、先に見た一九九一年提訴の「市民平和訴訟」においてすでに「平和的生存権」の内容として認識されており、さらに二〇〇八年に名古屋高裁判決を見た自衛隊イラク派遣訴訟において明確に「平和的生存権」の内容として結実したものである(13)。この内容は、次に見る「人格権」の主張とも重なる。

こうした平和的生存権に関する主張は、前述の流れの中で市民によって採用されてきた平和的生存権論を、近年解明されてきたＰＴＳＤ（心的外傷後ストレス障害）に関する知見などを合流させながら、さらに発展させたものである。

前述のように深瀬はこの分野の裁判・住民運動および憲法理論の全体に大きな影響を与えた。前述二〇〇八年の自衛隊イラク派遣訴訟において意見書を提出した憲法学者・小林武の平和的生存権の理論は、深瀬の平和的生存権論に多くの部分で同調・立脚しており、このことを通じて深瀬がこの歴史的判決に影響を与えていることが見て取れる(14)。その小林武は今回の安保法制違憲訴訟においても平和的生存権に関する意見書を提出しており、その基礎理論の部分は同一線上にあることから、この安保法制違憲訴訟においても深瀬が開拓した平和的生存権論が、世代と世紀を超えて影響を与えていることはたしかであろう。

（イ）人格権について。人格権は、憲法一三条「幸福追求権」の中に位置づけられると考えられつつ、民事裁判の中で判例理論として発展してきた権利である。安保法制違憲訴訟では、憲法・民法の両方の筋道における理論の発展を視野に入れて、人格権を、生命・生活・健康への物理的な危険およびその深刻で具体的な不安の問題と、「生活の平穏」や「内心の静謐」や「自律的な生き方（を奪われない権利）」という問題に整理した。

深瀬の平和的生存権論の特徴の一つは、その包括的権利としての性質である。包括的権利という用語は憲法一三条の幸福追求権について多く使われるが、深瀬は「平和的生存権」が国家（政府）による平和破壊を拒否する自由権的側面とともに「欠乏」からの解放という社会権的側面も持つことから、憲法全体に通じる支柱（基底）としての性格を読み込む。そしてその内容が各条文の規範内容の発展によって具体化されていくのであればそちらに委ねうるとし、それでもなお他の条文で具体化しきれないものについては前文の「平和的生存権」を根拠条文とする、という考え方を示している(15)。こうした深瀬の理論からすれば、「人格権」と「平和的生存権の人格権的側面」とが内容的に重なる部分について、「人格権」の観点からも重ねて論じることは、「平和的生存権」の理論をより強く具体化する作業として位置づけられる。これは決して「平和的生存権」の論域を狭めたり、「平和的生存権」の裁判規範性を薄める議論とはならない。

（ウ）憲法改正決定権。安保法制違憲訴訟では、多くの原告が、平和的生存を脅かされる恐れと同時に、怒りを示していた。これは単なる感情ないし政治的意見にとどまるものでなく、その意味を以下のように法的に構成することが可能かつ必要なものである。集団的自衛権の行使容認を制度化した新安保法制は、具体的に多くの点で、現行憲法の前文（平和的生存権）と九条の解釈の限界を超えた内容となっている。これほどに現行憲法の明文に反する法制度を採用するのであれば、先に憲法改正を行わなければならない。その憲法改正については、必ず国民投票によって主権者の意思を問わなくてはならないことが憲法九六条に規定されている。

新安保法制の法制化と実施は、こうした手続ルールを破って国民の意思を問うことなく憲法の実質的改変を行った点で、憲法九六条が定めた主権者の権利に反する、というのが憲法改正決定権の主張である。これは憲法改正を求める主張ではなく、無断で憲法の規範内容を改変されることを拒否する権利主張である。

この主張も、現行憲法の規範内容――平和的生存権の法規範としての内容――が市民の法意識を支える実践的な価値を持つものとして、多くの市民に共有されていることを前提として成り立つ議論である。前述の「怒り」とは、このように共有されてきた規範が無断で改変されたこと、すなわち自己の主権者としての存在意義を公然と無視・否定されたことからくる焦燥感――内心の静謐・平穏に壊乱を受けた状態――を内実とするものであった。

おわりに

裁判所が原告の権利侵害を認定し、新安保法制の違憲性について審査に踏み込むかどうかについては今後の経過を見守ることになる。しかし少なくとも、日本の安全保障法制のあり方を憲法に照らして問う裁判において、深瀬の憲法理論が《裁判で争うこと》を可能とする基礎理論を提供したことの意義は大きい。この基礎理論が存在することによって、国民・市民は当事者として、何度でも、この問題を裁判所に問う資格を手にしているからである。

（1）この議決の正当性・有効性については疑問視すべき点が多いため、本稿では「可決・成立」という言葉を使うことを敢えて躊躇し、「採決」とする。

（2）「安保違憲訴訟の会」ホームページ（二〇一九年七月一五日閲覧）、寺井一弘・伊藤真・小西洋之『平和憲法の破壊は許さない』（日本評論社、二〇一九年）九八―一〇〇頁。

（3）「女の会」の訴訟の内容詳細については、安保法制違憲訴訟女の会『Voice　平和をつなぐ女たちの証言』（生活思想社、二〇一九年）参照。

（4）前掲『平和憲法の破壊は許さない』一〇二―一〇三頁、安保法制違憲訴訟の会編『私たちは戦争を許さない』（岩波書店、二〇一七年）参照。
（5）この判決には、批判的立場から多くの声明が発表されている。
（6）上毛新聞、毎日新聞、東京新聞、朝日新聞二〇一九年六月一四日記事および筆者が証言後に閲覧した証人調書（前橋地裁作成）による。
（7）裁判の実践において深瀬の理論が重要部分で受容された例として、本文で触れた長沼ナイキ訴訟における原告側の主張および第一審判決の内容、百里基地訴訟第一審（水戸地裁一九七七年二月一七日判決）に提出された浦田賢治による鑑定意見書、東京市民平和訴訟（一九九一年提訴、第一審判決は東京地裁一九九六年五月十日）における一九九三年の浦田賢治証言、自衛隊イラク派遣訴訟（本文において二〇〇八年名古屋高裁判決として言及しているもの）における小林武意見書などが挙げられる。本稿では、浦田賢治「平和的生存権の新しい弁証――湾岸戦争参戦を告発する憲法裁判」浦田賢治編『立憲主義・民主主義・平和主義』（三省堂、二〇〇一年）、小林武「自衛隊イラク派兵差止め訴訟における平和的生存権の意義」（立命館法学二〇〇五年二・三号）、同『平和的生存権の弁証』（日本評論社、二〇〇七年）を参照。こうした裁判実践における理論的な歩みを総合的に考察したものとして、河上暁弘「憲法九条訴訟と平和的生存権」（広島平和研究　Volume 2　二〇一五年）を参照（とくに深瀬が平和的生存権論の根底部分に影響と発展可能性を与えていることについて、一五一頁、一六〇―一六一頁、および一六七頁以下のイラク派遣訴訟における小林武の平和的生存権論の分析を参照）。
（8）この角度からはとくに青井未帆『憲法と政治』（岩波書店、二〇一六年）および前掲「違憲訴訟の会」ホームページにおいて公開されている訴状、報告会資料を参照。
（9）前掲『平和憲法の破壊は許さない』一〇二―一〇三頁、前掲『私たちは戦争を許さない』、前掲「違憲訴訟の会」ホームページ「原告の声」を参照。

（10）例として、一九八〇年代のイランイラク戦争時、日本船舶がペルシャ湾を航行する際に、日の丸を掲げることにより攻撃を受けずに航行できた、といった経緯が語られている。前掲『平和憲法の破壊は許さない』一〇二―一〇三頁。
（11）前述の六月一三日前橋地裁における半田証言と宮崎証言はこのことを端的に示している。
（12）筆者は、弁護団が整理した原告の訴えを読んだ上で、「人格権」に関する意見書を提出した。
（13）前掲注7に挙げた裁判例および参照文献を参照。
（14）小林前掲「自衛隊イラク派兵差止め訴訟における平和的生存権の意義」二五九頁、二六八頁。
（15）深瀬忠一『戦争放棄と平和的生存権』（岩波書店、一九八七年）（とくに二二七、二四〇頁）、同「ポスト経済大国の理念としての立憲民主平和主義」深瀬忠一・上田勝美・稲正樹・水島朝穂編『平和憲法の確保と新生』（北海道大学出版会、二〇〇八年）三五九頁。

第4章　今日の憲法政治と平和的生存権

小林　武

はじめに——平和憲法の今と深瀬

今日、平和のうちに生存する権利を強く念頭に置いて憲法政治を観るとき、どうしても、二〇一五年に制定され、その翌年から施行されている「安全保障法制」(「安保法制」。立法者の命名では「平和安全法制関連二法」)が対象とされるであろう。それは、後で述べるように、立憲主義の枠組みを破壊して憲法九条の実効性を奪い去り戦争国家をつくり出す法制度である。そして、本来その手続に関与する資格のない首相の手で、現在強行が図られている「自衛隊明記」改憲なるものは、まさに、この安保法制を憲法に定着させるものである。

こうした非立憲の反憲法政治に直面して、深瀬忠一ならばどのような発言をされるであろうか。その献身的な努力によってまとめられた平和憲法学の共同研究は、三度にわたって浩瀚な書物として結実しているが、二〇〇八年刊行の——深瀬の手になるものとしては最後の——書物(1)においいて、次のように述べる。――「神権天皇制・軍国主義旧憲法から国民主権・平和主義新憲法へ、一八〇度転換した『憲法革命』が六一年かけて国内的（内戦）・国際的（戦争）暴力なしに『国民の平和のたたかい』によって進み、一〇〇年に向かって達成〔され〕ようとしている」(2)。そのような今、日本国民は、わが国が軍事大国化することでもアメリカの軍事的隷属下で経済大国を続けることでもなく、「平和憲法を最高法規として確保し、自主・独立の核廃絶・軍縮の非軍事的国際協力により、……核・地球時代の人類が生き残るため、正義に基づく恒久世界平和の建設に寄与する道」を選択しなければならならない、と(3)。それにもかかわらず、今、国家権力担当者は、舵をさらに戦争の方向へと切っている。ますます深瀬の仕事から学びたいと思う。

筆者は、安保法制国会審議さ中の二〇一五年の夏、札幌福音的教育・平和研究会において講演をする幸運に恵まれた(4)。その四年前に沖縄に移住した私に、深瀬は、平和的生存権の燈火を北海道と沖縄でともに掲げることの不可欠さを、常に説いてくださっていた。講演では、自然に、沖縄の基地問題と安保法制を関連させて話すことになった。深瀬は、すでに健康を損なっておられたにもかかわらず、司会を務めてくださった。ご逝去は、その四か月後の一〇月五日であった。心からの感謝と尊敬の念を禁じえないのである。

その人と学問を偲ぶ書物に、標題論考を執筆する機会を得たことの喜びは大きい。筆者が平和的生存権に取り組もうとしたのは、深瀬の書物への憧憬からである。そうした追想の中で、まずは、安保法制・自衛隊明記改憲から述べることにしよう。

一　憲法破壊の憲法政治――「安保法制」と「自衛隊明記」改憲

1　非立憲立法としての「安保法制」法

（1）本来、憲法に拠ることなしには成立しえないはずの政治が、今日ますます憲法を破壊してやまない姿を呈している。それを際立って示すものが、安保法制である。もとより、戦後日本政治においては、憲法違反と評価されてしかるべき立法が少なからず制定されてきたが、今般の安保法制ほど、憲法学者がほとんど例外なく違憲と断じているものはない。それにもかかわらず制定が強行されたのであるから、この事態を原状に帰戻させることは、憲法が強く要請するところであるといわねばならない。

安保法制の違憲性は、まず、九条への違背において顕著である。この法制は、自衛隊法や武力攻撃事態法など一〇個の法律の改正と、自衛隊の海外派遣を常時可能にする「国際平和支援法」という名称の一個の新法を束ねたものであるが、その核心は、集団的自衛権を支柱にして、自衛隊が時の政府の判断により米軍などとともに海外で武力行使ができるようにしたところにある。これは、武力行使を放棄した九条一項に違反するものであり、また戦争に参加する自衛隊は同条二項が禁じた「戦力」そのものとなり、さらに戦争への参加は、同項が否認した「交戦権」の行使にあたる。加えて、前文がすべての国民に保障した平和的生存権を侵害するものでもあって、憲法の平和主義は根底から否定されることになる。

また、安保法制は、民主主義にも反している。長年、政府自ら否認してきた集団的自衛権の行使を容認へと転換するとき、それを閣議決定で強行したのは、主権者国民とその代表機関である国会をないがしろにするもので、国民主権や議院内閣制の原理を意に介さないものといわなければならない。また、自衛隊の活動を国民代表議会が統制する仕組みは民主主義の要請するところであるが、この法制の一一個の法のうち、国会の事前承認の制度を置いているのは一つにすぎない。しかも、国会に提供される情報には、「特定秘密保護法」のベールがかぶされている。加えて、この法案の審議過程では、提案者側の説明が不十分なまま採決が強行されるなど、議会制民主主義のルールに反する運営がくりかえされたのである。

（2）そして何より、安保法制には、立憲主義侵犯がそれ独自のものとして鮮やかに立ち現われており、それを土台にして、平和主義侵害・民主主義侵害という違憲問題が惹き起こされているといえる。それゆえにまた、この法制を正当化しようとする政府解釈も、通常一般の目的論的解釈の枠をあからさまに逸脱した恣意的なものであった。

紙幅の関係で詳述はできないが、二〇一四年の七・一閣議決定が、集団的自衛権にかんしその行使は容認されないとする、六〇余年にわたって政府自らが保持し、政治実例の中に具体化され、憲法慣習たる規範にまでいわば昇格し、九条の骨肉と化していた有権解釈を、一気に容認へと転じさせたのである。政府側は、この解釈転換を正当化する論拠として、一九五九年の砂川事件最高裁判決と七二年の政府見解を持ち出すのであるが、それは、牽強付会の極みと評されても致し方ないものであった。

すなわち、この閣議決定による論理の転換は、つぎのごとくであった。一九七二年政府見解（一〇月一四日、参議院決算委員会）が、「〔日本国憲法が、〕自国の平和と安全を維持しその存立を全うするために必要な自衛の措置をとることを禁じているとはとうてい解されない。しかしながら、だからといって、平和主義をその基本原則とする憲法が、右にいう自衛のための措置を無制限に認めているとは解されないのであって、それは、あくまで外国の武力攻撃によって国民の生命、自由および幸福追求の権利が根底からくつがえされるという急迫、不正の事態に対処し、国民のこれらの権利を守るための止むを得ない措置としてはじめて容認されるものであるから、その措置は、右の事態を排除するためとられるべき必要最小限度にとどまるべきものである。……したがって、他国に加えられた武力攻撃を阻止することをその内容とするいわゆる集団的自衛権の行使は、憲法上許されないといわざるを得ない」としていたのを、「我が国に対する武力攻撃が発生した場合のみならず、我が国と密接な関係にある他国に対する武力攻撃が発生し、これにより我が国の存立が脅かされ、国民の生命、自由及び幸福追求の権利が根底から覆される明白な危険がある場合において、これを排除し、我が国の存立を全うし、国民を守るために他の適当な手段がないときに、必要最小限度の実力を行使することは、従来の政府見解の基本的な論理に基づく自衛のための措置として、憲法上許容される」と逆の結論に転じたのである。

しかし、個別的自衛権しか許されないとした論旨を用いて集団的自衛権の行使を容認するための論拠とすることは、できようはずもない操作である。結局、閣議決定の論理は、およそ憲法解釈といえる類のものではなく、立憲主義それ自体を破砕したものといわざるをえないのである。

そして、この、集団的自衛権行使が可能となった軍事体制を憲法典に組み込むことを追求するのが、現在自由民主党により提起されている「自衛隊明記」改憲の主張である。

2　安保法制を憲法典に組み込む「自衛隊明記」改憲

自民党の改憲方針は、二〇一二年以降、同党の『日本国憲法改正草案』（同年四月二七日決定）に示されたもので、それは、国防軍を保持し、憲法上の制約のない自衛権を保有すること等を基本内容とする九条全面改正構想であった。それにもかかわらず、二〇一七年（五月三日）に安倍晋三首相が九条一・二項を残しつつ自衛隊を憲法に書き込む案を提唱したことで、自民党の方針は転換した。なお、安倍氏のこうした言動は、内閣総理大臣の憲法尊重義務を定めた九九条、および、改憲過程への不関与を禁じた九六条に正面から反するものであることを、あらかじめ確認しておかなければならない。

経過の詳細は省略するが、その後、自民党は安倍提案に従って改憲推進を図り、二〇一八年の党大会を控えた三月二四日、推進本部が、①自衛隊明記、②緊急事態、③合区解消、④教育充実の「改憲四項目」を「たたき台素案」として公表した。そのうちで、自衛隊明記案は、九条全体を維持したうえで、その次に九条の二を追加するというものである。

第九条の二　前条の規定は、我が国の平和と独立を守り、国及び国民の安全を保つために必要な自衛の措置をとることを妨げず、そのための実力組織として、法律の定めるところにより、内閣の首長たる内閣総理大臣を最高の指揮監督者とする自衛隊を保持する。

②　自衛隊の行動は、法律の定めるところにより、国会の承認その他の統制に服する。

このような改憲は、実質的に、安保法制を憲法典化させるものであるといえる。それがなされるならば、集団的自衛権を備えた本格的な軍事組織である自衛隊が憲法上の機構に格上げされて他の統治機構と等置されることになり、憲法の価値転換をもたらすことは避けられない。安保法制は、すでに運用されているが、これを押しとどめ、廃止して、憲法を救い出さねばならない。その場合、平和的生存権の主張が格別に重要な役割を担うことは疑いのないところである。

二　平和憲法の再生のために――平和的生存権の可能性の追究

1　平和的生存権で安保法制とたたかう

（1）まず、平和的生存権について、筆者が、深瀬説に拠りつつこれまでに示してきた規範論上の見解を、確認的に示しておきたい。すなわち、日本国憲法における平和的生存権は、主観的人権として、客観的制度規範としての九条と一体になって、憲法の平和主義を形づくっているものであるところ、その「平和」の意味は、九条によって充填されるから、公権力が戦争をせず、戦力をもたない状態を表現しているものと解釈しなければならない。とすれば、政府が戦争に乗り出し、戦力を保有する等の九条違反の政策をおこなったとき、それは即、各人の主観的権利である平和的生存権が侵害されたものと評価されることになる。そこにおいては、平和的生存権は、九条とともに、政府の、とくに自衛隊また安保条約にもとづく駐留米軍の設置運用行為の憲法適合性を判定する実体規範として機能する。と同時に、九条違反の政府行為に対して市民個々人が法廷で争うための手続規範としてはたらく。すなわち、日本国憲法の平和的生存権は、主観的権利でありながら、市民がそれを用いて政府の平和に反した政策を正すという客観的な機能を果たすことになる、というものである。――これがこの権利の本来の役割であると考えられ、裁判例の中にも、とくに自衛隊イラク派兵違憲訴訟名古屋高裁判決（二〇〇八年四月一七日判時二〇五六号七四頁）の基調に採り入れられるところとなっている。

そして、安保法制の場合、市民の平和的生存権の侵害は格段に重大である。とくに外国の戦争での武力行使を義務づけられる自衛隊員は、平和的生存権を具体的、現実的に、明瞭かつ強度に侵害されることになる。それに加えて、自衛隊法によって保護されているはずの利益、つまり専守防衛にのみ職責を限定される利益を主張することもできる。司法において、自衛隊員を含む市民は、平和のうちに生きる多様な権利を展開することができ、平和的生存権こそが主張の軸に据えられることになるといえよう。

（2）こうした観点から平和的生存権の可能性を考えるとき、重要なひとつの到達点を示すものは、前出の名古屋高裁判決であるが、本稿のテーマとの関連では、とくに次の判示が重要であろう。――「平和的生存権は、現代において憲法の保障する基本的人権が平和の基礎なしには存立し得ないことからして、全ての基本的人権の基礎にあってその享有を可能ならしめる基底的権利であるということができ、単に憲法の基本的精神や理念を表明したに留まるものではない。……この平和的生存権は、局面に応じて自由権的、社会権的又は参政権的な態様をもって表れる複合的な権利ということができ、裁判所に対してその保護・救済を求め法的匡正措置の発動を請求し得るという意味における具体的権利性が肯定される場合があるということができる。」とするのである。

そして、このような平和的生存権理解の土台を成しているのが深瀬の研究(5)であることを、あらためて確認しておきたいと思う。すなわち、そこでは平和的生存権侵害の形態が、きわめて広範かつ多様な形でとらえられている。まず、原水爆の被爆や戦争・軍事的圧迫の集積といった極限的な状況に対して平和的生存権のもつ保護・救済機能が検討された上で、ついで、日常的な状況において機能を発揮する態様として、①自由権的態様（戦争・軍備・戦争準備からの自由としての権力的侵害抑制を排除する権利）、②参政権的権利（戦争・軍拡に反対ないし抵抗し、また平和な世界を作り出すため、国家行為に能動的に参加ないし影響を及ぼしていく権利）、③社会権的態様（国や地方公共団体の公権力の積極的発動により、よりよい平和的生存権の確保・拡充措置をとらせる請求権的権利）を挙げているのである。

（3）先に掲げた平和的生存権の各態様のうちで、これまで重視されてきたのは、主として自由権的態様、すなわち、九条違反の国家行為に対する差止め、またそれによる被害の救済を求める損害賠償請求訴訟での機能であった。しかし、安保法制という、立憲主義自身を倒壊させた希代の法レジームとのたたかいを課題とするとき、あらためて平和的生存権の全体像をつかみなおし、その可能性を汲みとることが求められているように思われる。もっとも、平和的生存権にかんするこうした課題意識は、つとに、幾人もの論者によって共有されていたものである。

たとえば、山下健次の一九九八年の論稿(6)は、世界の平和学進展のなかで提起された「構造的暴力」解消の課題が日本の平和憲法学に導入された状況を受けて、平和的生存権について、制限・禁止規範としての側面だけでなく、積極的授権規範的性格に注目する必要性を強調した上で(7)、憲法前文第二段末尾の文言のもつ法思想史的意味を再確認する。すなわち、山下は、樋口陽一(8)の、人権発展史の流れを、「恐怖から免かれる」権利＝自由権、「欠乏から免かれる」権利＝社会権から「平和のうちに生存する権利」への展開としてうけとめ、先行して実定法化された自由と生存への権利も、平和が確保されてこそ初めて享受されることを明らかにしたものであるとの指摘を重視する。また、山下は、杉原泰雄(9)が、近代市民憲法の課題＝自由権の保障、現代市民憲法の課題＝社会権の保障を受けて、現在の人権保障の最大の課題として平和を位置づけているのも同趣旨と受けとめる。それをふまえて、この三つの権利を歴史的・法思想史的に、かつ分節的にとらえた上で、相互の必然的関連構造を強調する。そして、前文の当該文言の定める自由・生存と平和の権利を、構造的暴力解消に向けた積極的政策の基本原理とすべきである、と説いていたのである(10)。

なお、筆者も、二〇〇八年刊行の深瀬を代表とする共同研究中の小稿(11)において、つぎのように述べたことがある。すなわち、日本国憲法の定める平和的生存権は、世界の全人民（all peoples of the world）が、「恐怖と欠乏から免かれ」るという積極的・構造的な内容をもつ平和を享受しうることを権利として保障し、その実現のために平和的手段による国際活動を、自発的・能動的に努めることを誓ったものである。したがって、この平和的生存権に嚮導された日本国憲法の国際協調主義の理念は、本来的に全人類的広がりをもつものといえる、と。——これらの議論を土台としつつ、今、安保法制から平和憲法をとり戻すために、平和的生存権のもつ可能性を総合的に追求することが求められているといえよう。

そして、そのために、平和的生存権の沖縄における格別の被侵害状況を参照することが有益であると思われる。項を改めて若干ふれておくことにしよう。

2　沖縄における平和的生存権への参照

平和的生存権は、沖縄においては、格別に大きな意味をもっている。沖縄における米軍基地を発生源とする、住民の生命と人間の尊厳への侵害は、法的問題の形としては憲法原理全体を覆うものとなっている。つまり、それは、国家主権を柱とし地方自治を場とする空間における国民主権と平和と人権のあり方のすべてを問うている。この、統治構造と人権、さらに国の基本進路、それら全体を結ぶ結節点に平和的生存権がある。その沖縄における平和的生存権への侵害は、実相として、沖縄外ではみられない程度に具体的・現実的・日常的である。それゆえにまた、憲法学の平和的生存権論は、沖縄問題をとおして多くのものを摂取することができるはずである。

沖縄問題の根底には、県民が戦後七〇年を超えて、米軍基地の重圧と被害に苦しんできた歴史と現状がある。すなわち、米軍の、沖縄の基地を用いておこなわれる戦争行為（広義において、固有の戦争行為のほか、戦争類似行為、戦争準備行為、戦争訓練、軍事基地の設置管理などを含む）によって、沖縄県民は、生命と人間の尊厳自体に脅威を受けていることをはじめ、平穏に生活を営むことを全般的に阻害されているのである。

この、米軍基地を共通項としてもたらされる個々の被害は、即、個人の尊厳とそれにもとづく個々の人権の侵害を意味するものにほかならない。そして、このような実態に照らすとき、平和的生存権は、すべての人権と結合し、すべての人権の基礎をなすという本来の姿が如実に理解されることになる。その特質は、少なくとも次のところに見出されよう。

まず第一に、沖縄における平和的生存権の侵害は、具体的な生活の中で日常的・常態的に、かつ長期にわたって恒常的に生じてきたものとしてとらえられる。なお、この侵害は、沖縄に偏重して集中的にあらわれている点において、国政上の差別的色彩が顕著である。さらに、米軍基地に起因する被害は沖縄全域に及ぶものであることも加えられよう。

また第二に、沖縄問題では、平和的生存権の個別的内容が、いずれもきわめて現実的で具体的な形で導き出され、それゆえにまた、憲法第三章に定められた諸人権に新しい意味を付与し、そのようにして、平和的生存権の内包・外延が豊富で広範なものとなっていることである。少し前の事例だが、一九九六年の職務執行命令訴訟における知事側主張では、「事件・事故等が起きる度に、沖縄県民は戦争の恐怖を思い出し、あるいは実感し、戦争の犠牲となった者たちの人間としての尊厳性を思い起こしては、戦争行為によって生命の危険に脅かされることなく、平穏な生活を阻害されない権利としての平和的生存権の実質的保障を求めている」と述べていたが、今日でも変わるところはない。このようにして、沖縄では、平和的生存権の保障は、切実かつ重大な課題として日々存在しているのである。

そして第三に、沖縄では、平和的生存権が、沖縄に基地を有する米軍による世界の人々に対する加害行為に加担することを拒否する権利であることがきわめて明瞭である。それは、自らが平和のうちに生きることと表裏をなすものであるが、それにとどまらず、沖縄に存在する基地からの出撃・補給により他国民が被害者となることによって自らが間接的な加害者となることをも拒否する権利であるという意味をもつ。この精神は、戦争につながる一切の行為を否定し、平和を求め、生命と尊さと人間性の発露である文化をこよなく愛するという「沖縄のこころ」に根差したものであるといえる。

さらに加えて第四に、平和的生存権は、沖縄問題をとおして、それが地域の住民の人権であり、また地方自治体の自治権を構成するものであるとの新しい意義を獲得したことも、指摘することができる。すなわち、憲法が保障する地方自治の目的は、当然事として、住民の人権を確保することにあり、地方自治体は、住民の生命・安全を守り、福祉の増進を図ることをその基本的使命としている。これを平和的生存権とかかわらせて述べるなら、地方のレベルにおいても、住民が人間としての生存と尊厳を維持し、自由かつ幸福で平穏な生活が保障されなければならず、それが「地方自治の本旨」の内容のひとつであるといえる。自治体は、このような住民の平和的生存権を保障する責務を担っているのである。これは、地方自治の保障を人権の側から照射して、それが平和的生存権の実現をも任務とするものであることを意味する。

――こうして、沖縄問題に照らして平和的生存権の多様な規範的意味が具体的に明らかになり、それは、今日の平和的生存権論を豊富化・豊饒化し、またそのことによりこの権利を裁判規範たりうる具体的権利に成熟させることに大きく貢献するものといえよう。このように理解された平和的生存権は、安保法制違憲訴訟など、戦争政策を正す訴訟において、市民の出訴を弁証するための不可欠の土台となるものであると思う。

むすびにかえて

今日の憲法政治のなかで平和的生存権の意義を考察することを課題とした本稿は、結局、安保法制と「自衛隊明文化」改憲にかかわってこの権利を論じるにとどまった。筆者の不手際でもはや紙幅が尽きたが、平和的生存権の今日的課題に連なる沖縄の問題について、短く二点を補足しておきたい。

ひとつに、沖縄に新規の米軍基地を建設することが認められるかをめぐっては、いわゆる辺野古問題として四半世紀にわたって争われているが、これを拒否する沖縄県民の意思は、各段階の公職の選挙・県民投票のいずれにおいても明白・不動のものである。問題は、中央政府がこの民意を一貫して無視し、建設を強行していることである。民主主義と地方自治への極端な蹂躙、つまり立憲主義の根底的破壊がここにある。平和的生存権との関連では、まさに深瀬説（また、それにもとづく二〇〇八年名古屋高裁判決）のいうこの権利の参政権的態様を重視し、その機能の可能性を深く究明しなければならないと思う。

もうひとつに、米軍が沖縄の人々の生命と人間の尊厳を日々脅かす不法行為を続けていることの背景には、日本法の適用を原則的に排除している日米地位協定の存在がある。その抜本改定は県民の強い願いとなっているが、対米従属姿勢をとる政府はそれに乗り出そうとしない。そこで、国法を米軍に適用しようとしない中央政府に代って、自治体が条例を制定して米軍の行動を規制し、それによって住民の安全と福祉を守ろうとする動きが出ている[12]。ここでも、平和的生存権に不可欠の役割が期待されることになる。

——ほかにも、論じるべき課題を多く残したが、他日を期して稿をむすぶこととしたい。

（1）深瀬忠一・上田勝美・稲正樹・水島朝穂（編著）『平和憲法の確保と新生』（北海道大学出版会・二〇〇八年）所収、深瀬「ポスト経済大国の理念としての立憲民主平和主義——まとめにかえて」。
（2）深瀬・前掲註（1）三六二頁。
（3）深瀬・前掲註（1）三六六頁
（4）拙稿「沖縄で平和憲法を学ぶ——辺野古基地問題と『安全保障』法制」（公開講演）札幌福音的教育・平和研究会（代表 小野善康）（編集責任）『平和文庫29』（札幌独立キリスト教会発行・二〇一六年）。
（5）深瀬忠一『戦争放棄と平和的生存権』（岩波書店・一九八七年）二三四—二三八頁。
（6）山下健次「平和研究と平和憲法学——日本国憲法における平和主義原理の規範構造と積極的政策展開」深瀬忠一・杉原泰雄・樋口陽一・浦田賢治『恒久世界平和のために——日本国憲法からの提言』（勁草書房・一九九八年）。
（7）山下・前掲註（6）八二四—八二五頁。

（8）樋口陽一『憲法』（創文社・一九九二年）一四二―一四三頁。
（9）杉原泰雄『人権の歴史』（岩波書店・一九九二年）一八五頁以下。
（10）山下・前掲註（6）八三三―八三四頁。
（11）拙稿「平和憲法の国際協調主義――改憲論への根本的批判のために」深瀬忠一他・前掲註（1）四七―四八頁。
（12）なお、住民の平和的生存権にもとづく条例制定を、つとに説いていたものとして、古川純＝山内敏弘『戦争と平和』〔岩波市民大学：人間の歴史を考える13〕（岩波書店・一九九三年）がある（該当箇所は、一八〇頁以下〔古川執筆〕）。

第5章　深瀬平和憲法学の actuality
――立憲平和主義と平和保障構想

水島朝穂

一　はじめに――三つの共同研究と三冊の編著

深瀬忠一との出会いは四〇年前、一九七九年四月、私が初めて公表した論文の抜き刷りをお送りした時にさかのぼる。高名な先生方から礼状が届いて恐縮していたが、そのなかに、あの独特の筆跡でハガキがびっしり埋めつくされた深瀬のものも含まれていた。駆け出しの研究者にとって、熱い言葉の連打はとても励みになった。一九八三年に札幌学院大学に赴任すると、深瀬との接点が広がった。

まず、文部省科研費補助金の共同研究「総合的平和保障の憲法学的研究」（一九八二～八四年）に、オブザーバーとして参加することを求められた(1)。一〇年後の科研費共同研究「世界平和貢献策の憲法学的・学際的研究」（一九九三～九四年）では、研究分担者の一人として参加するよう求められ、事務局も担当した(2)。その一〇年後、深瀬の熱烈な説得の結果、科研費なしで、前二著作の実質的な続編を出版し、私はその共編者となった(3)。ほぼ一〇年おきに二〇年をかけて、深瀬平和憲法学は多くの研究者との共同研究と三冊の共編著の形をとって世に問われることになった。私の研究者人生のなかで深瀬は、久田栄正とともに(4)、重要な存在としてあり続けた。そして今も、深瀬が提起した、日本国憲法の平和主義の創造的定着と発展という課題に取り組んでいる。本稿では、「平和憲法の創造的展開」とその具体化である「総合的平和保障」に始まる深瀬平和憲法学の歩みと発展について、深瀬との個人的な関わりにも触れながら述べていくことにしよう。

二　平和憲法の創造的展開――総合的平和保障基本法試案

日本国憲法施行三〇年を契機に、三省堂から『文献選集・日本国憲法』全一六巻が刊行された。深瀬はその第三巻（戦争の放棄）の編者であった(5)。憲法制定から七〇年代半ばまでの憲法九条学説や砂川・恵庭・長沼の各裁判に関する重要論文を収録したもので、編者解説の序言では、「平和憲法の三〇年、思えば、矛盾と苦悩と混迷の一世代」として、憲法改正による自衛軍の再建か、あるいは逆に、憲法の遵守により軍備撤廃を実現するかの両者の対抗のなかで「平和憲法の曖昧な定着が進んだというパラドックスがある」と総括されている(6)。深瀬にとって、この憲法規範と憲法現実との不断の緊張関係の解明と、いかにしてその現実を規範の側に近づけることができるのかが重要な問題であり続けた。

その具体化の一つが、共同研究「世界平和貢献策の憲法学的・学際的研究」のテーゼとして公表された「総合的平和保障基本法試案」（一九八七年）である。全一七カ条、すなわち、基本的指針と目的（一条）、平和的生存権の確保・拡充（二条）、平和外交（三条）、平和経済（四条）、文化的・人的交流・協力（五条）、平和研究・教育（六条）、東アジア・太平洋地域の平和的連帯（七条）、総合的平和保障の担い手（八条）、世界的軍縮（九条）、国際地域的軍縮（一〇条）、自衛隊の平和憲法的改編の基本的方針（一一条）、平和隊整備計画と実施過程（一二条）、平和隊の組織（一三条）、日米安保体制から国連平和保障体制へ（一四条）、国際地域的平和保障（一五条）、国連平和維持待機隊（一六条）、国連の改造から世界連邦的平和組織へ（一七条）から成る。これには一九八七年から二〇四七年（「平和憲法一〇〇年」）までのタイムテーブルがセットされており、世界連邦まで視野に入れた壮大な構想だった。さらに、深瀬自身の単著において、これらの条文の註解（コンメンタール）まで周到に準備していた(7)。

深瀬によれば、この「試案」の「基本的な考え方」は、「戦争放棄と無軍備憲法のもと「平和憲法も自衛隊も」という曖昧複雑な過渡的妥協形態」のなかで、「「憲法の変遷」現象も未確定であり、自衛隊の憲法適合性は司法的に未決着状態にとどまっている」（傍点・深瀬）ということである(8)。ここから、「平和憲法的に軍縮の方向で改編してゆくことも、あるいは逆に軍拡の方向に軍事力を強化してゆくことも、国民の自由な選択が可能という憲法状況にある」という認識が出てくる(9)。「試案」はそのためのいわばプロモーターとして位置づけられている。

ただ、「試案」が出された時代は東西冷戦の時期、しかもレーガン＝中曽根の「日米同盟」路線真っ盛りの時代であったことに留意する必要がある。日本の安全保障政策も、冷戦構造のなかで、とりわけアメリカの世界戦略の転換に大きく規定されながら展開してきた。日米安保条約体制と自衛隊はまさに「冷戦の子」であった。「もし万が一ソ連が攻めてきたら」というオブセッション（強迫）は、現在よりはるかに強烈だった。この共同研究に参加した一六人の憲法研究者が議論の末、この「総合的平和保障基本法試案」に大方同意したが、細部における意見の違いは残った。

深瀬自身は、「自衛隊の平和憲法的改編の基本構想」において、「放棄不可能」な自衛権に基づく「平和的安全保障権」、「平和憲法が予定し許容する武装力」としての「警備隊」、さらに「国連平和維持待機隊」などを想定している(10)。小林直樹は、さらに踏み込んで、「非武装の対侵略方策」の一環として、全国に無数の地下（核）シェルターを作って非暴力闘争を持続するとともに、「国民の安全感」の維持のために、自衛隊を、ほぼ同規模の「平和建設部隊」（平和隊）に改編して、さらに「国民の非暴力抵抗の組織と連動できるような警察予備隊」を保持することも主張していた(11)。この本のなかで、例えば上野裕久「平和隊についての各論的考察」などは自衛隊即時解体論を展開して、災害救助・建設事業に限定した平和隊への転換を主張していた(12)。

私は、深瀬の「試案」に対して、「軍事的なるもの」に対するリアリティという点と、国際政治の現実に対するやや楽観的な認識が気になり、「平和憲法の想像的展開」になりはしないかという危惧を抱いていた。当時はオブザーバー的な立場からではあったが、率直に意見を申し上げた。深瀬の「試案」は最終的には「平和的安全保障権」と言い換えられた自衛権に基づく「平和憲法が予定し許容する武装力」の保持を肯定するものだった。共同研究に参加していた久田栄正は、深瀬や小林直樹の主張に最後まで批判的だった。小林は、久田を念頭に、「本研究会のメンバーの間に、異見（〝警察予備隊程度でも、武装集団を残存させることは、憲法九条の趣旨に反する〟という理想主義的見解」があったと書いている(13)。憲法九条の厳格な解釈について「理想主義的見解」と決めつけてしまうことには疑問を感じた。私は久田の「異見」に共感しており、「平和憲法が予定する武装力」というのがどうしても理解できなかった。深瀬自身、後に冷戦時代における平和の代替構想であるという「試案」の意義と同時にその問題点（限界）を自覚している節があり、すでに始まっていた憲法学界における「変化」についても言及している(14)。

ところで、深瀬が主導した『平和憲法の創造的展開』はその後、思わぬ「付随的効果」をもたらすことになる。一九九三年八月に細川護熙政権が発足すると、当時の日本社会党も連立与党となったが、その半年ほど前、『毎日新聞』は、「山花貞夫社会党新委員長の灰色のアタッシュケースの中には、本が二冊入っている」として、その一冊が『平和憲法の創造的展開』だったと書いている(15)。山花は委員長選出馬の公約のなかで、「憲法の創造的展開をはかる『創憲』の立場に立つ」と語り、自衛隊の認知とまではいかないが、伝統的な違憲・合憲論争を「超越」する上での「ネタ本」としてこの本をあげた。深瀬が多くの憲法研究者とともに心血を注いだ研究書が、旧社会党の現実路線の政治的正当化に使われたのは皮肉であった。一九九四年六月に村山連立政権（自民、社会、さきがけ）が発足すると、村山富市首相は自衛隊合憲論に立つと宣言した。これに対して、「憲法学者の有志が〔九四年〕八月一二日、国会内で記者会見し、自衛隊違憲論の立場から、村山富市首相の合憲論を批判する声明を発表した。声明の呼び掛け人は、深瀬忠一北大名誉教授、奥平康弘東大名誉教授ら一七人で、一〇〇人の学者が賛同署名を寄せている」(16)。

憲法学界の最長老、佐藤功は『平和憲法の創造的展開』に関する長文の書評のなかで、次のように述べている。「本書に対しては、それが憲法学者の「政治論」であるとか、「政治」的な憲法論であるとかいうような批判が加えられるかも知れない。これに対しては、本書は、一つの政治的立場に立った、その意味では「政治的」な書であると同時に、その政治的立場をほかならぬ憲法自身の存在のなかに見出したという意味で、すぐれて「憲法学的」な書である、というべきであろう」(17)と。

三　「恒久世界平和のために」――「立憲民主平和主義」

九〇年代に入り、国内外の新しい条件のもと、第二の共同研究「世界平和貢献策の憲法学的・学際的研究」が始動する。和田英夫や小林直樹らが外れ、深瀬を最年長とする三四人の研究者による共同研究となった。その成果として、大著『恒久世界平和のために―日本国憲法からの提言』が出版された(18)。全四部構成で、第一部（総論）、第二部（国際連合の改革と国際協力）、第三部（軍縮による安全保障と平和的構造転換）、第四部（平和的生存権の確立と拡充）から成る。

私も共同研究者の一人として、第三部において、自衛隊の平和憲法的「解編」構想を提示した(19)。詳細はここでは略すが、私は、深瀬が『創造的展開』で使った自衛隊の「平和憲法的改編」という用語を使わず、「平和憲法的解編」という用語を用いた。ここで「解編」とは、「自衛隊としての違憲の属性を保持した状態での「改編」ではなく、憲法九条二項の規範に整合的に「解」散の手続きをとり、そのうえで非軍事的組織として新「編」する全過程をいう」(20)。このような用語を使ったのは、自衛隊の安易な「活用」論との差別化をはかるためである。このような立場から私は、『創造的展開』における深瀬や小林の主張について、次のように批判した(21)。

「……憲法研究者の共同研究「総合的平和保障基本法試案」(一九八七年)においては、海空警備に重点を置いた「警備隊」が「平和憲法が予定し許容する武装力」として構想されていた。そこでは、「警備隊」存続の根拠として、「放棄することが不可能な自衛権(「平和的安全保障権」)」が挙げられていたほか、「国民の心理的安心感」などへの配慮もあった。「レーガン・中曾根時代」という冷戦盛期の諸条件に規定されていたとはいえ、憲法適合性に疑義のある性格の組織を「合憲的」に想定していたことは問題であった。この構想の六年後に出された「平和基本法」の提言(『世界』一九九四年六月号)は、「合憲的な最小限防御力」という形で、憲法規範との整合性への自覚はさらに後退している。理論問題としても、国家の「自衛権」を自明の前提とし、そこから必要な自衛手段を導出していくという議論の仕方は、根本的再検討を迫られている。決定的問題は、自衛隊を違憲の軍隊として存続させ続けるのか、それとも、憲法に適合的な非軍事組織に転換させる方向に踏み出すのか、の選択にあるのである」と。

深瀬が本格的に主導する第二の共同研究では、「総合的平和保障基本法試案」への総括と反省に立って、提言文書の形にまとめることが最初から放棄され、三四人の研究者が自由に問題を深めていくという方法がとられた(22)。カントの『永遠平和のために』(Zum ewigen Frieden)二〇〇周年を意識して準備された本書は、日本国憲法によって「核時代の平和を先取りした立憲民主平和主義」と位置づけられ、「高次の現実主義《ハイアー・リアリズム》」を発展させるべきものとされた。『創造的展開』では必ずしも自覚されていなかった、立憲主義との関係が重視されているのも特徴である。第一部（総論）に収録された栗城壽夫論文が、立憲主義の歴史的展開を踏まえた上で、立憲主義が消極的に国家権力を制限することに尽きるものではなく、基本的な立場は建設的・積極的なものであるとして、個別国家の対外関係の立憲主義化（立憲主義の「対外的開放」）を打ち出しているのが注目される[23]。また、同じく総論に収められた樋口陽一論文が、立憲主義の歴史的展開と日本国憲法の平和主義との間の「継承と断絶」の問題を指摘し、「自由の条件としての憲法九条」という視点を明確にしていることは特に重要である[24]。このコンパクトではあるがインパクトのある二つの論文によって、深瀬のいう「立憲民主平和主義」が憲法学的に基礎づけられたといえよう。

もう一つの特徴は、平和的生存権の保障を「目的」として明確化したことである。第四部「平和的生存権の確立と拡充」に一三本の論文（女性、子ども、先住民族、難民の権利等々）をあてていることからも、深瀬がいかにこれを重視していたかがわかる。『創造的展開』でも平和的生存権に一つの章が割かれていたが（担当は星野安三郎）、平和保障の基盤構築の編に位置づけられ[25]、「平和外交の展開」や平和教育、平和交流と並列的に論じられていた。『恒久世界平和』において深瀬は、平和的生存権を「目的」と位置づけ、その実現の「手段」としてふさわしくなくなった軍備の縮小・廃棄をめざし、あらゆる平和的（非軍事的）「手段」を総合する、「核時代の平和を先取りした立憲民主平和主義」の憲法政策論を構築しようとしている（傍点、深瀬）(26)。「試案」のような文書をあえて起草しないことで、『恒久世界平和』それ自体を、「日本国憲法からの提言」にすることが深瀬の狙いであったといえるだろう。

四　「平和憲法の確保と新生」――深瀬の危機感

『恒久世界平和』の発刊以降、二一世紀に入って、世界も日本も大きな変動に見舞われる。とりわけ二〇〇一年「9・11」は深瀬にとって衝撃的だったようである。深瀬は二一世紀の新たな「安全保障環境の変化」に見合った平和憲法論を構想すべく奔走した。科研費なしで（いわば自腹で）実現を目指した第三の試みは、「平和憲法学研究会」を学会のおりに開催することから始まり、その後は「持ち回り共同研究」ともいうべき各研究者と深瀬との「個別面談」の連鎖によって実現したものである(27)。二〇〇八年に公刊された『平和憲法の確保と新生』は一七人の研究者の論稿を収録した、深瀬最後の編著となった。これは、深瀬の強烈な使命感と情熱なくしては実現しなかっただろう。全四部構成。第一部（平和的生存権の深化と展開）、第二部（恒久世界平和の理念）、第三部（東北アジアの信頼醸成機構の構想）、第四部（核廃絶・軍縮実現の国際協調）から成る。『恒久世界平和』における平和的生存権の目的化は構成上もより明確になり、同時に、「手段」としての平和保障のさまざまな課題は、北東アジアの信頼醸成機構（最終的には欧州安全保障協力機構（ＯＳＣＥ）のアジア版）という具体的な形で打ち出されている。私は、深瀬の強い要請を受けて、第四部のなかで、自衛隊の平和憲法的「解編」構想のその後の展開についての論文を執筆した(28)。『確保と新生』で深瀬はもっぱら編者の役割に徹し、自らの論文は、終章の「ポスト経済大国の理念としての立憲民主平和主義」だけである。この終章では、二〇〇一年の「９・11」対米同時多発テロからアフガン戦争、イラク戦争への展開に深い危機感が示され、「戦争放棄・戦力不保持憲法をもつ日本国民・憲法学者の、学問的良心と真理の証言が、使命と責務を問われる」としている(29)。深瀬は、「三つの基本路線の選択」が問われているとして、戦争と大軍拡（新軍国主義）の道、日米安保と核の傘の下、既成事実を進める「実質的改憲」の道、三つ目は「平和憲法を最高法規として確保し、自主・独立の核廃絶・軍縮の非軍事的国際協力により、国民の「平和のたたかい」を成長させ、恒久世界平和に寄与する道、を提示する(30)。かつてのような挑戦的な論述はそこにはなく、「明文改憲」の拒否を前面に押し出しつつ、「実質的改憲に対する国民的批判・抵抗と建設・創造」という形で、これまでの恵庭・長沼・イラクの訴訟も位置づけ、さらに先の三つの共同研究とその成果を深瀬自らが総括している(31)。

五　むすびにかえて――深瀬平和憲法学が残したもの

二〇一二年一二月、第二次安倍内閣が発足して、集団的自衛権行使の容認や明文改憲の動きが急になっていくことに対して、深瀬が深い憂慮と危機感を抱いていたことは想像に難くない。おりに触れて深瀬から届く手紙には、憲法研究者がこれに立ち向かうべく、再び共同研究を展開することへの渇望感がにじみ出ていた。

安倍的統治手法の一つは、軍事的合理性のおおらかな突出である。二〇一四年の「七・一閣議決定」によって、従来の「集団的自衛権行使違憲」の政府解釈が強引に変更され、二〇一五年に安全保障関連法という形で具体化されていく背景には、この国がこれまで抑制してきた軍事的合理性の論理が国の統治のなかに、あるいは徐々に、あるいは急速に貫かれてきたことがある。深瀬が求めてやまなかった日本国憲法の平和的合理性に真っ向から反する状況が日々展開されていったのである。とりわけ危機的だったのは、二〇一四年から一五年にかけて、安全保障関連法案が国会に上程されたことである(32)。深瀬から最後にもらった手紙は、二〇一五年七月下旬頃と記憶している。手紙には、安保関連法の審議過程で、維新の党の修正提案に対して、私がこれを批判したことに共感する旨のことが書いてあった。

安全保障関連法案の審議過程で、維新の党は「独自案」を出して、集団的自衛権の行使を容認する「存立危機事態」という概念を捨てて、個別的自衛権の範囲内におさまるかのような説明を行った。すぐに、「独自案は合憲である」とする憲法研究者や、これを一部評価する新聞社説も見られるようになった。私は直ちにホームページの「直言」に「独白案」は集団的自衛権行使から「脱却」しているとは到底言えないことを明確に指摘した(33)。その結果、「独自案」の賞味期限は一週間もなく、それを評価する声はほとんどなくなった。深瀬は、この「直言」をどこかで読んで、激励の言葉を送ってきたようである。だが、残念なことに、この手紙はどこかにまぎれて紛失してしまった。手紙から三カ月もたたないうちに、深瀬はこの世を去った(34)。

深瀬平和憲法学は何を課題として残したか。私は、二〇一四年に「シリーズ日本の安全保障」第三巻『立憲的ダイナミズム』という本を編集して刊行した(35)。①日本の安全保障と憲法、②軍の持続的な統制は可能か、③立憲主義は新しい安全保障論にどう対応するか、という三つの柱で、さまざまな立場の一一本の論文が収録されている。その際に留意したことは、「軍事的なるもの」の持続可能な統制と、立憲主義の観点からの安全保障論の再構築であった。これは深瀬の三冊の編著を、集団的自衛権行使が可能とされる至った現段階の状況に対応させるための営みでもあった。

その後、神原元（弁護士）による「憲法学は何を主張してきたか」という論文に接した(36)。神原は、小林直樹「憲法九条の政策論」、深瀬忠一「総合的平和保障基本法試案」、水島朝穂「自衛隊の平和憲法的解編構想」を詳しく検討した上で、「冷戦の最中、小林直樹教授の「憲法九条の政策論」に始まる非軍事中立戦略の提案は、決して時代遅れではなく、現在にも十分通用するものである」として、「私たちは、過去に憲法学者が議論を積み上げてきた成果を無駄にすることなく、これに学び、……少なくとも今後の防衛構想のなかで有効な選択肢の一つとして検討され続けられるべきである」と評している(37)。深瀬の平和憲法学は、若い世代の人々にも継承されているのである。

（1）その成果が、和田英夫、小林直樹、深瀬忠一、古川純編『平和憲法の創造的展開――総合的平和保障の憲法学的研究』（学陽書房、一九八七年）。以下、『創造的展開』と略す。
（2）深瀬忠一、杉原泰雄、樋口陽一、浦田賢治編『恒久世界平和のために――日本国憲法からの提言』（勁草書房、一九九八年）。以下、『恒久世界平和』と略す。
（3）深瀬忠一、上田勝美、稲正樹、水島朝穂編著『平和憲法の確保と新生』（北海道大学出版会、二〇〇八年）。以下、『確保と新生』と略す。
（4）水島朝穂『戦争とたたかう─憲法学者久田栄正のルソン戦体験』（岩波現代文庫、二〇一三年）。
（5）深瀬忠一編『文献選集 日本国憲法3 戦争の放棄』（三省堂、一九七七年）。
（6）同右、二─一八頁。
（7）深瀬忠一『戦争放棄と平和的生存権』（岩波書店、一九八七年）四四八─五三四頁参照。
（8）『創造的展開』三〇三頁。
（9）『創造的展開』四三一頁。
（10）『創造的展開』三〇六─三〇八頁。
（11）『創造的展開』三八─五五頁。なお、小林の主張は、小林直樹「憲法九条の政策論」法律時報臨時増刊『憲法と平和主義』（日本評論社、一九七五年）一三一─一五九頁参照。
（12）『創造的展開』三三一─三四二頁。
（13）『創造的展開』五三頁（注3）。
（14）『恒久世界平和』一六─一七頁。
（15）『毎日新聞』一九九三年一月七日付二面（「創憲」は言葉遊びか）。
（16）『毎日新聞』一九九四年八月一三日付二面。
（17）佐藤功「BOOK REVIEW『平和憲法の創造的展開』」法律時報六〇巻一号（一九八八年一月）一一一五頁。
（18）『恒久世界平和』一一一〇七三頁。

（19）水島朝穂「自衛隊の平和憲法的解編構想」『恒久世界平和』五八九―六一七頁（水島朝穂『平和の憲法政策論』（日本評論社、二〇一七年）一七―四六頁所収）。
（20）水島、同右五九八頁（水島、同右二七頁）。
（21）水島、同右六〇〇―六〇一頁（水島、同右二九―三〇頁）。
（22）『恒久世界平和』一二五頁。
（23）栗城壽夫「立憲主義の国内的・国際的徹底について」『恒久世界平和』一〇三―一〇六頁。
（24）樋口陽一「立憲主義展開史にとっての一九四六年平和主義憲法―継承と断絶」『恒久世界平和』一三四―一四三頁。
（25）『創造的展開』六五―九二頁。
（26）『恒久世界平和』一〇七三頁。武者小路公秀「平和的生存権と人間安全保障」同一六九―一七三頁、一八九―一九一頁。
（27）二〇〇六年頃から深瀬は自費で東京や京都などの研究者を訪ね歩き、第三の著作の実現に向けて奔走した。東京ではホテルサンルート高田馬場（現在は休業）を定宿にして、何人もの研究者と会って説得を続けた。私も「三〇分だけでいいので」と呼び出され、三時間以上、熱い説得を受けた。
（28）水島朝穂「平和政策の視座転換―自衛隊の平和憲法的「解編」に向けて」『確保と新生』二七五―三〇一頁（水島朝穂『平和の憲法政策論』（日本評論社、二〇一七年）四七―七三頁所収）。
（29）『確保と新生』三六五頁。
（30）『確保と新生』三六六頁。
（31）『確保と新生』三五一―三六六頁。
（32）詳しくは、水島朝穂『ライブ講義 徹底分析！集団的自衛権』（岩波書店、二〇一五年）参照。

(33)　直言「「違憲立法」成立に加担する維新の党―「独自案」の本質」(http://www.asaho.com/jpn/bkno/2015/0706.html)

(34)　直言「お友だち政治の頽廃―安倍乱造内閣」(http://www.asaho.com/jpn/bkno/2015/1012.html) の冒頭に、深瀬の追悼文を掲載した。

(35)　水島朝穂編『日本の安全保障3　立憲的ダイナミズム』(岩波書店、二〇一四年)。

(36)　伊藤真・神原元・布施祐仁『9条の非軍事中立戦略のリアリズム』(大月書店、二〇一八年) 八八―一三六頁。

(37)　神原・同右一三五頁。

第６章　深瀬憲法学における統治機構論を再考する

――議院内閣制と二院制を中心に

岡田信弘

はじめに

「憲法（constitution）が良いものであるためには、人の権利に基礎づけられ、しかもそれを当然保護するものでなければならない。したがって、憲法を準備するためには、自然的正義（justice naturelle）がすべての個人に与える権利を認識しなければならず、またあらゆる種類の社会の基礎を構成すべき諸原理を想起しなければならない。そして、憲法の各条文は、一つの原理の帰結となりうるものでなければならない」(1)。これは、別稿で指摘したように(2)、一七八九年フランス人権宣言の制定過程において、ムーニエ（Meunier）が述べたものである。ここには、その後のフランス憲法学を支配し、それを特徴づけた「憲法」の捉え方が端的に示されているだけでなく、その捉え方は日本の戦後憲法学の「原像」とも深く関わっている。例えば、戦後憲法学における統治機構論を主導した一人である清宮四郎は、次のような議論を展開していた。まず統治の原理について、民主主義とその例外とを区分し、民主主義を統治の方法または形体に関する原理とする一方で、自由・平等・福祉・平和については統治の目標または内容に関する原理と位置づけていた。そして、結論として、「これらの原理は、理論的成立の段階においても、また、歴史的実現の順序においても、互いに密接な関連をもっており、制度として実現されるときにも、相交わり、相重なっていることもある」(3)と述べている。こうした見方は、先に取り上げたムーニエの考え方と「相重なっている」だけでなく、深瀬忠一先生（以下、「深瀬」と表記）の憲法学のあり方ともシンクロしているというのが、筆者の見立てである。

本稿では、深瀬憲法学の基盤をこのようなものとして定礎した上で、その統治機構に関わる議論、特に議院内閣制と二院制についての考察を概観し、学説の展開におけるその位置づけを探ることとしたい(4)。

一　議院内閣制論

(1)　戦後憲法学における「原像」

戦後憲法学における議院内閣制論の「原像」を、ここでは、宮沢俊義の議論に求めることとしたい。その後の議院内閣制論の展開にとって前提となる諸要素が含まれているように思われるからである。

宮沢は、「議院内閣制のイギリス型とフランス型」という論文(5)の冒頭で四つの憲法類型をまず提示している。①議院内閣制、②スイス型（議会統治制または会議政）、③アメリカ型（大統領制）、④旧ドイツ型（いわゆる立憲君主制）である。そして宮沢の見立てによると、日本国憲法は「ドイツ型を完全に清算して、徹底的な議院内閣制を採用した」とされる(6)。

では、宮沢は議院内閣制をどのように理解していたのであろうか。基本的には二つの要素から成るものとして捉えていた。第一に、行政府と立法府とが一応分立していること、そして第二に、行政府と立法府とが一応分立した上で、行政府が立法府に対して政治的な責任を負うことである。ここに見られるのは、議院内閣制のいわゆる「責任本質説」的な理解である。しかし、宮沢は、次のように述べて、他の理解の仕方も示していた。「議院内閣制は、スイス型に傾かず、また反対にもとのドイツの型にも傾かず、そのまん中にあって、立法府と行政府とのあいだに、ある程度の相互的独立と均衡の関係を予想している。この均衡（équilibre）ということが、議院内閣制の非常に大きな特色である」(7)。樋口陽一は、このような議論を重視して、宮沢は「議院内閣制を『権力分立』ないし『均衡』の体制」として捉えていると解している(8)。確かに、「均衡」が宮沢の議院内閣制論の重要な要素であることは否定しがたい。しかし、彼の議論には別の重要な要素が含まれていることを軽視してはならないように思われる。宮沢は、日本国憲法の定める議院内閣制はイギリス型に最も近いと性格づけているが、そのイギリス型について、次のような指摘を行っているからである。イギリスの議院内閣制の下では、「内閣は下院の多数党の首領が組織する。総選挙は、つまり、国民が政権担当者をきめる手続である。」(9)

ここには、後で概観する深瀬の議院内閣制論との重なりを見ることができるとともに、極めて萌芽的ではあるが、今日のいわゆる「国民内閣制」論につながる議論が含まれているのではなかろうか。順番は前後するが、次に高橋和之の国民内閣制論を概観することとしたい。

(2)「国民内閣制」論

国民内閣制論を展開した高橋の議論の根底には、戦後憲法学における統治機構論に対する次のような批判的な認識が存在する。彼は、戦後憲法学の主流が追求した「民治」の実現のための戦略を、「国民意思が忠実に反映した議会が、官僚・内閣を強力に統制する」というスキームで捉えた上で、この戦略の現代社会における実現の困難性を問題視している。すなわち、「官の統制のためには、政が強化されねばならないが、政の中心に議会を置くイメージでは現代の政治には対応できないのであり、そのような構造で政を強化することはできない」と解するとともに、「政の構造を、内閣が統治し議会がコントロールするというイメージで捉えたとき、はじめて官に対する政の強化が可能となる」と述べているのである(10)。

こうした基本認識に基づいて展開されたのが、「国民内閣制」論であった。それによれば、日本国憲法における議院内閣制は、国政の基本となるべき政策体系とその遂行責任者たる首相を国民が議員の選挙を通じて事実上直接的に選択し、しかもそこでの内閣は直接国民に責任を負うような形で運用されなければならないとされる(11)。

深瀬の議院内閣制論は、宮沢の多様な要素を含む「原像」的議論と「国民内閣」論とを架橋するものとして位置づけることが可能ではないか、と解するのが筆者の捉え方である。

(3)　深瀬の議院内閣制論

ここでは、深瀬が一九六二年に著した小論文(12)を取り上げ、彼の議院内閣制論を概観することとしたい。この論文では、一九五〇年代までのわが国における議院内閣制論を踏まえつつ、比較憲法的考察(13)に基づいて議院内閣制の本質と類型が論じられている。

まず本質については、「内閣と議会とが、夫々政治制度の不可欠の構成機関となっており、この両機関が一応分離・独立しているが、その分立が厳格でなく、内閣が議会に対して政治責任を負うことを要として、両機関の協同関係が仕組まれている制度が、議院内閣制である」(14)と述べて、「責任本質説」の立場に立つことを明確にしている。ここに、宮沢の「原像」的議院内閣制論との共通性を見ることができよう。

類型論としては、議院内閣制を次の三類型に区分している。①古典型（イギリス的原型〔一八世紀後半から一九世紀前半〕および一九世紀前半のフランス七月王制時代の議院内閣制が典型）、②議会万能型（フランス第三・第四共和制憲法下の議院内閣制が典型）、③内閣政治型（現代イギリスの制度〔一九世紀後半以降〕）の三類型である。そして、ここでは、③のタイプについて次のように述べていることに注目しておきたい。議会万能型においては国民の主権性を議会が専称し、寡頭制に堕する虞があるのに対して、内閣政治型では、「二大政党制及び解散制の正常な機能により、国民の意思の大綱が国政（特に首相と重要政策の選択）に直接反映され、また、国民の支持を背景に、実際上は内閣が議会を指導・統制することになる」との指摘(15)を、国民内閣制論のさきがけと解することは深読みに過ぎるであろうか。日本国憲法における議院内閣制についての次のような指摘を併せ考えるならば、深読みに過ぎるとはいえないと解するのが筆者の見立てである。深瀬は、小論文を、「我国議院内閣制は、国民主権の実をより有効に保障するための内閣の裁量による解散制の存在によって、現代イギリス型に最も近いと解してよい」と述べて閉じているのである(16)。

深瀬議院内閣制論は、先に概観した宮沢の議論を踏まえつつ、最近の議院内閣制論、具体的には国民内閣制論につながる契機を含んでいるように思われる。「原像」と「現像」とを架橋する議論と位置づけたゆえんである。

二　二院制論

(1)　議院内閣制論と二院制論の結び付き

わが国における二院制あるいは参議院制度に関する議論の蓄積には実に膨大なものがあるが、「ねじれ国会」を経験した後、その研究や議論のありようには「混迷」状態が見られるように思われる。木下和朗が指摘しているように、近時の憲法学説の中には、「全国民の代表たる議員（憲四三条）から構成される衆参両議院の組織の同質性、民主的正統性の同等性を重視して、両院の対等性を志向する」ものも見られる(17)。しかし、筆者は、このような見解を消極的に受けとめている。今日的課題に十分に答えうる議論のようには思われないし、何よりも、日本国憲法における二院制の存在理由や位置づけに沿った見方とはいえないからである。日本国憲法が採用している議院内閣制の下では、下院としての衆議院があくまでも政権の形成・維持基盤であると考えられるのに対して、「上院としての参議院は、時に下院によってもたらされる劇的な変化に抗して、これを緩和する役割、すなわち、漸進的で保守的な役割が期待されてきた」(18)ことをベースラインとして設定した上で制度の運用や改革が検討されるべきである。こうした捉え方は、後に概観する深瀬の二院制論に示唆を受けたものであるが、大石眞や待鳥聡史の議論にも影響を受けている。日本国憲法における二院制の問題点をより明瞭にするために、まずは彼らの議論を一瞥しておきたい。

(2) 大石眞と待鳥聡史の議論(19)

大石は、立法府の果たすべき機能という視点から、様々な国会改革論を展開しているが、その要諦は次のような表現に見ることができる。「国民主権の下における議院内閣制においては、立法府が適切な政府統制の機能をそなえるとともに、本来の立法機能を発揮しつつ内閣を支えるという構図を、国民の前にはっきり示すことが重要である」(20)。ここでは、「国民主権の下における議院内閣制」が考察の出発点に位置づけられていることに注目しておきたい。統治機構論の基本的視点に、深瀬のそれとの重なりを感じるからである。

大石は、また、次のような興味深い議院内閣制論を展開している。彼は、憲法学における議院内閣制論を「権力分立モデルのそれから民主主義モデルのそれへと大きく変化を遂げつつある」とまとめている(21)。すなわち、議院内閣制をめぐる従来の議論を、国民（有権者団）・議会・政府という三つの政治的機関の相互関係の中に位置づけて再定位を試みた場合、そこで見えてくるのは、議会・政府両機関の関係に着目する伝統的な「権力分立モデル」と、この両機関（とくに政府）と国民との関係に焦点を当てる「民主主義モデル」の二つの類型であるとされる。そして大石は、後者の「民主主義モデル」に好意的な議院内閣制論を展開する。憲法は、「国民の最新の意思を写し出すべき衆議院の政治勢力に合わせて、つねに内閣の組織替えを行うことを体制原理としたもの、と考えられる」と述べているのである(22)。

こうした議院内閣制論の延長線上で二院制論が展開されることになるが、そこでは、当然、衆議院とは異なった参議院の位置づけがなされることとなろう。「比較議会法的にみると、下院については、その議員が国民による直接選挙とされ、解散制度があるという点で共通の組織原理をもち、その権限も、例外なく、立法・予算議決・政府コントロールなど国政全般に及んでいる」(23)ことを前提にして、参議院に相当する上院の組織原理については、日本国憲法の二院制を「一院制型両院制」と解した上で広い立法的な選択の余地を残していると考えている。議院内閣制の「民主主義モデル」を前提にした、一つのありうる参議院の位置づけとして注目しておきたい。

では次に、政治学者の待鳥聡史の二院制論を見ていくこととしよう。彼は、二院制の「原像」を次のように描いている。「歴史的に第二院は、有権者の意思をより直接的に反映することが期待された第一院と一定の緊張関係を保ちつつ、政治における慎重さや賢慮を発揮させる制度的装置として位置づけられていた」(24)。ところが、「ねじれ国会」状況下の二院制の「現像」はこうした「原像」とは様相をかなり異にしているとされる。そこで見られたのは、「本来は「多数派への防波堤」

としての性格を帯びた第二院において、野党が大幅な議席増による多数派獲得を最新の「民意の反映」であるとして活用し、政権与党側も、野党の主張に最大限の配慮を行う、という光景」(25)だったからである。

では、この「原像」と「現像」のズレの原因は何か。待鳥はそれを日本国憲法における二院制の「趣旨不明確さ」に求めている。すなわち、参議院が「第二院としての一般原則に適合している部分と、第二院よりも第一院に近い性質を帯びた部分」を併せ持っているということである。要するに、参議院がどのような意図を持って設計されているのかが曖昧であると解しているのである。なお、この曖昧さを解消する方途に関連して、待鳥が次のように述べていることが注目される。すなわち、「参議院がどのような院であるべきかという基本理念を再構築した上で、内閣との関係、衆議院との関係、有権者との関係という三つの側面それぞれについて、理念を反映させた制度に改めることが望ましい」ことが指摘されているのである(26)。深瀬の二院制論は、パーフェクトな形ではないにせよ、まさにこうした指摘に既に解答を与えていた、と筆者は解している。そのことを次項で検証することとしたい。

(3)　深瀬の二院制論

深瀬の二院制論は、一九六四年に公にされた論文(27)の中で詳細に示されている。論文の概要について、「序」の最後で、「世界の両院制の歴史的類型を巨視的に概観したうえ、そのなかでわが国の旧・新憲法における両院制がどのような位置を占めるかを検討し、またその存在理由・組織・機能についてどのような特質をもつかを、各国憲法と比較しながら微視的に分析することにしようと思う」(28)と述べられているが、ここに、深瀬統治機構論の方法的特色が簡潔に示されているといえよう。比較憲法史的考察によって得られた知見に基づいて、制度の「存在理由・組織・機能」について考察するというものである。

論文でまず検討されているのは、二院制の類型である。深瀬の類型論は、多くの憲法の教科書で採用されているものと大差ない。連邦型と単一国型とをまず大別した上で、単一国における二院制を次のように細分している。①民主主義抑制型（貴族院型・上流階層代表型）、②自由主義的民主制型、③職能代表制型の三類型である(29)。ここでは、日本国憲法における二院制のありようと接点を有する②のタイプの存在理由についての説明に注目しておきたい。この種の二院制の典型といえるフランスの第三共和制憲法以降の二院制の存在理由について、バルテルミー（Barthélemy）の議論を手がかりに次のように説明している。二院制の下では、第一に、両院によって世論のより公正な代表を保障できる、とりわけ、国民の二つの相対する傾向（前進的・発明的・冒険的傾向と慎重保守の傾向）の間の好ましい均衡を維持できる、第二に、一院が専制化する危険を防止する、第三に、立法作業における性急さと粗雑さを抑止し、慎重さと成熟を保障する、そして第四に、憲法的諸機関とりわけ議会と政府との間の重大な衝突を緩和し、中庸をえた解決を容易にする(30)。

このような説明は、帝国議会における金森徳次郎による二院制の存在理由の説明と関わりを有しているだけでなく、深瀬の二院制論にも大きな影響を与えているように思われる。深瀬が、金森の説明を次のようにまとめているからである。少し長くなるが引用する。「参議院を「一種の抑制機関」とし、それに「慎重練熟の要素を盛り込む工夫」をし、一院制の欠陥を補正することを「基本の考え」とするが、「議院内閣制を完全に動かし得る」ためには、「内閣が統一ある一つの基盤」をもたねばならないから、衆議院を優越させ「二院不平等」の原則を採る。そして「参議院は衆議院を或期間抑制し、又は衆議院に反省を促す機会をもつことを主に」した。」(31)

金森の説明をまとめた文章の中に、「補正」という表現が見られることが注目される。深瀬の二院制論のキーワードの一つだからである。日本国憲法における二院制の特色について、深瀬は、「私はそれを要約して、両院制の強度の民主的な性格と参議院の補正的性格にある、といいたい」(32)と述べている。そして、参議院が「補正」する任務をもつという性格づけの根拠については、次の諸点に求めている(33)。第一に、名誉的序列からいって衆議院が第一順位であり、そのことは憲法（四三条）が衆議院を先に掲げ、国会法（九条）が、国会の開会式は衆議院議長が主宰し、その事故ある場合にだけ参議院議長が代行するとしていること、第二に、構造上、衆議院が国会における基本的・統合的地位を占めており、このことは日本国憲法における二院制の民主的性格および議院内閣制の論理的帰結だとしていることである。参議院の「補正」的性格を「議院内閣制の論理的帰結」と解している点は、筆者の問題関心から見て大変興味深い。またこの点に関連して、憲法六六条三項の責任について、政治責任としてはもっぱら衆議院に対するものであると述べている(34)ことにも注目しておきたい。衆参両議院の対等性を強調する論者の多くは、この六六条三項の責任について「衆議院」ではなく「国会」と規定されていることを重視しているからである。

深瀬は、二院制に関する考察を終えるに当たり、次のように述べている。「以上の全考察によって明らかにしたかったのは、新憲法における両院制の特色が、その強度の民主的性格と、参議院の補正議院としての性格にあることであ」り、また「現行両院制は、世界の両院制の諸類型のうちで、単一国における自由主義的民主制型に属し、しかも最も民主性をおしすすめた実験例として、位置づけられるものと思う」(35)。こうした深瀬の二院制論は、日本国憲法における二院制の「原像」的理解を的確に示すことによって先に指摘した待鳥の疑問に対してかなりの程度答えを与えているといえよう。最高裁判決における二院制像にも「揺らぎ」が見られる今日、深瀬の二院制論は再読・再考されて然るべきもの、と筆者は考える。

おわりに

筆者は、法学部の学生時代、深瀬ゼミに参加した。そのときのテーマは、「憲法と世論」というものであった。ゼミの冒頭、このゼミで検討されたことは、ある出版社から刊行予定の憲法の体系書の一部を構成するはずである旨の説明があった。しかし、この体系書は、出版社の都合等により日の目を見ることはなかった。極めて残念なことである。深瀬の統治機構論、ひいては深瀬憲法学の全体像にアクセスすることが難しくなったからである。

深瀬が残した統治機構に関する研究成果は、今から見ても、その方法と内容の豊かさによって憲法研究者に影響を与え続けるものである、と筆者は考えている。本稿では、その一部しか取り上げることができなかった。本稿を閉じるに当たり、「はじめに」で取り上げたムーニエの「憲法」観と関わらせながら、深瀬統治機構論の全体像に迫り続けることの重要性を確認しておきたい。

（1）ムーニエの発言については、*Archives Parlementaires*, tome 8, pp.214-216.
（2）拙稿「統治構造論の再検討」公法研究六七号（二〇〇五年）二六頁。
（3）清宮四郎『憲法Ⅰ』〈有斐閣、一九五七年〉三七頁。
（4）当初の執筆計画では立法過程も扱う予定であったが、「議院内閣制と二院制」に関する検討で既にかなりの分量に達したので、深瀬憲法学における立法過程研究の意義や特色については別稿で公表することとしたい。
（5）比較法雑誌一巻一号（一九五一年）一〇〇頁以下。
（6）同右・一〇一頁。
（7）同右・一〇三頁。
（8）樋口陽一「議院内閣制の概念」小嶋和司編『憲法の争点』〈有斐閣、一九七八年〉一四六頁。
（9）宮沢・前掲注（5）一〇六頁。
（10）高橋和之「『国民内閣制』再論（下）」ジュリ一一三七号（一九九八年）九四頁。
（11）「国民内閣制」論について、より詳しくは、高橋和之『国民内閣制の理念と運用』〈有斐閣、一九九四年〉を参照。
（12）深瀬忠一「議院内閣制」法教〈第一期〉三号（一九六二年）九六頁以下。
（13）深瀬の統治機構論における方法的特色は、その徹底した比較憲法的考察の手法にある。そのことは、本小論文で既に示されていた。次のような指摘に注目しておきたい。「議院内閣制が、もともと不文の慣行として歴史的に形成され進化してきたこと、成文憲法国に於ても慣行の役割が重要であることを考えれば、制度の歴史的性格、法的基本構造、実際上の機能、の三要素を綜合して、類型を決めるほかはあるまい」（同右・九六頁）。

（14）同右・九六頁。

（15）同右・九六―九七頁。

（16）同右・九七頁。

（17）木下和朗「イギリス一九一一年法の憲法史的背景」山崎広道［編著］『法と政策をめぐる現代的変容―熊本大学法学部創立三〇周年記念―』（成文堂、二〇一〇年）四二頁。

（18）原田一明「両院制」『新法律学の争点シリーズ3　憲法の争点』（有斐閣、二〇〇八年）一九〇頁。

（19）大石・待鳥両氏の議論に関する筆者の理解についてより詳しくは、拙稿「二院制研究の今日的課題」憲法理論研究会編『政治変動と憲法理論』（成文堂、二〇一一年）六三頁以下参照のこと。

（20）大石眞「立法府の機能をめぐる課題と方策」『国民主権と法の支配　佐藤幸治古稀記念論文集［上巻］』（成文堂、二〇〇八年）三〇七頁。

（21）大石の議院内閣制論についてより詳しくは、例えば、大石眞『立憲民主制』（信山社、一九九六年）一七九頁以下などを参照。

（22）同右・二〇一頁。

（23）大石眞「憲法問題としての「国会」制度」『憲法五十年の展望1　統合と均衡』（有斐閣、一九九八年）一五八頁。

（24）待鳥聡史「「多数主義」時代の二院制を再考する――日本政治は参議院とどう向き合うか」論座二〇〇八年一月号二六頁。

（25）同右・二七頁。

（26）同右・二九―三〇頁。
（27）深瀬忠一「日本国憲法における両院制の特色」清宮四郎・佐藤功編『憲法講座第三巻　国会・内閣』（有斐閣、一九六四年）二〇頁以下。
（28）同右・二一頁。
（29）同右・二二―二八頁。
（30）同右・二六―二七頁。
（31）同右・三五頁。
（32）同右・三六頁。
（33）以下の説明については、同右・三七―三八頁を参照のこと。
（34）同右・三八頁。
（35）同右・四一頁。

第7章　解散権行使に対する憲法上の制約

——深瀬忠一の「憲法習律」論再考

高見勝利

はじめに——問題の所在

二〇一七年九月二八日召集の第一九四回国会冒頭における衆議院解散は、同年六月二二日、憲法第五三条後段および国会法第三条に基づき臨時会の早期召集を求めた野党議員の要求に対し、安倍晋三内閣が九八日後に示した回答であった。解散当日、政府声明を発し、そのなかで安倍首相は、衆議院を解散し国民の信を問う理由として、「少子高齢化」と「緊迫する北朝鮮情勢」という国内外の「国難」を挙げた。しかし、それが、首相とその周辺に疑惑の目が向けられていた、いわゆるモリカケ疑惑隠しの自己保身解散に過ぎなかったことは、いまここで改めて指摘するまでもない。

本稿では、上記・国難突破解散に典型的に認められるような、内閣ないし首相による恣の解散権行使、すなわち、憲法第七条を根拠に断行される恣意的な解散に対して、いかなる憲法上の歯止めがありうるのか、かりに然りとして、それが歯止めとして実際に機能しうるのか、もし、それが機能しえないとすれば、憲法改正などによって、どのような歯止めを設けるべきか等々、上記・解散から想起せられうる一連の課題に対する、ささやかな接近を試みてみたい。

これら諸課題のうち、とりわけ、その前提となる内閣の解散権行使に係る実定憲法上の制約について、比較憲法史的に真正面から取り組み、その規制原則を提示し、通説化させたのが、ほかならぬ深瀬忠一（以下「深瀬」）である。周知の如く、深瀬は、宮沢俊義還暦記念『日本国憲法体系　第四巻　統治の機構Ⅰ』に寄せた「衆議院の解散」（「衆議院解散論」）の最終章節において、憲法第六九条で明記された内閣不信任決議案の可決または信任決議案の否決のほか、「解散制の民主的本質」からして、是が非でも改めて民意を問う必要がある数箇の事例を除き、「漠然と安易に、解散理由を承認すべきではない」とし、内閣が憲法第三条および第七条の助言・承認権のもとで行使する衆議院解散には「法的規範上の制約」が存するものとする(1)。

そして、この深瀬が提示した内閣の解散権行使に訴えうる諸事例は、芦部信喜『憲法』に次のような形で、ほぼそのまま踏襲され、その解散権行使の制約原則は、いまや通説としての座を揺るぎないものとしている(2)。

解散は、憲法六九条の場合を除けば、①衆議院で内閣の重要案件（法律案、予算等）が否決され、または審議未了となった場合、②政界再編成等により内閣の性格が基本的に変わった場合、③総選挙の争点でなかった新しい重大な政治的課題（立法、条約締結等）に対処する場合、④

内閣が基本的政策を根本的に変更する場合、⑤議員の任期満了時期が接近している場合、などに限られると解すべきであり、内閣の一方的な都合や党利党略で行われる解散は、不当である。

他方で、深瀬は、芦部『憲法』において必要な変更を加え（mutatis mutandis）受容された上記五事例に加え、衆議院解散論から二三年後、いま一つ内閣による解散権行使の法的制約事例を新たに提示した。それは、衆議院議員の定数不均衡訴訟において、最高裁が、一九七六年四月一四日の大法廷判決(3)に次いで再度、公選法上の定数配分規定（「配分規定」。現行「区割規定」に相当）を違憲と断じた一九八五年七月一七日大法廷判決(4)で対象となった、一九八三年一二月一八日施行の総選挙に係る一九八四年一〇月一九日東京高裁判決(5)に付したコメント「解散問題と定数違憲判決」（「違憲判決論」）のなかで、違憲の当該配分規定が是正されないまま内閣は衆議院を解散し総選挙を実施できるかと自問し、次のように自答したものである(6)。

最高裁判所の確定判決によって違憲と判断された配分規定を含む選挙法は、その不平等性を是正する法改正がなされないままで衆議院を解散し違憲の選挙法による総選挙を実施することは憲法上容認されえないという、憲法習律上の制約をうける。

要するに、内閣は、終審裁判所たる最高裁により「憲法の平等の要求に反し、違憲と断定」（八五年大法廷判決）された配分規定について、その不平等性を解消する立法措置が国会において講じられない限り、解散・総選挙を実施することは憲法上許されないというのである。深瀬は、これを「憲法習律上の制約」と言明することで、上記・衆議院解散論の制約事例を「補充〔した〕」(7)のである。

ここでは、この新たに補充された内閣の解散権行使に係る法的制約事例（以下「新規事例」）を素材に、深瀬の「憲法習律」論の深層にささやかな光を当ててみることにする。ささやかな接近とはいえ、この問題は、冒頭でも一言したように、すぐれて今日的な意味を有する。そこで、まず、現在の内閣法制局（「法制局」）見解との対比で、深瀬論の特徴をみておくことにする。

一　新規事例に関する内閣法制局見解

まず、ここでの議論の前提として、「衆議院の解散」に関する内閣法制局（「法制局」）の見解からみておこう。それは、大要、次のようなものである(8)。

憲法第七条により天皇の国事行為と明記されている衆議院解散について、その解散の実質的な決定権限（「解散権」）は、国事行為につき助言・承認を行う職務を有する内閣にあり、第六九条は解散権につき定めたものではない。したがって、第六九条の場合以外にも、民主政治の運営上新たに国民の意思を問う必要があると認められる場合、内閣は、解散権を行使することができると解するのが相当であり、どのような場合に解散権を行使するかは内閣がその政治的責任において決すべきであって、憲法上これに関する制限はないと考えるべきである。ただ、憲法の運用の問題として、解散権の濫用は慎むべきであることはいうまでもない。

法制局は、上記のように、解散権は国政運営上民意を問う必要がある場合に、内閣の政治的責任において決すべき事柄であり、憲法上、その行使を制限するものはないものと解する。それゆえ、ここでの主題である最高裁による違憲判決の確定後、政治部門（国会・内閣）による区割規定改正前、（傍点は筆者。以下、この期間を「応急是正期」と表記）における衆議院解散権行使の可否についても、まずは「最高裁判決によって、衆議院議員の区割規定が違憲とされた場合には、早急に区割規定の改正が行われるべきことはいうまでもないところであり、何よりも法改正の早急な実現が期待されるところである」と弁じる。そのうえで、しかしながら、「区割規定の改正前〔応急是正期〕における衆議院解散権の行使については、純粋の法律論としていえば、これが否定されることにはならない」とし、その論拠として次の三点を摘示する(9)。

（a）衆議院解散権は、立法府と行政府の意思が対立する場合又は国政上の重大な局面において特に民意を確かめる必要がある場合において、主権者たる国民に訴えて（総選挙を通じて）その判定を求めることをねらいとし、近代国家の基本原理である権力分立の原理の下において立法府と行政府の権力の均衡を保つ見地から、憲法が行政府に与えた国政上の重要な権能であること。

特に、衆議院で不信任決議がされた場合においても内閣による衆議院解散権の行使が許されないとすれば、内閣としては総辞職の道しかないことになるが、それでは憲法第六九条の規定の趣旨が全うされないことになると考えられること。

（b）憲法上、衆議院解散権の行使を制約する明文の規定がないこと。

（c）衆議院解散権の行使とこれに伴う総選挙の施行とは、それぞれ別の規定に従って行われる別個のものであること。

以上、法制局は、「純粋の法律論」として、内閣の解散権行使が憲法上制限されない三つの理由を挙げる。ただ、そのうえで、「区割規定の改正前〔応急是正期〕に衆議院解散権の行使がされるとすれば、改正前の区割規定（最高裁判決により違憲とされた区割規定）に基づく総選挙とならざるをえないことはいうまでもないから、その行使については、このことを十分念頭においた上で慎重な対処がされるべきものと考える」とし、実際上は、違憲の区割規定による総選挙の施行となるため、内閣には「慎重な対処」が求められているとする。

二　深瀬の見地から想定される法制局見解批判

上記・応急是正期における解散権行使を可とする法制局見解の各論拠について、深瀬は、既にこれを見越していたかのごとく、一九八五年の違憲判決論において、そもそも違憲の公選法規定の是正責任は、「国会、内閣を一体とした政治部門の、主権者である国民＝選挙民に対する責任」であり、選挙権という国民の主権的権利の平等を守護した最高裁判決に対し政治部門が「服従・従属することによって、はじめて立憲民主制の憲法秩序が維持される」(10)との見地から、違憲とされた配分（＝区割）規定が是正されないまま衆議院を解散することは許されないとする。その理由は、大要、次のようなものである。

（a'）まず、解散権の目的は立法府と行政府との意思の対立や国政の重大局面において国民の判定を求めることにあるとする法制局見解（（a）前段）については、深瀬もまた、現憲法下において解散権は民主的手段たりうるとする同旨の見解を示している(11)。したがって、解散権の「民主的本質」の理解に関して、両者の間に径庭はない。しかし、法制局は、それが国民の主権的意思を確認する民主的手段であるがゆえに、例えば、応急是正期に、衆議院において不信任決議（憲法第六九条）がなされるという重大局面であっても、内閣の責任で解散権を行使しうるのは当然であり、かりにその行使が許されないならば、憲法第六九条は意味のない規定となるとする（（a）後段）。

これに対して深瀬は、まさに応急是正期こそ、政治部門には「違憲の定数表を速やかに抜本的に是正すべき」義務がある。そもそもこの期に及んで、内閣は、公選法改正なしに解散権を行使しえず、衆議院もまた、当該法改正の実現を妨げるような内閣不信任決議をなしえないはずである。かりに、そこで衆議院による内閣不信任決議がなされうるとした場合を想定しても、その場合に、内閣の側に解散権行使の自由を留保しなければならないほど、憲法秩序のなかで解散権は絶対的なものではないとする(12)。要するに、最高裁によって配分（＝区割）規定が違憲と断定され、当該規定の応急是正が求められている局面では、法制局見解（上記（a）後段）のような、平常時を想定したとしか思われない憲法第六九条の意味解釈は妥当しないというのである。

この点で、両者の間に径庭が認められる。両者を比較すると、法制局の場合には、憲法第六九条で、内閣に対して、総辞職以外に衆議院解散を選択しうる方途を明記していることが決め手とされている。これに対して、深瀬は、憲法第六九条の明文上はそうであっても、最高裁が直近の総選挙を違憲無効と断定した場合において、違憲とされた区割規定の応急是正がなされないまま解散・総選挙の施行に至ったならば、新たに組織された衆議院の正当性に疑義が生じ、延いては立憲民主制の憲法秩序そのものが危殆に瀕することになる虞があるとする。

ここで、両者の言い分を少しくクロスさせてみると、法制局は、もし内閣が解散権を行使しえないとすれば、主権者たる国民による選択の途が塞がれることとなり、そのこと自体が深瀬の指摘する国民主権原理に立脚する「立憲民主制の憲法秩序」を危うくするというのであろう。他方、深瀬の見地からすると、国民主権原理に基づく「立憲民主制」の最後の砦を内閣ではなく、最高裁と位置づける憲法秩序（憲法第九八条、第八一条）のもとでは、この場合、緊急是正が優先されるべきであり、ただ漫然と憲法第六九条の文言を楯にして、内閣は解散権を自由に行使しうるとする法制局見解はわが実定憲法秩序の理解を誤るものだ、ということになるのであろう。大上段に主権を振りかざす前者よりも、後者の言い分の方が実定憲法秩序に即した議論と云えよう。

（b）法制局は、憲法上、いつ、いかなる場合でも内閣が解散権を自由に行使しうる論拠として、憲法典のどこにも衆議院解散権行使に制約を加える文言は存しないとする。これは、憲法条文に明記されていないことはそもそも憲法上認められないとする、いわゆる「条文フェティシズム」の論である。これに対して、深瀬は、確かにそうした制約は憲法の明文で示されていないが、しかし、その場合でも「不文の規範に目を行きとどかせる必要がある」(13)とし、不文憲法上の制約規範、いわゆる「憲法上の習律」の有無について確認すべきだとする。そして、ここで問題となっているような、解散権行使に先立つ違憲の区割規定の応急是正責任の場合、それは、そもそも国会・内閣の国民（主権者）に対する憲法上の責務であり、しかも、それは不文のものであって、その規範的要請に法的効果が欠けるわけではない。すなわち、違憲規定の応急是正がなされないまま、内閣が解散・総選挙を強行した場合、「最高裁が違憲判断を下すことはほぼ確実で」あり、しかも、そこでは、選挙無効判決もありうることから、内閣に対する最高裁の法的統制が機能し、それゆえ不文とはいえ、その規範的要請に法的拘束力のあることが明らかだというのである(14)。

上記・法制局の憲法理解は、余りにも稚拙な文面解釈で説得力に欠けることは明白であり、深瀬の「憲法上の習律」論こそ検証に堪えうる卓見である（深瀬の理解については、次節で検討）。

（c'）また、衆議院解散権の行使は憲法第七条、解散に伴う総選挙の施行は同第五四条第一項をそれぞれ根拠に実施されるのであるから、各々別個の権力作用だとする法制局見解もまた、（a）（b）と同様、単純素朴に根拠条文の違いに言及するに過ぎない、揚げ足取りの類であろう。衆議院解散が主権者たる国民の総選挙に訴える手段であることは法制局の言明するところであり（一（a）参照）、しかも憲法五四条第一項は、解散日から四〇日以内に総選挙を行い、そして、総選挙の日から三〇日以内に国会の召集を義務づけ、さらに憲法第七〇条では、国会の召集があったとき、内閣の総辞職を義務づけていることからして、憲法上、解散と総選挙・内閣総辞職とは有機的一体のものとして扱われていることは明らかである。

それゆえ、ここは、深瀬のように、「解散権の行使は、実質的に、総選挙の実施と一体であり、両者の分割はありえない。したがって、違憲の選挙法を存置したままの解散は、違憲の総選挙実施と不可分であり、その意味で違憲行為たるを免れない。それは、内閣に認められた解散決定という裁量権の限界を超えるものである」(15)と素直に理解すべきであろう。

衆議院解散権行使について、内閣には憲法上何ら制約がないとする法制局見解の三つの論拠を事前に想定し、論破して置いたのではないかとも思われる上記・深瀬の批判は、それぞれ的を射たものといえる。では、その際、深瀬が依拠した憲法習律上の制約とは、いったい何か。残された紙数のなかで、その特性を摘示して置くことにする。

三　内閣の解散権行使における不文憲法上の制約とその限界

深瀬は、憲法第七条を根拠とする内閣の解散権行使について、そこには「この〔解散〕制度が予定する本質と、我国及び諸外国の解散制の歴史及び経験から帰納される、憲法習律ともいうべき制約が課せられており、その具体的内容を明確にすることが可能である」(16)とし、芦部が『憲法』で整理した五事例に加え、上記・応急是正期もまた「憲法習律上の制約を受ける」(17)とするのである。

ここで注目すべきは、深瀬の――「憲法習律」として抽出したとされる――具体例に則したルールが、①解散制の本質および②その比較制度史と諸国の経験に基づいて理念的に導出されている点である。すなわち、そこでは「習律」(convention)と称されているが、それは、通常、理解されているような、事件の反復継続から導出される「拘束性をもつ規範、すなわち、憲法の働きにたずさわる人々(「為政者」)が義務的なものとして受け容れた行為規範」(18)ではない。それは、むしろジェニングズの指摘するように、たとえ単発の事件においてであっても、「民主制を作動させるに役立つ」、「統治機関をスムースに機能させる」、「そうしなければ、機関相互間で軋みが生じ、うまく作動しない」などの理由で、憲法運用上、望ましいものであれば、そこから為政者の行為を拘束する規範が成立しうるとするものである(19)。深瀬もまた、「習律」と称しながら、そうした事件について、「議会政治がそれによって基本的に成り立ち円滑に運用され〔る規範〕」(20)と解する。そして、このように一回限りの事件、否むしろ、我国及び比較制度史と諸外国の歴史及び経験からして、そこで直ちに規範的なるものが立つのは、長谷部恭男教授が摘示するごとく、為政者の行為の背後にあって、これを正当化する十分な理由(cause)が、そこには存するからである(21)。こうして、ある日ある時、為政者のある行為、ある振る舞いから合理的理由ありとして導出される不文の規範に、その後の為政者もまた従うべきものとされるのである。より正確には、為政者がかかる規範を遵守するのは、憲法のもと、憲法に従って国政を運用する為政者の行為に先立って、当該行為を支配し、正当化する――社会良識に裏付けられた――原則が、国民の間で少なからず共有されていることによるものである(22)。

では、なぜ、それが、後の為政者をも拘束するのか。ダイシーは、「憲法上の習律」に法的拘束力を与えるのは、憲法上の法と同様、裁判所による制裁であり、ただ、それは、法違反のように、裁判所が直接に制裁を加えるのではなく、習律違反の帰結として違法行為が導出され、裁判所が間接的にこれを強制するという違いがあるに過ぎないとする(23)。要するに、この不文の憲法規範（憲法上の習律）に拘束力を与えるのは、当該規範に反する（習律違反の）帰結として違法が導かれ、裁判所がそれを認定するからだ、というのである。そこでは、法とは裁判所により強制されうるものであるとのテーゼのもとで、裁判所は、憲法上の習律違反については、これを認定するものの、自ら執行するのではないがゆえに、当該習律への服従を間接的に強制するにとどまるものとされるのである。

しかしながら、ジェニングズによれば、ダイシーが考えるような法（立法・判例）と習律との境界線は極めて希薄であって、また、その境がどこにあるのかも不明であり、ましてや、裁判所が習律を執行しないにも拘わらず、為政者がこれに服従するというのは全くの謎だということになる(24)。ジェニングズは、ダイシーの論にこう疑問を投じ、憲法上の習律について、もし、為政者がそれに従わないならば、「政治的困難」(political difficulties)を招くこととなるがゆえに、それに従うのだとする(25)。そこでの「政治的困難」とは、もとより、ダイシーのように、習律違反には結果として違法の可能性が包含されているとするのではなく、習律違反は全憲法構造の変化（change in the whole constitutional structure）を誘発するものだとするものであろう(26)。

これは、深瀬の見地からすると、「わが国議会制民主主義の憲法秩序の基幹にかかわる……問題だ」(27)ということになる。すなわち、当該違反によって、わが憲法秩序のどこに、どのような変化が生ずるのか、その合理的理由の説示が要請されることになるのである。

いま、ここでの問いは、応急是正期における内閣の解散権行使が憲法習律(不文の憲法規範)により制約される理由ないし根拠は何かである。深瀬は「それ〔憲法習律〕に違反した場合〔内閣の解散権行使〕には収拾不可能な程重大な混乱、支障」(28)が生ずるからだとする。では、そこで、「収拾困難な程」の「重大な混乱、支障」とは何か。深瀬は、その内容を明言していないが、一九七六年大法廷判決が摘示する「明らかに憲法の所期しない結果」がそれに当たるであろう。すなわち、それは、最高裁により違憲と断定された配分規定につき、国会による是正措置が施されないまま、内閣が解散・総選挙を断行した場合、「右選挙により選出された議員がすべて当初から議員としての資格を有しなかつたこととなる結果、すでに右議員によつて組織された衆議院の議決を経たうえで成立した法律案等の効力にも問題が生じ、また、今後における衆議院の活動が不可能となり、前記規定を憲法に適合するように改正することさえもできなくなるという」、いわば全憲法構造に係わる深刻な事態である。

ただ、最高裁は、上記・深刻な事態を招くことが「憲法の所期するところ」ではないとし、かかる選挙無効の帰結を回避すべく、いわゆる事情判決の法理を一般的な法の基本原則(「一般的法理」)として適用し、違憲の区割規定の下で行われた当該選挙の違法を宣言するに止める。とはいえ、この一般的法理の選挙無効訴訟への適用は、もとより個別的判断を要求するものであるところからして、具体的事情の如何によっては、当該選挙の効力を維持すべき利益ないし必要性よりも被侵害利益の回復が優先すべきだとし、当該選挙を無効とする判決が下される可能性も存在する（一九八三年四月二七日大法廷判決(29)における中村治朗反対意見）。したがって、上述のような深刻な事態が生じる可能性がある場合であっても、なお一票の投票価値の平等の回復という原告側の利益ないし必要性が優越し、選挙が無効とされることも当然ありうるのである。

上記・最高裁が摘示する応急是正期内における内閣の解散権行使により惹起せられる「明らかに憲法の所期しない結果」は、――深瀬の想定する――憲法秩序に深刻な打撃を与える「収拾不可能な程重大な混乱、支障」と重なり合う重大事態であろう。然りとすれば、深瀬の場合もまた、解散権行使に対する不文の制約規範は、その根拠からして、憲法の最高法規性を明記し（九八条一項）、国家作用の憲法適合性の終局判断を最高裁に託した（八一条）わが憲法のもとにおいては、定数不均衡訴訟を通じて、直接、為政者に対して違憲法規の是正効果を導く法的効力を発揮しうるものと云える。この点で、もとより深瀬の解散権行使制約の根拠はジェニングズの政治的論拠と異なり、またダイシーの憲法習律論とも異なるものと云えよう。

むすび

応急是正期において内閣の解散権行使を制約する不文の憲法規範については、総選挙後に提起される選挙無効訴訟の重要な争点となりうるものであるがゆえに、その存否や規範的拘束力、限界等を法廷で議論する余地は大いにありうる。しかしながら、芦部が五事例として纏めた深瀬の他の諸事例については、具体的な訴訟事件のなかで争点化され、最高裁の最終判断を仰ぐ場面は、通常、想定し難い。

これら五事例の背後にある制約原則は、国民主権原理の下での議院内閣制の基本原則（basic principles）とでも称すべきものであって、為政者の良心や倫理に訴える行動指針ではありえても、内閣の解散権行使を抑止する具体的な法規範性まで有するものではない。すなわち、それら諸原則は、主権者たる国民を代表する議会に定礎された内閣制運用の道理にかなった要請ではあっても、せいぜいところ、国民が納得するような解散事由を解散に際して明示せよといった程度でしか機能しえない。したがって、世に喧伝されるごとく、国民が内閣の解散権行使に厳しい目を向ける以外に、この種の不文の憲法規範を遵守させる方法はないもののように思われる。

しかし、それでは余りにも身も蓋もない話になってしまう。そこで、かかる事態を打破しようとするならば、差し当たり思いつくのは、次のような形の立法措置もしくは憲法改正である。

例えば、イギリスの議会任期固定法をベースとし、衆議院議員の任期を四年毎のX月第一Y曜日に固定したうえで、例外的に、（ⅰ）衆議院が内閣不信任決議案を可決した場合には、その後一四日以内に内閣信任案が可決されないとき、もしくは（ⅱ）衆議院が総議員三分の二以上の多数で早期解散の決議案を可決したときに限り、内閣は早期の解散手続に着手しなければならない旨を明記する案。また、ドイツ基本法を参考に、内閣信任案が衆議院で多数をえられず、しかも、衆議院が後任の内閣総理大臣指名を指名しなかった場合などに限り、内閣は解散権を行使することができる旨を明記する案。はたまた、イタリア・フランス等の憲法を参照し、内閣（もしくは首相）は、両院議長（もしくは衆議院議長）の意見を聞き、解散権を行使できる旨を明記する案などである。既に、与えられた紙数も大幅に超過しており、これら諸案の検討は、他の改正案とともに他日を期すことにする。

とまれ、深瀬の解散権制約論は、現在でもなお不滅の光彩を放つものであることは、本稿で改めて確認できたものと思う。

（1）深瀬忠一「衆議院の解散」宮沢俊義還暦記念『日本国憲法体系　第四巻　統治の機構Ⅰ』（一九六二年、有斐閣）二〇二頁～二〇六頁。

（2）芦部信喜『憲法』（初版一九九三年、第七版二〇一九年、岩波書店）初版二五三頁、第七版三四六頁。なお、芦部は、深瀬が解散事由として挙げた「選挙法大改正」を除外している。その理由は不明であるが、選挙法の大改正については、引用文中の①ないし④のいずれかに含まれる場合がありうると考えたか、それとも、改正選挙法を何時から施行するかは、改正内容に応じて国会が自ら定めるべきものであり、衆議院解散の事由とはならぬと考えたか、そのいずれかであろう。

（3）民集三〇巻三号二二三頁。

（4）民集三九巻五号一一〇〇頁。

（5）行裁例集三五巻一〇号一六九三頁。

（6）深瀬忠一「解散問題と定数違憲判決」ジュリスト八三〇号六三頁（一九八五年二月）。なお、行文の関係上、一部記述を省略。以下引用文も同じ。

（7）寺島壽一「『衆議院の解散』再読」（『深瀬忠一先生の人と学問』刊行委員会編、一九九七年三月刊）一一九頁。
(8) 内閣法制局『憲法関係答弁例集（天皇・基本的人権・統治機構等関係）』〔二〇一七年一〇月刊、「答弁例集」〕二二二頁。
(9) 法制局・答弁例集・前掲注(8)二五四頁以下。文中a〜cは筆者付記。なお、中選挙区制下の「配分規定」と小選挙区制下の「区割規定」は名称を異にするが、ともに最高裁の違憲無効判決を受け、応急の立法的是正が求められている対象たる点で同種の規定であることに留意。
(10) 深瀬・違憲判決論、前掲注(6)六三頁。
(11) 深瀬・衆議院解散論、前掲注(1)二〇一頁。
(12) 深瀬・違憲判決論、前掲注(6)六三頁。
(13) 深瀬・違憲判決論、前掲注(6)五九頁。
(14) 深瀬・違憲判決論、前掲注(6)六三頁。
(15) 深瀬・違憲判決論、前掲注(6)六三頁。
(16) 深瀬・衆議院解散論、前掲注(1)二〇四頁。
(17) 深瀬・違憲判決論、前掲注(6)六三頁。
(18) K. C. Wheare, *Modern Constitutions* [1966, Oxford U.P.], p. 122、伊藤正己他訳『現代の憲法』〔一九五四年、勁草書房〕一三〇頁。
(19) I. Jennings, *The Law of the Constitution* [5th. ed., 1959, Hodder & Stoughton], p. 136.
(20) 深瀬・違憲判決論、前掲注(6)六二頁。
(21) 長谷部恭男「内閣の解散権の問題点」ジュリスト八六八号〔一九八六年九月〕一〇頁参照。
(22) 嘗て、本稿筆者は、従来の憲法習律論を念頭に、「いかなる場合に、内閣が、その解散権を行使しうるかについては、これまで、わが国では、明確なルールないし習律が確立しておらず、学説による解明努力の待たれるところである」〔『芦部憲法学を読む』二〇〇四年、有斐閣二五六頁〕と記したが、ここで本文のように補っておく。

(23) A.V.Dicey, *An Introduction to the Study of the Law of the Constitution* [10th. ed., 1965, MacMillan p.23ff.], p. 439ff. 伊藤正己「イギリスにおける『憲法上の習律』」『イギリス法研究』〔一九七八年、東京大学出版会〕二七七頁。

(24) Jennings, *supra note* 19 at 127-218.

(25) Jennings, *supra note* 19 at 134.

(26) Cf. G, Marshall & G. C. Moodie, *Some Problems of the Constitution* [1971, Hutchinson University Library], p. 33.

(27) 深瀬・違憲判決論、前掲注（６）六四頁。

(28) 深瀬・違憲判決論、前掲注（６）五九頁。

(29) 民集三七巻三号三四五頁。

第8章　深瀬憲法学のフランス憲法研究および日仏交流への貢献

中村睦男

はじめに

深瀬忠一は一九五三年に東京大学法学部を卒業後、北海道大学助手に就任し、戦後憲法学界をリードする宮沢俊義の研究室に入り、憲法研究者としての道を歩み始めた。研究の対象となる国としてフランスを選んだ理由として、もともとフランス革命への関心があったことや東西対立の中でフランスがどちらにも属さないことを挙げている。実際上も、一七八九年人権宣言の研究は研究者としての生涯を貫く大きな柱になっていくのである。また、フランスを選んだ理由のなかに趣味の美術を挙げていることも興味深い。深瀬のフランス憲法研究の特色は、近代的憲法が生まれた先進国たるフランス憲法の成果を日本に導入するだけではなく、優れたフランス語の表現力と豊かな教養をもって日本での憲法および憲法運用の実際をフランスに発信する日仏相互交流の面において、大きく貢献していることにある。以下、深瀬憲法学の貢献をフランス憲法研究と日仏交流に分けてみていきたい(1)。

一　フランス憲法研究

1　北海道大学助教授就任論文――憲法と条約との関係

宮沢研究室に入って執筆した最初の論文は、「フランス憲法史における条約と国内法」と題して公表されている(2)。この論文は、フランス法を対象にして、条約締結権と条約の国内法的効力に関し、古典的近代憲法思想家であるロック、モンテスキュー、ルソーの憲法思想およびアンシャン・レジームから第四共和政までの憲法史を中心にして歴史的に検討した研究であった。先任の教授会メンバーの言葉によると、深瀬は、三年たって大論文を書いて、文句なしに北大に採用したという高い評価を得て(3)、憲法学者として順調なスタートを切っている。なお、フランスの国内法で条約がどのように解釈適用されているか、という解釈上の問題を検討した部分は、公表されていない。

2　パリ大学留学と新たな研究の展開

深瀬は、一九五六年に北海道大学助教授に昇任してから、翌年フランス政府給費生としてパリ大学に二年間留学し、フランス憲法研究を深めた。特に指導教官であるヴデル教授から大きな影響を受けた。ヴデルは、第二次大戦後のフランス公法学をリードしていく大御所であり、後にフランス型の憲法裁判所である憲法院裁判官として、憲法裁判の活性化に大きな貢献をすることになる。戦後一九四九年にヴデルは、モンテスキューの自由主義を基盤にする西側のデモクラシー（「古典的デモクラシー」と呼ぶ）と、ルソーの直接民主制につながる東側のデモクラシー（「マルクス主義的デモクラシー」と呼ぶ）という、比較憲法的視野に立った憲法体系書を出版している(4)。

この本を読んで深く感銘していた深瀬は、パリで早速ヴデルに会って意気投合し、その指導を受けることになった。ヴデルは、外国人留学生五名くらいを対象に「フランス憲法学説史」の講義を行い、そこで深瀬のフランス憲法学説に対する全体像と深い学識の基盤が作られ、その一端は北大の大学院での講義でも開陳された(5)。フランス憲法学説史は、深瀬が最も強い関心を持つ領域であり、研究業績も、バンジャマン・コンスタン(6)、エロー(7)、エスマン(8)、デュギー(9)に及んでいる。深瀬は、エスマン、デュギー、オーリュー、カレ・ド・マルベールを現代フランス憲法学説を形成する源流として位置付け、パリ大学でのヴデル・ゼミの成果を継承発展させるという意味で、これらの学説研究を行った。しかし、当初計画された研究構想からみると、「それぞれの本格的研究前の資料・覚書」にとどまったと述べている(10)。これらの論文を公表した時期は一九六〇年から一九六六年に限られており、おそらく恵庭事件や長沼事件にかかわり、時間がなくやむなくフランス公法学説史研究が終わってしまったものと思われる。一九六一年度および一九六二年度において北大大学院で行った授業の講義ノートをまとめて公表されていたとすると、フランス憲法学説研究の見取り図として大きな役割を果たしたと思われる。これは研究論文を公表することに完全主義ともいえる慎重な深瀬の姿勢の表れでもある。

3　フランス革命と人権宣言研究

フランス革命と人権宣言は、深瀬がフランス憲法研究を選んだ主たる理由であり、その研究は生涯にわたって続けられた。「一七八九年人権宣言研究序説」は、一九六四年より公表され、四半世紀の中断のあと、一九八九年に制定過程の研究を完成している(11)。深瀬のフランス憲法史研究のスタイルは、本論文でも示されているように、現行第五共和政憲法によって実定法化されている一七八九年人権宣言を革命期の議会議事録など第一次資料および関連する研究業績を徹底的に渉猟して実証的に解明することである。さらに、ラファイエットとジェファーソンとの関係に関する論文を公表し(12)、また、一九八九年にはフランス革命二〇〇年を記念して、『人権宣言と日本』と題する国際シンポジウム(13)を組織して、人権宣言の総合的研究を進めている。人権宣言研究で得られた成果として明らかにしたのは、フランス、アメリカおよび日本の人権宣言の核心的部分は本質的に共通であって、その底にあるのが「抵抗権思想」であるということである。ここで、深瀬憲法学を特徴づける人権の理解が示されている。もともと、フランス人権宣言の独創性に関しては、ドイツの公法学者であるイエリネックによる、フランス人権宣言はアメリカの先例の単純なコピーに過ぎないという指摘があり、フランスの学者との論争があった問題である。深瀬は、フランスはもとより日本国憲法の人権宣言の部分を含めて核心的部分は共通しているという人権の普遍性を重要視する立場に立っている。

また、近代市民革命の典型ともいえるフランス革命の普遍的憲法原則である一七八九年人権宣言と一七九〇年平和原則を一体として考える視点は、深瀬の独創的な見解である(14)。これを示す論文は、「フランス革命における自由・平等・友愛と平和原則の成立と近代憲法的（今日的）意義」(15)である。フランス革命の「自由・平等・友愛」の三原則は三位一体的にとらえられ、とくに「友愛」原則は、諸国民相互間の「友愛」すなわち「平和」の原則として一体不可分なものとして、憲法制定議会にて憲法上制定されたものと解釈している。

フランス革命は、「自由・平等・友愛」と「平和」の理念をと原則を打ち出し「国民―国家」を形成した典型（「理想型」）言わば「光」であるが、その「欠陥」「限界」と代償（「闇」）の面もさらけ出したのである。フランス革命の「闇」の部分を克服する各国および国際社会の種々の試みの中で、日本国憲法の平和主義は、「核・地球時代」の出現を直視して、フランス革命の「人権宣言」と「平和原則」の思想の直系の一つの継承・発展と見ることができるというのである。

二　日仏学術交流

1　第一回フランス留学の成果

第一回フランス留学から帰国して、教育研究活動を始めて間もない時期に、深瀬は、フランスで最も権威と歴史のある『フランス公法雑誌』に、「日本憲法の戦争放棄条項の理論と現実」と題する五〇頁を超える大論文を巻頭論文として掲載し、公表している(16)。この論文は、憲法九条の制定過程、学説による解釈、政府見解の変遷を内容とする理論を第一部で扱い、第二部では憲法の実態について、日米安全保障条約の締結、警察予備隊、保安隊、自衛隊と変動する再軍備の動き、最高裁判所判例として、違憲訴訟において訴えを門前払いした一九五二年一〇月の警察予備隊違憲訴訟最高裁判決および日米安全保障条約について、安保条約のように高度の政治性を有する国家行為については、「一見極めて明白に違憲無効の場合」を除いて裁判所の審査が及ばないという一九五九年一二月の砂川事件判決を紹介している。結論として、フランス革命期の議会での議論から、平和と人権が密接に結びついているという議論を展開している。

日本の若い憲法研究者がどのようにして論文をフランスの代表的な公法雑誌に掲載できたのか、深瀬は、次のように語っている(17)。後に親友のロベール教授が来日した際に「この論文は完璧だが、お前が自分で書いたのか」という質問に対して、日本に帰って一年後に寝る時間を減らして書いたのであるが、「マチルドさんが細部をなおしてくれた」というのである(18)。ここに、深瀬のフランス語の表現能力の豊かさと日本の情報を発信する日仏学術交流にかけた果敢な精神が表れている。

『フランス公法雑誌』に掲載した二つ目の論文が「日本の議会制の最近の進展」である(19)。議会制に関する研究は、深瀬が初期より関心の高い領域である。

2　第二回フランス留学とエナ研究

第二回フランス留学は、フランス政府給費技術留学生として、一九六八年一月より数か月フランス高級官僚養成機関として名高い国立行政研修所（ENA）で、数か月間学生と一緒に過ごした。その成果は、「フランス高級官僚養成の制度と実際」(20)として、日本で公表されている。この研究は、行政学の研究者からも高く評価されたものであり、インタビューや「参加的観察」に基づく実証的研究で、高級官僚養成機関にメスを入れている。

3　フランス人研究者の北海道大学への招聘

深瀬の日仏学術交流は、フランスの個々の研究者との人間的な繋がりに基づいているのが特徴である。交通の便が未だよくなく、外国人研究者との交流を図るために必要な研究費も乏しい時代から、献身的に札幌への招聘に努めている。例を挙げると、J・ロベール（パリ大学教授・一九六六年六月、一九七五年二月）、M・デュベルジェ（パリ大学教授・九六六年一〇月）、P・ゴドメ（パリ大学教授・一九六九年一〇月）、R・ドラゴ（パリ第二大学教授・一九七五年一〇月）、M・ルサージュ（パリ第一大学教授・一九七六年七月）、J・ネレ（西部ブルターニュ大学教授・一九七九年六月）、J・マゴー（リオン大学教授・一九八〇年七月）、R・ゴア（オート・ノルマンジー大学ルアン法学部教授・一九八〇年一二月～一九八一年二月）(21)、B・ジャンノー（パリ第二大学教授・一九九四年九月～一〇月）、P・ジェラール（ルアン大学教授・一九八五年一一月）、A・タンク（パリ第一大学教授・一九八七年一〇月）である。

このような深瀬の日仏学術交流への貢献を評して、樋口陽一は、「著書・論文・講演という学問活動を通してだけではなく。骨折りの多い交流の準備と実行そのものを率先しておこなう行動力によって、仏・日の学界がどれだけ恩恵を受けてきたことか。実際〈サッポロ〉は、深瀬さんを中心とした関連諸分野の適材を擁し、仏・日広報交流の一大センターの観を呈してきた。数か月の長期滞在から短時日の講演旅行まで、フランスを代表する碩学・若手たちが〈サッポロ詣で〉をつづけてきた」と述べている(22)。

4　フランス語による『日本における立憲主義とその諸問題』の公刊

樋口陽一との共著『日本における立憲主義とその諸問題―比較的アプローチ』(23)は、深瀬が最初のフランス留学の時より進めている日仏学術交流の集大成となる著作である。その内容は、序章「日本立憲主義小史、日仏文化交流史」、第一章「伝統・天皇制の歴史と本質と機能」、第二章「立憲平和主義の原理と現実」、第三章「人権保障の全貌と変遷」、第四章「議会制民主主義の日本的スタイル」、第五章「中央行政、地方自治と行政裁判」、第六章「裁判機構と司法審査の機能」、終章「日本の立憲主義の将来」となっており、序章が共同執筆であるほか、第一章、第二章、第三章、第五章が深瀬の担当になっている。

本書の基礎になったのは、一九七七・一九七八年度前期に深瀬、後期に樋口がパリ第二大学客員教授として大学院博士課程で行った講義案である。講義を終えて出版には五年ほどかかっている。この間親友ゴア教授が、文部省の国際交流事業の補助金を受け、札幌に一月半ほど滞在して、本書のフランス文の言葉と内容にわたって深瀬と議論を重ね、助言を与えていたことは、深瀬自身も語っており(24)、筆者も隣の研究室で深い感銘を受けたことを思い起こしてる。

本書の意義については、「日本の政治制度のすべての面を扱った憲法の本当の体系書」（J・ロベールの序文）という評価は他のフランスの研究者（P・ゴドメ、A・マチオ）の評価でもある。深瀬は、本書に「日本憲法文明論」という呼び名を与えているように、特に第一章では、「天皇制の神秘性と日本の民主主義における実際の機能」という副題の下で、天皇制の明治維新までの歴史と明治憲法の天皇の条項に詳しい検討が加えられている。天皇制は日本文化の特殊性を表すものであり、イギリスやヨーロッパの立憲君主制と質的に違うものかどうかの問題が検討の中心になっている。深瀬は、明治憲法の天皇制と現行象徴天皇制間に一定の文化的な連続性があるという立場から、フランス人に理解してもらうために苦労し、次のようにまとめたと語っている。すなわち、「天皇制文化には、縦割り、家族主義、情緒・実利といった基本的性格があり、新憲法文化の個人、横の平等、合理・人権の要請と根本的に対立するという命題を出し、体系的に論じ」た(25)、というのである。

第二章は戦争放棄という独自の規定を有する日本憲法の平和主義に充てられている。憲法九条制定の経緯、再軍備の進行の経過、最高裁の警察予備隊違憲訴訟判決および砂川事件判決、札幌地裁の恵庭事件判決および長沼事件判決が詳しく紹介されている。そして、深瀬の独創的な見解である平和的生存権の存在を明らかにしている。結論として、日本および人類の長期的な展望として、「日本国民および人類の『平和的生存権』を確保し、発展させるために、単に経済的発展のみではなく、核の時代の世界的平和の組織化と擁護のためになる、あらゆる多様な平和的手段を用いて、爆弾なしに行使されるべきものは、本当の憲法政策である」というのである。

第三章は、日本における人権保障の内容を条文に沿って学説や判例を紹介している。また、基本的人権を扱っている第三章においても、基本的人権保障の日本憲法の特徴として、平和的生存権を挙げているところに特徴がある。日本国憲法は、人権の保障と平和の保障を完全かつ法的に結び付けており、そのために、すべての基本的人権は完全に平和的で、戦争および軍備による侵害は裁判官によって法的に保護されるというのである。そして、平和的生存権の保障が日本の軍国主義化に明らかにブレーキをかけ、東アジアおよび世界平和に貢献しているというのである。

本書の第一章に特にみられる「比較憲法文明論」ないし「比較憲法文化論」の視点をより明確にした論文が、「日本の制度的文化の遺産と今日的意味　聖徳太子の十七条憲法をめぐって」である(26)。本論文は、ポワチエ大学設立五五〇年記念祭に名誉博士を授与された際の記念講演をフランスで比較法分野での代表的な研究雑誌である『比較法国際雑誌』に掲載したものである。聖徳太子が六〇四年に制定した十七条憲法は、第一条で「和をもって尊しとなす」と規定し、古代における統一国家の政府と行政の基本政策と原則を規定した日本最初の公式文書である。十七条憲法は、中国およびインド思想を日本的に総合した固有の日本文化を保持し、日本の制度的・文化的な最初の傑作であるといえるのではあるが、近代立憲主義の真の傑作である一七八九年のフランス人権宣言とは基本的な差異があるというのである。現行日本国憲法は近代立憲主義に繫がりを持ち、聖徳太子の十七条憲法とは断絶している。他方、聖徳太子の伝統を継承するのが天皇制で、一八八九年の明治憲法は統治権を総攬する絶対的天皇制を保持していた。これに対して現行憲法の天皇は政治的権力を一切持たない象徴である。ただし、結論として深瀬が言いたいことは、現行憲法は法的な面では十七条憲法と断絶しているが、日本の文化的な雰囲気の中では政治や経済の実態において聖徳太子の原則の伝統が垣間見られるというのである。

『日本における立憲主義とその諸課題』は、フランス語を中心にした国際的な憲法学界ないし憲法学会で傑出した発信力を有する二人の研究者が全力投球で執筆した好著であるにもかかわらず、日本の憲法学界では必ずしも活用されているわけではない。この点について、深瀬は、日本のことを単に紹介するものでは意味がない、フランスの憲法学のレベルなり内容、表現なりを踏まえて取り入れながら、日本憲法学の水準が問われるのだから、世界に問題提起をして何らかの重要な知見を加え、そして日本の憲法学界に問題提起をするというつもりで書いたところ、「日本の学界では、外国人のものは片言隻句まで取り上げてせんさくするにもかかわらず。どうも日本人が書いたものは、横文字になっていても読んでくれない」と嘆いている(27)。

5　札幌日仏協会の創設

一九八九年二月にフランス革命二〇〇年を記念して、深瀬が中心になり、札幌日仏協会を創設した。深瀬は、ベトナム政治史研究者で行動力のある坪井善明事務局長の補佐を受け、理事長として強いリーダーシップを発揮した。札幌日仏協会がフランス語学校を駐日フランス大使館およびアリアンスフランセーズ本部（パリ）と連携して運営するほか、日仏文化交流事業を積極的に展開した。文化事業として特に重要なのは、一九七九年から六年間、「フランス革命の光と闇」をテーマにシンポジウムを開催し、その成果を『フランス革命の光と闇』として公刊したことである(28)。フランス革命は、「自由・平等・友愛」を掲げる人権宣言と平和原則という「光」の面だけではなく、現実において、血みどろの虐殺、暴力、破壊、戦争の悲劇と犠牲に満ちている「闇」の面を有することが、阪上孝、西川長夫、河野健二、遅塚忠躬、柴田三千雄、立川孝一など第一線の歴史学者を中心に招へいしたシンポジウムで明らかにされ、その報告が本書に掲載されている。札幌日仏協会の創設は、深瀬の組織人としての卓越した能力を示すものである。

おわりに

深瀬のフランス憲法研究の原点にある視座は一七八九年人権宣言と一七九〇年平和原則である。人権宣言研究は、深瀬が生涯を通して追求したテーマである。人権と平和が不可分であるという、フランス憲法研究の成果は、戦争放棄と平和的生存権を一体的にとらえる平和主義研究に活かされていくのである。

（1）深瀬の研究業績に関し、深瀬自身の発言は、座談会「深瀬忠一教授を囲んで」『北大法学論集』（以下、北法と略する）四〇巻五・六合併号下巻一三九七頁以下（一九九〇年）、深瀬忠一「フランス法学・文化との交流・協力の歩みについて」北法五一巻五号二一三頁以下（二〇〇一年）参照。

（2）深瀬忠一「フランス憲法史における条約と国内法（一）（二）（三）」北法七巻二号、三・四合併号、八巻一・二合併号（一九五六年、一九五七年）掲載。

（3）五十嵐清『ある比較法学者の歩いた道』（信山社・二〇一五年）一一一頁。

（4）G. Vedel, Manuel élémentaire de droit constitutionnel, Paris, Recueil Sirey.

（5）深瀬は、北大で法学部および教養部での授業を行うのは、一九六〇年度からであり、大学院では一九六一年度より授業を担当している。一九六一年に大学院に入学した筆者は、一九六一年度および一九六二年度に深瀬より「フランス公法学説史」の講義を受けるという幸運に恵まれた。この講義は、ヴデルの講義を基礎にしていないながらも深瀬自身のフランス憲法学の全体像を示すとともに、フランス現代憲法学説を形成したエスマン、デュギー、オーリュー、カレ・ド・マルベールを中心にしていた。

（6）「バンジャマン・コンスタンの中立権の理論」北法一〇巻合併号（一九六〇年）掲載。

（7）「G・エロー教授の法理論の特質」北法一四巻二号（一九六三年）掲載。

（8）「A・エスマンの憲法学」北法一五巻二号（一九六四年）掲載。

（9）「L・デュギーの行政法論と福祉国家（a）（b）」北法一六巻一・三合併号（一九六五年）、一六巻四号（一九六六年）掲載。

（10）北法四〇巻五・六合併号下巻一四〇二頁。

（11）北法一四巻三・四合併号（一九六四年）、一五巻一号（同年）、一八巻三号（一九六八年）、四〇巻一号（一九八九年）掲載。

（12）和田英夫古稀記念論文集『戦後憲法学の展開』（日本評論社・一九八八年）掲載。

（13）国際シンポジウムの成果は、深瀬忠一・樋口陽一・吉田克己編『人権宣言と日本』（勁草書房・一九九〇年）として公刊されている。

（14）北法五一巻五号二一八頁。

（15）北法五五巻四号（二〇〇四年）掲載。

（16）Tadakazu Fukase, Théorie et réalité de la formule constitutionnelle japonaise de renonciation à la guerre, R. D. P. 1963, no 6.

（17）北法四〇巻五・六合併号下巻一四〇五頁、北法五一巻五号二一六頁。

（18）太黒マチルドは、戦前から戦後にかけて、おそらく札幌に在住する唯一人のフランス人として、フランス語を教え、また、研究者のフランス語の校閲を行うなど大きな貢献をしている。戦前は一九三一年より小樽高商（現小樽商科大学）非常勤講師、戦後は、一九四六年六月より一九六五年三月まで北海道大学専任講師としてフランス語を教えており、筆者も北大教養部でフランス語の授業を受けた。
（19）La récente évolution du régime parlementaire japonais, R. D. P. 1969, no 3.
（20）石崎政一郎先生古稀記念論文集『現代ヨーロッパ法の動向』（勁草書房、一九六八年）掲載。
（21）深瀬忠一「日仏法学・政治学交流・協力について」『法学部研究年報』第二号（北海道大学法学部・一九八二年、一九八三年）一〇六―一〇七頁。
（22）樋口陽一『時代と学問と人間と』（青林書院・二〇一七年）九五頁。
（23）Tadakazu Fukase et Yoichi Higuchi, Le constitutionnalisme et ses problèmes au Japon: une approche comparative, Paris, PUF, 1984.
（24）北法五一巻五号二二〇頁。
（25）北法四〇巻五・六合併号下巻一四一四頁。
（26）Heritage et actualite de l'ancienne culture institutionnelle japonaise, Revue international de droit compare, no 4, 1985.
（27）北法四〇巻五・六合併号下巻一四〇五頁。
（28）札幌日仏協会編『フランス革命の光と闇』（勁草書房・一九九七年）。

第Ⅱ部　憲法裁判と平和的生存権の拡大

第9章　深瀬教授と恵庭裁判

――恵庭のたたかい（平和に生きる権利と不断の努力）とその応用

野崎健美

一　深瀬教授と恵庭事件

恵庭事件について語るのに、深瀬教授なしには考えられないといっても過言ではない。なぜなら恵庭事件が起訴されて間もなく、深瀬教授は現地である恵庭まで、幾度も足を運んで、事件の調査を重ね、被告となった私達の話を詳細に聞かれている。起訴された半年後には雑誌・世界に「憲法九条と島松演習場事件」というテーマで憲法学者として恵庭事件を取り上げた論文を発表された。

全国に恵庭裁判の重要性を知らせると同時に、全国の弁護団結成に向けて自ら足を運ばれたのである。更に全国の憲法学者の自衛隊の合憲性についてのアンケートを取りまとめて、法廷で発表。教授自ら特別弁護人として、法廷に立たれて、憲法上「平和に生きる権利」が認められると弁論を展開されている。

裁判中も「この事件は、被告の野崎兄弟だけの問題ではない。基本的人権が優先か、自衛隊の演習には人権が侵害されても当然かの問題であって、一般の国民も手を拱いて見ていてはいけない」と警告を発されていた。

また、裁判の勝利には理論、弁論、世論が重要といつも話されていた。

更に判決後の集会で、弁護団が「判決は肩透かしでけしからん」と怒るさなか、一人深瀬教授だけが「あの判決でよかったのだ。今の最高裁では自衛隊の合憲判決の可能性が大きい。裁判が最高裁にもっていかれなくてよかった。被告の行為の正当性も認められたのだ」と主張されたのである。

前述の憲法上の「平和に生きる権利」については、深瀬教授の生涯をかけての論証となった。そして深瀬教授の功績による影響は、恵庭裁判にとどまらず、長沼裁判、自衛隊イラク派遣違憲訴訟名古屋高裁の自衛隊違憲判決につながり、いまや「平和に生きる権利」は国民の権利となっている。ただ国民の不断の努力なしには、その権利が常に危機にさらされることを認識しなくてはならない。

安倍政権は、実質的憲法改正というべき自衛隊の九条加憲を狙っている。

今まさに、「国民の平和に生きる権利」が奪いとられようとしている。

二　恵庭事件とはなにか

1　はじめに

恵庭事件というと、「あゝ、肩透かし判決のあの事件か」と単なる自衛隊法違反事件と思われてきました。しかし、それは重大なことが見落とされてきました。
それが何であるか。それをどう生かすかは、全てをご覧いただき考えていただきたいと思います。

2　徹底した軍国主義から徹底した民主主義教育へ

私は、昭和一〇年に生まれ、日米開戦時は国民学校一年生、敗戦時には国民学校五年生でした。昭和二三年には、新制中学生として「新しい憲法の話」を読み、新鮮な驚きをもって受け止めました。

新憲法前文の「政府の行為によつて再び戦争の惨禍が起ることのないやうにすることを決意し」に強い印象を受けました。「そうか、政府は放っておくと戦争をするのか」と中学生ながら、いやな予感がしたのを覚えています。

幼少期の「鬼畜米英」が「自由・民主主義の国米英」に、天皇＝現人神が国民の象徴にと一八〇度転換したことは、その後の私の考え方に大きな影響を与えました。私は、「国や先生の言うことをむやみに信じてはいけない。他人とは違った視点から物を見ること。常識にとらわれず、原点から物事を考えること」を学びました。この時期に国語の時間に私の詠んだ俳句があります。

満開の桜の中の枯れ木かな　（中学二年・桜という題に対して）

3　平和的生存権を守るための闘い——恵庭事件を通して

（1）両親が経営していた野崎牧場は、自衛隊島松演習場に隣接していました。それまで静かだった牧場は、昭和三〇年から三二年にかけて、米軍ジェット機の騒音被害に悩まされました。昭和三三年以降は、自衛隊ジェット機の飛行や大砲の近代化、大型化により騒音がますます拡大しました。

さらに、戦車の演習により演習場の地面は荒廃し、牧場が水利権をもち、発電や飲料用として使用していた湧水に火山礫と共に濁水が混入しました。大雨の度に生活用水が使えなくなるばかりか、発電機のタービンが停止し、完全に停電になります。暗闇の中、停電のため搾乳機が使えず、手搾りで数十頭の乳牛の搾乳を含めた、牧場の仕事をしなければならない辛さは、体験した者でなければ想像していただくことは難しいと思います。

自衛隊は牧場からわずか一㎞ほどの地点に標的を立てました。毎日、ジェット機が標的に向かってバルカン砲を撃ち込み、牛舎住宅の上を急上昇する訓練を繰り返すのです。ジェット機の轟音によるストレスで乳牛の乳量は減少し、轟音に驚いた乳牛が鉄条網に激突して死亡することもありました。

もちろん、乳牛ばかりではなく、日々牧場で働く両親にとっても基地公害のストレスは耐え難いものでした。

抗議の声を上げようにも、自衛隊の町では基地交付金を受け取っている町当局の対応は鈍く、自衛隊に抗議してできた約束は、事前連絡だけしかできず、基地の町では周辺農家も、自衛隊への抗議には及び腰でした。

騒音被害により、ついに母は昭和三二年、精神的ストレスから胃潰瘍になり、ついで父も、昭和三三年に精神的ダメージを受けて札幌に疎開しました。

（2）そのため、私は、昭和三三年の春に大学を卒業後、すぐに弟と共に牧場を受け継ぐこととなりました。

牧場を引き継いだ私にとって、騒音被害への対応は待ったなしの課題でした。

乳量が減り、流産する乳牛を目の前に、私達には一刻の猶予もありませんでした。基地騒音による乳牛の被害は、まさに私達の生活を脅かしていました。

私は、やむにやまれず、一人で演習場に行き、演習中の砲列の前に立ちはだかって演習を止めたり、道路以外を走行する戦車の前に立ちふさがって追い返したり、という行動に出ました。ジェット機の標的を取り壊してジェット機の飛行コースを変更させたこともあります。

もちろん、これらの行為は危険であり、心臓が止まるかと思うほどの恐怖を覚えましたが、生活がかかっていたからこそ必死に命懸けの抵抗をしたのです。

（3）私は、防衛施設庁に対し、大要、以下のような要求をしました。

「北海道の動脈ともいうべき、札幌から千歳までの三六号線に沿って、一万ヘクタール弱にも及ぶ広大な面積が演習場に占拠され、その土地が経済活動に利用できないばかりか、騒音や演習場の荒廃により、市民生活にも多大な影響を及ぼしていることは、北海道のみならず国にとっても大きな損失である。

よって、早急にしかるべき地域に演習場を移動すべきである。それまでの間、市民生活に影響のないよう対策を講じるとともに、被害に対しては十分な補償をすることは当然である。私の考え方に間違いがあるなら言ってほしい。」

これに対し、担当者は「間違いがあるとは思いません。」と答えました。

しかしながら、防衛施設庁は何ら有効な対策も補償もしませんでした。

（４）続いて私は、札幌にある自衛隊北部方面隊総監部に行き、第三部長に抗議しました。そこで私は、一．牧場近くの「二翁台」では大砲の演習は行わない、二．雲が低く立ち込めるときは特に大砲の演習は取りやめる、三．牧場の水利権を侵害する汚水の原因となるおそれがある地域では、道路以外の戦車走行をしないことを約束させました。

しかし、この約束は幾度となく破られました。

私は、マスコミにも相談しました。現状を報道するよう要請しましたが、「もっと町当局と相談すべき」と取り合ってもらえませんでした。ただし、事件になれば報道するとのこと。「事件になれば報道する」との言葉は、私の脳裏に強く残りました。罪にならずに事件にして、マスコミの報道によって世論に訴え、約束を守らせる方法とタイミングを考え始めたのです。

（５）乳牛の被害の拡大に伴い、ますます経済的に苦しくなっていく中で、勝利を見通せない孤独な闘いは続きました。どんなに辛くても、一家の生活がかかっているため、逃げ出すことはできませんでした。また、私の正義感とプライドは、逃げ出すことは卑怯者になるとして、それを絶対に許しませんでした。

かつて山中鹿之助が困難に立ち向かう時にしたように、三日月に向かって「天よ、われに七難八苦を与えたまえ」と祈り、不当な国家権力と闘い続けることを誓いました。

実弾を発射している大砲の前に一人で立つとき、走行してくる戦車の前に立ちふさがるとき、死をも覚悟しながら、小さな声で「ブレーブマン」を歌い、勇気を奮い立たせていました。

It's easy to live as a coward, some may say this is best.
Your hero dies just as life has flowered, that is the Code of the West,
Good-bye Jane, Good-bye Joe, that is the Code of the West.
（youtube: Brave Man Red Garters Vintage Music）

（訳）
卑怯者として生きるのは簡単である。それがベストだという人もいる。
勇気ある者は花のように生きる（花のように生き、花のように散る）。
これが西部の掟なのだ。さよならジェーン、さよならジョー。
これが西部の掟なのだ（これが私の生き方なのだと思いながら……）

（6）騒音や泥水で牧場経営を破壊し続け、父母を精神的・肉体的に追い詰めて自然豊かな牧場から追い出し、家庭も経済も破壊した自衛隊は憎んでも憎みきれませんでした。

私の牧場で生産したにも関わらず、基地公害による経済的な理由から、やむを得ず近くの牧場に安価に手放さざるを得なかった乳牛たちが、全道や全国共進会で上位に入賞し、その子牛たちがセールで高値に取引されていくのを見ると、悔しく、悲しさが募りました。

（７）さて、恵庭事件の当日、昭和三七年一二月一一日の早朝、牧場に乳牛検定の検定員がやってきました。乳牛検定の目的は、高品質の乳牛を選別し、種畜牝牛を登録して乳牛の改良を進めることです。乳牛の長命性を求めるための体型審査、乳量・乳質検査の結果、三代続けて成績の良いものは、その記録とともに高等登録牛の資格を得ます。そのために検査対象となる牛の一頭一頭の乳量と乳質の正確な検査が必要です。

不正防止のため、検査員は一か月に一度、事前連絡なしに牧場にやってきます。そして朝と夜の乳量と乳質を立会検査し、それを約三〇倍して一か月に換算したものをホルスタイン協会に報告します。一日の乳量で一か月の乳量を推計するため、検定日の乳量が少なくなることは、その日の損失ばかりではなく、その牛やその子牛、孫牛の価格にも大きく影響します。

私の牧場は当時すでにブリーダーとして高い評価を受ける牛群を所有していたので、その影響は特に大きかったのです。

（８）昭和三七年一二月一一日、こともあろうに検定員の立ち会う搾乳の最中に、突然近くで砲音が鳴り響きました。緊急事態です。

弟が大砲の射撃現場に交渉に行き、「約束が違う。今日は検定日だからどうしてもやめるように」と申し入れました。

しかし、自衛隊は聞き入れなかったため、やむを得ず、強い抗議を示すために連絡用通信線を切断しました。このとき先方に与えた被害額はせいぜい数百円です。これに対し、自衛隊員は弟に暴力を振るったのです。

一方私は、北部方面総監部に抗議の電話を入れたのち、演習場を管理する恵庭北部隊へ行き、群長に面会を求めました。そして、北部方面隊総監部第三部長と約束した経緯を話し、何か書類が届いていないか尋ねました。

群長が自ら持ってきた文書を見て、私は唖然としました。

「島松演習場における射撃演習実施上の留意事項に関する業務連絡」

最近島松演習場において、特定住民による抗議妨害が頻発する傾向があるが、従来方面隊としては、これら住民の要求に対し、いたずらに独断的態度に出ることなく、巧みにこれを処理しつつ、既定の訓練を遂行することを対民事上の訓練とも心得、指導しつつあるので隷下各部隊にこの趣旨を徹底されたい。」

（この文書はのちに裁判所に提出されました。）

（9）自衛隊の本質を示すあきれ果てたものであり、群長が平気でその内容を私に示す無神経さにさらに愕然としました。自衛隊は約束など始めから守るつもりはなかったのです。

「抗議を巧みにごまかしながら、既定の訓練を完全に行うことが、対民事上の訓練とも心得、指導」。

どのように読んでも、自衛隊が国民のために活動する組織とは思えません。

二度三度読んで文書の中身を確認し、恵庭北部隊を出た私は、直ちに新聞記者に連絡しました。

（10）翌朝、弟とともに記者を同行して演習場に入り、演習中の自衛隊の連絡用の通信線を隊員と記者の見ている前で切断しました。

前述の「業務連絡」では約束が守られるわけがないと判断し、強く抗議し、マスコミの力を借りて世論に訴えることで公的に約束を守らせるときが来たと思ったからこそ出た行動でした。

翌朝の新聞には、実力行使の写真とともに記事が掲載されました。

（11）数日後、北部方面隊総監の声明とともに、自衛隊が告訴したことを知りました。新聞に掲載された総監の声明は、加害者意識が全くない、驚くべきものでした。

「国土防衛に必要な、しかも演習中の通信線を切断することは、いかなる理由があろうと断じて許されるべきものではない。厳重に制誅されるべきである。」

この声明を読んで私は、「自衛隊の行動こそ許されるべきではない。制誅されるべきは自衛隊であり、告訴したことを後悔させてやろう。もし起訴した場合は、検察官にも後悔させてやろう。」と決心しました。

理解されにくいかもしれませんが、これまでの「暖簾に腕押し」の状態から闘うべき土俵ができたことにむしろ喜びを感じていたのです。国民の生きる権利を奪うものに対しては、全力で闘うことを決意しました。

自衛隊による騒音や泥水による被害によって、家庭も生活も壊された以上、恐れるべきものは何もありませんでした。

闘う相手は国。相手に不足はありませんでした。その後、任意取り調べの呼出状を手に警察署に行ったときから、国家権力との本格的な闘いが始まりました。
⑿ 警察署で椅子に座るなり私は、「メモを取ること、仕事が忙しく早く帰らねばならないこと」を宣言しました。

取り調べが始まると、私は警察官の質問をメモしました。私の答は一つだけ、「今はお答えできません。」

質問に間があくと、直ちに「あと質問は？」と聞きました。

調書は勝手に書かせておきました。調書作成後に強く署名押印を求められましたが、「調書の中身に納得していないので、サインはできない。」

と宣言しました。

当時二八歳になったばかりの私の調書の終わりにはこう書かれています。「以上を読み聞かせ、かつ書き取らせたが、署名押印は拒否した。」と。

取調中も、帰るときも、臆することなく堂々たる態度をとることができました。「横暴な態度で人権侵害をする国家権力に対して、憲法一二条に基づき平和に生きる権利を守る闘いなのだ」という強い自覚を持っていたからです。

なぜ、自衛隊を訴えなかったかという疑問を持つ方がいるでしょう。

しかしそれをすれば、それこそ自衛隊の思うつぼになったでしょう。なぜなら訴訟を起こせば、自衛隊に「裁判の結果で考える」という口実ができ、裁判の決着するまで、被害を無視して演習することが可能になるからです。

さらに、地裁、高裁、最高裁まで何年かかるか、勝つかどうかさえ分からず、私達の裁判費用も時間も莫大にかかるだけで、その間にますます被害は大きくなるからです。

（13）書類送検時には器物損壊罪でしたが、起訴時には自衛隊法一二一条違反事件となっていました。

明らかに、国はこの事件を利用して自衛隊合憲を狙ってきたのです。

数千万円にも及ぶ被害を私達に与えている加害者である自衛隊が、数百円の被害くらいで、まさか私達を告訴するとは思っていませんでした。また、万が一告訴されても、緊急避難と正当防衛で勝つ自信があったからこそ、わざと自衛隊員も記者も見ている前で、通信線を切断したのです。

要するに、通信線を切ったのは最終手段としてではなく、自衛隊の横暴に強く抗議し、自衛隊と交渉する手段だったのです。しかし、自衛隊には全く加害者意識はありませんでした。

「通信線を切断することはいかなる理由があっても許されない行為。厳重に制誅すべき」として告訴。国は自衛隊法一二一条違反として起訴してきました。

（14）この事件の重要性を知って、有難いことに、全国から四八〇人もの弁護士が手弁当で駆け付けると申し出てくださいました。憲法学者深瀬教授の雑誌世界に掲載された論文と弁護士への直接的働きかけのおかげで全国的弁護団が組織されたのです。ただこの弁護団の弁護方針は　最初から「起訴条項である自衛隊法は憲法違反である。よって、被告は無罪である」ということに決まっていました。

そこで、弁護士の邪魔にならずに、自衛隊や検察官に言うべきことを言うため、もっとはっきり言えば、国こそ被告であることを私自身の言葉で明らかにしたかったので、私は道立図書館や札幌市立図書館に通って勉強を始めました。

憲法のつくられた時代背景。憲法国会における九条に関わる審議。九条に関わる学説。自衛隊の変遷。フランス革命以降の自由主義国家における革命又は独立戦争。世界的な人権の歴史。基本的人権と公共の福祉の関係等々…。

私のような法律の素人が勉強したことにより、最終的には自衛隊や検察官を追い詰めただけではなく、事実調べ、論告、求刑について裁判官を悩ませる主張をすることになろうとは、このときの私には想像もできませんでした。

(15) 国が自衛隊合憲を狙って起訴してきた以上、この事件までのいきさつを、急いで全国に広める必要がありました。そのため、私は、全国で講演を行いました。講演会は恵庭事件の重大性を全国に広めるために大きな効果がありました。それには法廷に臨むための図書館通いが役に立ちました。

また、牧場に援農に来てくれる学生や応援してくれる人達と毎夜遅くまで学習会が開かれました。公判期日のたびに行われる、裁判所庭での泊り込み学習会は、着実に支援者を広げていきました。

その頃、自衛隊はこんな噂を流し始めていました。「野崎は被害があるから演習を妨害するのではない。あいつは闘争を楽しむためにやっているのだ。」

これに対し私のとった方法は、できるだけ多くの支持を得るため、特定の組織に入らず、法廷での意見陳述でも自衛隊の違憲性に触れず、基地公害と自衛隊の反国民性に焦点を当てて主張しました。私が触れなくても、四八〇人の弁護団が強く自衛隊の違憲性を主張してくれたからであり、その結果地元を含め、保守的な人達も含む多くの支持を得ることができたのでした。

（16）裁判が進むにつれ、現地調査のために全国から多くの人々が牧場に来る機会が多くなりました。そのたびに自衛隊は境界線に鉄条網を張り、多数の隊員を配置して調査団を演習場に入れないようにしました。そのような時こそ自衛隊員に対する説得工作の機会でした。その場で調査団に、被害の実態とそれに対する自衛隊の対応や、加害者の自衛隊が被害者を自衛隊法違反で訴え、さらには被害の実態を現地に調査に来た人達までも排除する自衛隊の本質を伝えました。

さらに一緒に聞いている隊員たちに「早く自衛隊を辞めて一緒に農業をやろう」と呼び掛けました。そのときの私の呼びかけを聞いて、実際に自衛隊を辞めた人が何人もいたらしく、その中の一人は恵庭の農家となって、私達を驚かせました。また、雨による濁水被害が出るたびに給水車を出すように要求した私を、快く何度も自宅に迎え入れ、奥さんとともに話を聞き、深い同情を示した群長もいました。五〇年後、その子供さんが自ら名乗って何度か私の仕事場に来てくれたのは、嬉しい出来事でした。

裁判が進むにつれ、国はあわてて基地公害対策の法律を作ろうとしましたが、それが出来たのは判決の六年も後でした。

それまでは自治体に支払われる基地交付金はありましたが、市民に対する補償につながる法律はなかったと思います。恵庭事件によってはじめて基地公害対策や補償制度が出来、基地周辺の人に感謝されるようになりました。

(17) 昭和三八年から始まった裁判は「自衛隊は一見明白に憲法に違反している」という議論から始まりました。

この論争のさなか、自衛隊の騒音で胃潰瘍を患い、胃がんに罹患して療養を続けていた母が亡くなりました。母は、「ジェット機の騒音と乳量及び受胎率の関係」の資料を作り、防衛庁に提出していました。さらに、「ジェット機の騒音は真綿で首を絞められるようなものである」と手記に書いていました。

あまりのショックで涙も出ませんでした。「必ず裁判で勝って、母の無念を晴らしてみせる」と母の遺影に誓い、何度も母が好きだった讃美歌「夕日は隠れて」を歌いました。

裁判では、三矢研究という図上演習の内容が明らかにされました。そして事件当日現場にいた自衛隊員は、問題の通信線は何度も補修して使っているものであり、通信線切断による被害がほとんど無かったことも認めました。さらに総監部の第三部長からの業務連絡などにより自衛隊の実態が示されました。

その後裁判官は、自衛隊の合憲性について判断を下さないまま、事実調べをしたいと関係者に言い渡しました。

(18)「このまま事実調べをするのは、なぜか納得ができない」と思っていた私は大学時代のコーラス仲間で親友のＩ君に久し振りに会う機会がありました。

話題が恵庭裁判になり、どこまで進んだかを聞かれました。私は「現地の自衛隊の実態及び自衛隊の机上演習の取り調べの後、裁判所は事実関係の取り調べをしたいと言ってきたけれど何か納得がいかないんだ」と答えました。

彼は「それで自衛隊法の合憲・違憲はどうなったのか」と聞いたので「それはまだ決まっていない」と答えました。彼は「ふうん、それは決まってなくても事実関係は調べられるんだ」と言ったのです。

その瞬間、私は電撃を食らったようにハッとしました。「納得できなかった理由」に初めて気が付いたのでした。

それは「自衛隊法が合憲かどうか判断しないまま、事実調べをすることは、違憲の法廷を開くおそれがある」という論理でした。そこで早速、公判の打ち合わせの休憩時間に、弁護団の一人に聞いてみました。ところが、私の期待に反してその答えは次のようなものでした。

「君のいう事はよくわかる。しかし　今迄の判例でみるとそうはなっていない。例えば、デモをやって　東京都公安条例違反事件として起訴された場合、事実調べを先にやり、論告求刑の後、判決の際に『ちなみに東京都公安条例は憲法に違反しない』というような形で、合憲性について触れるのが慣例なので、その論法を通すのは難しい」

二人目の弁護士の意見も同様でした。あきらめずに三人目のM弁護士に相談したところ「面白い、やってみましょう」と言う承諾を受けたのでした。

次の法廷が開かれ、裁判官が「何かご意見がありませんか」と聞いたので、私は次のように述べました。誠に残念ながら、その日M弁護士は欠席でした。

「自衛隊法が合憲ならともかく、自衛隊法が合憲かどうかわからないうちに事実調べをするのは、憲法違反の法廷を開くおそれがあるので、新憲法下の被告としては、事実調べを拒否するのが当然の責務であると思います。」

するると、裁判官は「野崎被告人の発言は、裁判所として十分研究しなければならないと思いますけれど、訴訟というものには一つの約束事がある。市民の立場から見ればとんでもないことかもしれませんが、出来上がった約束事には歴史があり、伝統があり、合理的解釈がある。裁判所の一つ一つの訴訟行為について疑問を持たれても、全てに納得のゆく説明はできない。不可能な場合がありうるという抽象的な答えで勘弁して頂きたい。（公判記録より）」と答えながらも、期日外証拠決定で、すべての証拠調べを打ち切りにしました。

これを知って私は飛び上がるほど驚きました。なぜなら証拠調べの打ち切りは事実調べをやめることであり、それは被告の正当性立証の機会が失われることになります。ということは被告を無罪にしない限り、暗黒裁判のそしりをまぬかれなくなります。すなわちこの時点で被告無罪確定を意味します。

ところが驚いたことに、次の公判で検察官は異議をとなえませんでした。

（19）私は、「これで決まり！　完全勝利だ」と確信しましたが、法廷のやり取りからみて、多くの関係者は「無罪確定」には気づかなかったようです。

その後の法廷のやりとりから見ても、検事も裁判官も弁護士の多くも「無罪確定には気が付かなかったようです。勿論、報道機関も全く気が付いていませんでした。どうしてこんな不思議なことが起きるのでしょうか。

裁判についての慣習を熟知している人たちの頭の中にあるのは、事実調べの後には論告・求刑があり、最終弁論そして判決があると考え、全ての証拠調べ打ち切りによって事実調べが無くなっても、論告及び求刑が出来ると思ってしまうのです。

私は、論告求刑公判を待ち遠しく思いました。永年の念願であった「私達の生活を苦しめてきた自衛隊に加担し、自衛隊の合憲性を勝ち取ろうとした検察官に完敗の味を味あわせ、起訴したことを後悔させる機会」だからです。

論告・求刑が出来なくなって、マスコミに大きく取り上げられるようになるまで、彼らにそのことに気付いて欲しくありませんでした。

(20)　論告求刑の当日を迎えました。朝のＮＨＫニュースは、「本日の恵庭事件裁判について検察官は、『被告を有罪にするに足る十分の論告を行う用意がある』と断言している。」と報道しました。また、検察官は、裁判所の許可なしに、論告予定の内容を書いたものを被告側には渡さない一方で、マスコミだけに手渡しました。

私には、検察官の論告を徹底的に論破する自信がありました。それは四年間の法廷の慣れと図書館通いの勉強の成果でした。

裁判官が開廷を宣言し、検察官の論告が始まりました。わざと五分ほど黙って聞いた後、私は挙手して以下の趣旨をのべました

「裁判長、今検察官が論告を始めましたが、何をもって論告、何をもって求刑をしようとしているのでしょうか。私達は自分の正当性を立証する機会を与えられていません。直ちに論告並びに求

刑をやめさせてください。」

しかし今までの慣習にとらわれている裁判関係者が理解し、納得するまでには次の次の公判までの時間が必要になりました。何度かの私の発言の後に弁護士の発言がありました。「検察官の論告は違法なもので、本公判においての論告を述べることは許されないと思います。弁護側の立証は田中証人が認められただけですべて却下され、被告人質問もありません。（公判記録より）」合議のため数時間の休憩、その後開廷し、次のようなやり取りがありました。

裁判官「検察官、論告・求刑をとりやめる気はありませんか」

検察官「それは勧告ですか。それとも命令ですか。」

裁判官「勧告です。」

検察官「勧告でしたら聞く耳をもちません。」

裁判官「それでは命令にします。論告及び求刑は禁止、ただし自衛隊の合憲についての論告は許可します。」

論告・求刑禁止に対し、検察官は異議申し立てをしましたが、裁判長は、合議の結果次のように述べています。

「これまで公訴事実及び情状に関し、弁護側・被告側の立証を全く認めていないのであるから、検察官に情状意見を許すことはすこぶる不公平である。

以上の理由により異議を却下することにしました。（公判記録より）」

検察官はしぶしぶ、自衛隊法の合憲性を主張する論告のみを行いました。

被告の無罪が確定的になっただけに、以後の公判は、自衛隊と自衛隊法の合憲性だけが争点になり、実質的に「裁かれるのは自衛隊」になりました。

（21）判決の一週間ほど前に、主任弁護士が裁判所の書記官に問い合わせをしたところ、判決の読み上げ時間が一時間以上かかるとのことだったので、私達は違憲判決が出ると期待していました。しかし、結果は「被告人は無罪。被告人の切断した通信線は自衛隊一二一条に抵触せず、無罪」。自衛隊違憲判決こそ下されませんでしたが、私達が完全に勝利した瞬間でした。翌日の北海道新聞には、興味深い記事が掲載されました。

「判決を聞くなり検察官は、万年筆を落としたことにも気づかず、控え室に戻ってくるなり、『よかった、よかった』と肩をたたき合って喜び合った。」

無罪判決は検察官の負けです。しかも裁判を大きく左右した事実調べや論告の法廷論争で、法律素人の被告に完全に負けたのに、です。

私たちは、記者会見で「検察官の上訴を期待する。上訴審でまた相まみえよう。」とわざと挑発的な発言をしたのですが、検察官は上訴しませんでした。

悔しくてもできなかったというのが、正確でしょう。

（22）自衛隊は、告訴によって、自ら横暴かつ暴力的な加害者であり、反国民性の性格をもつ組織であり、違憲の疑いが濃厚な組織であることを明らかにしました。

恵庭裁判以後、国は民間人を自衛隊法で起訴することを避け、ひたすら災害派遣に積極的に自衛隊を活用し、あたかも自衛隊が国民の生命・財産を守るかのように見せてきました。決して騙されてはなりません。恵庭事件で明らかになったように、自衛隊の演習のためならば、国民の「平穏に生活する権利」「基本的人権」「個人の尊厳」「財産権」の侵害は当然という姿勢は変わっていないのです。

私が恵庭事件から得たものは、「平和に生きる権利」を守るためには不断の努力が必要であり、憲法特に憲法一二条はその武器になるということ。二つ目に、この考えに同調してくださる、大勢の弁護士、学者、市民に味方になっていただけたこと。三つ目は、慣例・常識を排除して原点から物事を捉え、戦略、戦術を考え、あきらめずに行動すれば、目的を達成できるということです。

然しながら、この事件は、五〇年も肩透かし判決ということで忘れられました。

それは同時に、「ナチスの手口に学ぶべきだ」と公言し、特定秘密保護法、安保法制、共謀罪等、憲法に違反し、人権を侵害し、制限する恐れのある法律を次々強行採決により成立させた、横暴な国家権力に立ち向かい、勝利するために有効な手段もまた忘れ去られてきたのです。

三　第二の恵庭事件——知られていないもう一つの闘い

恵庭事件の判決が出て数年後のことである。ある平和団体の基地調査があって、三〇人ほどの団体が牧場に訪れた。さっそく私は演習場との境界線に一同を案内した。予想通り境界には有刺鉄線と二重に張って、大勢の自衛隊員が並んでいた。彼等の前で調査団の方達に、私達が発電と飲料の水利権を持っているダムが、戦車による演習場の荒廃により泥水や火山礫が流れ込む被害の実態を訴え、演習地の現場をこれから見に行くことを説明した。ところが自衛隊の責任者は「絶対に入ってはだめだ」と云うのである。

「私達の生活圏を侵している状態を調査するだけであり、心配なら附いてくればよい。」と云ったが「どうしてもだめだ」というのである。「それはおかしい。被害に対する補償も出さず、被害の実態調査も拒否するというのか」といっても「とにかくだめだ」というのだ。私は突然思いついたことがあったので、「よしわかった。自衛隊がそういう態度をとるのであれば、私の方もそれに応じた処置をとる。後悔しても遅い。覚悟しておきなさい。」と宣言した。

翌日一日作戦を考えて準備を整えた。まず、千歳にある新聞記者室に「明日一〇時面白いものを見せるから、演習場の管理をする恵庭北部隊の裏門に来てほしい」と連絡した。一方牧草地に牛の尿を撒くバキューームカーをよく洗浄し、演習場の荒廃に起因する、自家発電用ダムにたまった泥を吸い上げ満杯にした。

当日一〇時丁度、二キロ離れた恵庭北部隊の裏門に到着し「演習場から流れ込んで牧場のダムに溜った泥を、演習場の管理部隊に返却する。」と宣言し、記者達や隊員達の見ている前で、部隊の裏門の鉄柵の間から泥水を流し込んだ。

裏門を選んだのは、裏門の入り口から内部に向かって、下り勾配になっているのを知っていたからである。わざと泥水を被ったりする隊員もいたが、バキューームカーに入っていた泥水は全部流し込んだ。翌日の新聞に写真入りで報道され、警察も事件にしようと牧場まで大勢で調査に来た。起訴したら面白いのにと思っていたが、恵庭事件での惨敗に懲りたのか、結局不起訴処分になった。

それから間もなく防衛施設庁の担当者がきて、「施設費を出すので、北電の電気を使って欲しい。頼むから自家発電はやめてほしい」と申し出た。「自家発電はやめない。被害補償の一部としてなら受け取る。」と答え、その通りになった。

憲法一二条に「自由並びに権利は国民の不断の努力によってこれを保持しなければならない」とある。「不断の努力」すなわち闘わなくては、権利は権力によって、奪いとられたままになる。恵庭の闘いは現地でも、裁判でも「不断の努力」で勝利した。

権利があっても、闘わなければ、権力に奪いとられたままになるのである。

四　知られざる恵庭判決までの経過と判決の評価

恵庭事件の判決が出る二日ほど前に、不思議なことが起きていた。

それは、判決文とほとんど同じ内容が地元の北海道新聞にスクープされていたのである。判決を聞いて、私は裁判所が判決内容を事前にわざとリークしたと感じた。のちに述べるが、裁判の経過からすれば、あの判決理由はあり得なかったからである。では、何のためにリークしたのか。それは、「新聞記者でも想像できるほど、裁判の経過から見て妥当な判決であった」と世間に思わせるためであろう。そうしなければならないほど、無理な判決理由であった。

1　上級審からの圧力

判決文は、被告の切断した通信線は、「自衛隊法に定められた武器・弾薬・航空機・その他防衛の用に供する物」に当たらない。よって憲法判断をするまでもなく被告は無罪」というものであった。然し裁判の中で、通信線が防衛の用に供する物に当たるかどうかは、一度も審議されていない。観測地点との連絡をするための通信線は、実戦では必要欠くべからざる物であると私も思う。裁判官が勝手に判断して防衛の用に供する物に当たらないとしたのである。

恵庭事件の判決前に、上級審から「憲法に触れた判決はしないように」とのお達しが裁判長に伝えられていたことが明らかになった。判決五〇年後に当たる、二〇一七年に裁判長の次女が、北海道新聞および映画で明らかにしたのである。

「驚いたことに、父は上から、確か最高裁だったと記憶していますが、憲法判断は回避せよとのお達しがあったというのです。」（映画恵庭事件での証言）

想像通り、恵庭事件を担当する裁判官に政治的圧力がかかっていた。どの段階で、どのように圧力がかかったのかを、公判記録を基に推論してみたい。

2　違憲の法廷の論理

横暴な自衛隊実態の告発ともいうべき被告の意見陳述の後、当日の自衛隊の行動などの取り調べがあり、弁護団と検察側との自衛隊の合・違憲論のやりとりが続いた。その後三五時間に及ぶ三矢作戦計画に関する田中義雄証言の後、二五回公判から二七回公判にわたって、検察官、弁護人の意見陳述があって、裁判官は証拠調べより事実調べを優先させると言明した。しかし、被告はその理由はわからないが、事実調べをすることになぜか納得できなかった。そのことを友人と話している うちに、突然その理由に気が付いたのである。

『自衛隊法が合憲と決めているのならともかく、事実調べを先におこない、判決の段階で、自衛隊法が違憲と判断した場合、事実調べは違憲の法律に基づく法廷を開いたことになるのではないか』という疑問であった。弁護士に相談したところ、三人のうち二人は「裁判の慣例では判決の際に合・違憲の判断をするので、その主張は難しい」と言われたが、二八回公判で被告は、三回にわたって事実調べ開始に異議の申し立てをした。

裁判官は、原点からの発想である「違憲の法廷」の論理に対しこう述べた。

野崎被告人の発言は、裁判所としても十分研究しなければならないと思いますけれど、訴訟というものは一つの約束事がある。市民の立場から見ればとんでもないことかもしれないが、その約束事には、歴史や伝統があって、裁判所の一つ一つの訴訟行為について疑問を持たれても、説明が不可能なものがあるということで勘弁して頂きたい。（二八回公判　角谷判事発言　公判記録より）

かつて単独審の時、裁判長を務めた角谷判事は次のように表明していた。

「被告人がもし違憲法令で訴追されているときは、新憲法下の裁判官としては、違憲法令審査権を発動して、被告の救済に当たらなければならない。」

被告が異議を申し立てた二八回公判は、裁判官の意思表明の場でもあった。
辻裁判長「違憲法令審査権の行使については、角谷判事の発言と同趣旨である。違憲法令審査権の行使についてはやぶさかではない。」
角谷判事「自衛隊法の合憲性の解釈について、当事者の一方は合理性を欠くと考えています。裁判所はこの事件において判断を避けて、別の理由で何らかの結論を出そうということはありません。裁判所として違憲法令審査権の行使に、いささかも躊躇することがないということ、裁判所の義務の履行にいささかも怠る意思がないことは明白であります。」
猪瀬判事「裁判所の裁判の対象は具体的な事件であって、抽象的な法律が裁判の対象ではありません。したがって本件において訴追されている被告人らの行為、これが自衛隊法一二一条に該当するか否かという具体的な事件のつながり、これを先決問題として解すべきであると考えます。」
辻裁判長「弁護人に希望したいのは、裁判所としては現在の段階で発表しうる限度ギリギリまで申し上げてご了解を願えるように努力してきたわけです。弁護団としても裁判所の立場を了承されて、ご協力戴きたいということです。」（裁判官の発言はすべて公判記録より）

3　すべての証拠調べ打ち切り

この段階で、辻、角谷裁判官は明らかに、違憲法令審査権を行使しようとしていたと思われる。ただ、慣例に従って、事実調べ、論告、求刑、最終弁論の後と考えていたと思われる。ところが度重なる被告の主張である「違憲の法廷」論も正論であることから、無視することはできなくなり、裁判所は、被告の切断した通信線の被害も微々たる故に、特に証拠も必要ないと考え、事実調べも取りやめることにした。すなわち、すべての証拠調べ打ち切りを考えた。

それはこの直後の三〇回公判辻裁判長発言で明らかであった。

「今まで調べてきた範囲内で判決ができる。証拠調べ打ち切りの理由を発表してしまえば判決したと同じになってしまう（公判記録より）」

そう考えた裁判所は　すべての証拠調べ打ち切りを決定し、文書で通知した。

4　判決前に被告の無罪確定と意趣返しの実現

被告はこれを知った時は飛び上がるほど驚いた。被告完全勝利確定だからだ。

『これは事実調べ取りやめと同じ。この決定により、被告の正当性を立証する機会が無くなり、検察官の論告・求刑は一方的なものになり、暗黒裁判のそしりを免れなくなる。それ故、事実関係にかかわる検察官の論告・求刑は許されず、結果として被告の無罪確定となる。したがって証拠調べの打ち切りは、判決理由の如何を問わず、被告の無罪は確定した』以上を瞬時に理解した。

しかしこの時点で　このことに気が付いた裁判関係者は、被告を除いていなかったらしく、以下のようなことが起きてしまった。（カッコ内は被告の感想）

検察官が当然するべき異議申し立てをしなかった。（被告無罪確定になるのに、検察官は何をやっているのかと思った。）

弁護団が公訴取り下げを要求した。

（「検察側を追い詰める論告・求刑阻止が出来なくなるので、やめてほしい」と思った。皮肉なことに、検察官が拒否をしたので、ホッとした）
訴訟指揮を見ると、裁判官も論告・求刑ができると思っていた
（そのため論告・求刑禁止決定までに、多くの時間を必要とした）
マスコミ関係者に説明しても、無罪確定は理解できなかった
（知り合いの記者に説明したが、どうしても理解できなかった）

5　慣例で考えることの間違いと怖さ

なぜ、このようなことが起きたのであろうか。それは慣例や常識で考えるからである。通常の裁判において、事実調べ➡論告➡求刑➡最終弁論➡判決という順序で進むので、今回のように事実調べが取りやめになり、被告の正当性を主張する機会が無くなっても、裁判関係者は慣例による発想から、論告➡求刑➡最終弁論➡判決と進むことが出来ると思ってしまうからである。

そのため論告公判において、被告は「事実関係にかかわる論告及び求刑は不当」であることを、何度も何度も、繰り返し発言しなければならなかった。

被告の度重なる主張に、やっと弁護人の弁護も加わり、ようやく裁判長が理解し、検察官に対し、事実関係にかかわる論告と求刑をやめるよう勧告した。

検察官がそれを拒否したため、裁判長は論告・求刑を禁止した。

検察官は異議申し立てをしたが、裁判長は合議の上これを拒否した。

裁判長は三三回公判でその理由について、「これまでの公訴事実及び情状に関し、弁護側、被告側の立証を全く認めていないのであるから、したがって検察官に情状意見を許すことはすこぶる不公平である（公判記録より）」と述べた。

それゆえ、検察官は、論告・求刑公判で、「自衛隊法が合憲であること」しか述べることが出来なくなったのである。

ここまで、裁判長は、至極まともな判断をし、訴訟指揮をしているのにかかわらず、いまだに法曹界の方々でも、裁判所が事実関係の論告及び求刑を禁止した理由を理解できない方、勘違いしておられる方がいるのは誠に残念に思う。

これは、どの業界にもある、慣例で考えることの間違いと怖さである。

6　原告と被告が逆転した裁判

その結果、恵庭裁判は今までにない裁判となった。罪状認否・意見陳述は、横暴な限りを尽くしてきた自衛隊に対する被告の告発であったし、すべての証拠調べ打ち切りの段階で、被告の無罪は確定的になってしまった。

それゆえこの裁判は、最初から終わりまで自衛隊の実態と自衛隊法の合憲性が審議されることとなり、まさに裁かれるのは自衛隊というさまであった。

一方、辻裁判長と角谷判事を中心に、違憲法令審査権を行使する準備は、着々と進められていたと思われる。判決一週間前の裁判所書記官の発言から推察すれば、上級審の圧力に屈して、判決文を書き換えることになったのはおそらく判決一〇日くらい前であろうと推測される。

上級審からの圧力、「憲法判断回避判決」を求められ、窮した裁判所は、二八回公判の猪瀬判事の発言に依拠した判決文を書くことを考えたものと思われる。

しかし、それは裁判所が二八回公判で意見表明したこととは矛盾したものとなり、そこで考え付いたのは、地元新聞社に判決の内容を、それとなくリークすることではないかと思われる。当時は、新聞記者が裁判所に出入りすることは難しくはなかったからであり、そう考えるとすべてのつじつまが合うのである。

7　判決の評価について

判決については、すべてのマスコミは肩透かし判決として報道した。「自衛隊違憲判決により被告の無罪をめざす」方針であった弁護団も判決集会で肩透かし判決はけしからんと声明を出した。私も最初は同調したが、深瀬教授の説明を聞いて、自衛隊の違憲判決が下されなかったのは残念ではあり、判決理由には不満があるが、あの判決に怒ってもいないし、あれでよかったと思っている。

その理由は三つある。一つはもし裁判所が違憲判決をくだしたならばどうなっていたかを考えたからである。もしそうなれば、刑事事件であるゆえに、札幌地検は高裁を飛び越して、最高裁に飛躍上告することが出来たのであった。

そうすれば、昭和三四年に出た砂川判決の例から見ても、世論の高まるまえに、いっきに最高裁での自衛隊の合憲判決が出る可能性は大きかったと思う。

二つ目は　通信線切断の目的が、ある程度達成されたからである。大砲の騒音も前ほどではなくなり、基地公害補償の法律ができたのである。

三つ目は不当な自衛隊及び検察庁に、見事に意趣返しが出来たからである。

五　安保法制を逆手にとって平和に生きる権利を守ろう

1　憲法一二条について

「この憲法が国民に保障する自由及び権利は、国民の不断の努力によって、これを保持しなければならない。」

よく読んで欲しい。「権利は不断の努力によって保持できる」とは書いてないのである。ここに二つ重要なことがある。

1．逆に言えば、「不断の努力をしなければ、権利を奪いとられる」ということである。秘密保護法、安保法制、共謀罪、次々と国民の権利を奪う法律が強行採決され、更に今、自衛隊の九条加憲が目の前に突き付けられている。

2．「不断の努力によって保持しなければならない」ということは、憲法の数少ない国民の義務事項である。権利を守るためには　不断の努力でそれを保持する、また、奪われたものは取り戻す努力が必要であるということである。

それを憲法が規定していること、義務付けていることを忘れてはならない。

2　今こそ、憲法一二条を武器に、違憲の安保法制を逆手にとって

恵庭裁判で被告は、自衛隊法を逆手にとって、自衛隊と検察庁に告訴および起訴したことを本当に後悔させることに成功した。今度は市民の力で、安保法制を逆手にとって安倍政権をやり込め、自衛隊の九条加憲をさせないよう「不断の努力」を期待する。今迄のやり方での勝利は難しいと思う。

では、今どうすればよいかを考えてみる。安倍政権に反対する人は約三九％前後であるが、安倍政権支持者の三人に一人、無関心層の二人に一人が安保法制に反対であり、その合計数は有権者の約二一％に当たることが分かっている（二〇一五・一一・九、毎日新聞世論調査）。

まず彼らを味方にすれば勝つことが出来る。更に他の方法もある。

最近、北海道のある地域で、自衛隊の高官達が、テレビに安倍首相が出るたびに「勝手なことをしやがって」と怒っているのを知った。その一人に別紙の「自衛隊・家族の皆様へ」を見せたところ、珍しく真剣になって読み「皆がこう考えてくれればいいのに」と言ったと、その息子が私に伝えてくれた。

彼らも安保法制の強行採決に怒っているのである。彼らの立場で考えよう。

これらの人達も味方にする方法を考え、実行することが重要である。「自衛隊員・家族の皆様へ」は、彼らが読んで　考えるように作ったものである

そのためには、活動家用語を使わず丁寧で優しい言葉で、尊敬の念を持った言葉が必要である。安保法制を逆手に取るということはこういうことである。

彼らも味方にすることが出来れば、選挙で勝つことが出来る。名古屋高裁自衛隊法違憲判決の原告は、自民党の箕輪登氏であったことも思い出してほしい。

3　今すぐ出来て効果のあることを、市民運動に

例えば「自衛隊員・家族の皆様へ」チラシの全戸投函をしたらいかがであろうか。隊員やその家族、親戚は全国どこにでもいるからである。隊員の働く姿や　日の丸を入れたイラスト等を背景に加えれば　なお読んでくれると思う。

勿論、安保法制に反対の自民党支持者、無関心層の人達の協力も期待できる。

恵庭の闘いを知り、個人の尊厳、基本的人権、平和に生きる権利を守るために、慣例や常識にとらわれない「原点からの発想」による戦略、憲法一二条に基づく不断の努力を惜しまず、とりあえず自衛隊の九条加憲阻止を実現しよう。

六　自衛隊員とご家族のみなさまへ

自衛隊の皆さん、日ごろの訓練、大変お疲れ様です。

災害派遣など国民のために働いている隊員の皆様を見ると頭が下がります。

今日は皆さんの為にお知らせを持ってまいりました。

アメリカ「イラク帰還兵の会」二〇一五年一一月の発表によると、イラク・アフガニスタンか

ら帰還した兵士が、毎日平均二二人自ら命を絶っています。単純計算をすると、一年に約八〇〇〇人が自殺しているのです。一三年間にイラク、アフガニスタンで戦死した兵士約六八〇〇人を大幅に上回る驚くべき数です。

なぜこんなに自殺者が多いのか。それは人を殺すことによって、兵士の心や社会性にダメージを与え、自殺の引き金になるのではないかといわれています。

また、誰が敵か味方かわからない状況に長くおかれると、心的外傷後ストレス障害（ＰＴＳＤ）だけでなく、他人を信頼できず、異常に警戒するようになる等、帰還後の社会性にも問題を生じるようになるというのです。

さらにイラク帰還兵の話によると、戦場では「英雄」として称えられても、帰還して故郷に戻ると「人殺し」との陰口もたたかれるというのです。

自衛隊員の皆さん。いくら任務とはいえ、現地の人を殺したり、戦死者を出したとき、現地の市民が受け入れてくれるでしょうか。

そしてまた、日本の防衛ではないのに人を殺して、日本の市民がそれを受け入れてくれるでしょうか。隊員が日本に帰ってきて普通に暮らせるでしょうか。

では、皆さんの心配を解消する方法はないのでしょうか。

あります。あるのです。解消できる方法が。ただし一つしかありません。

それは、次の衆院選と次の参院選で、安保法制に反対する野党が勝って、議会の多数を占めることになれば、元に戻すことができます。

そうすれば、隊員の皆さんは日本を守るためだけに尽くすことができるようになるのです。安倍政権が暴走し、強行採決したために、この方法しかなくなってしまったのです。この方法以外に、二度と元に戻す方法がありません。

隊員の皆さん、ご家族の皆さん、選挙には、安保法制に反対する野党の推薦する候補に投票してください。また自衛隊の憲法九条加憲に対する国民投票が実施された場合には、隊員の皆様の命を守るために反対の投票をしてください。

第10章　世論・理論・弁論の三論一体で闘った恵庭裁判

――弁護団の立場から

内藤　功

一　弁護団

私は恵庭弁護団の一員として、一九六三年から一九六七年まで四年間、札幌地裁の裁判に参加した。北海道の弁護団を、東京はじめ全国の弁護士四百人が弁護人として支援した。加えて、北海道大学の深瀬忠一、今村成和、北海道教育大学の久田栄正の三教授が、特別弁護人として、法廷で陳述し、理論面での大きな力となった。

二　本件起訴の狙い

通信線切断行為に対して、当初は、刑法の器物損壊罪で捜査していたが、政府・検察は、起訴に際し、刑の重い自衛隊法一二一条「武器、弾薬、航空機その他防衛の用に供する物の損壊罪」を適用してきた。本件の直前、一九五七年、砂川闘争に際しては、政府・検察は、基地立ち入り行為に対して、刑の重い「安保条約に基づく行政協定に伴う刑事特別法違反」で起訴している。その体験から本件起訴の意図を次のように判断した。

①砂川事件の先例（「安保条約・米軍駐留は違憲ではない」との最高裁判決を出させた）にならい、本件裁判を通して「自衛隊合憲」の判決を得ようとしているのではないか。

②民間人に自衛隊法を適用するのは、旧陸海軍時代の、軍刑法、軍法会議の復活へ道を開くことではないか。

①の点について、平野義太郎氏は、日本政府は、西ドイツの裁判所が国防軍合憲判決を出して、再軍備への道を開いた先例にならっているのではないかと強調しておられた。

三　九年間の被害

野崎さん一家・野崎牧場は、一九五三年朝鮮戦争停戦協定後、米軍戦闘機の対地攻撃訓練の標的、つづいて、航空自衛隊の同様の対地攻撃訓練の標的とされた。そして、至近距離での、陸上自衛隊の戦車走行による土砂崩壊・水質汚濁。さらに、特科部隊（砲兵）の大砲実弾射撃の轟音・震動。野崎さんの要請・抗議に対する不誠実な対応が重なった。そして、本件当日、子牛の能力検定の日に、無通告で至近距離での実弾射撃。もはや、この轟音・震動を直接的方法を用いてもやめさせるほかない。追い詰められての行動であった。この行為のどこに、非難されるべきところがあるか。

四　弁護方針

弁護方針としては、野崎さんが、自らの生命、健康、生活、経営を守るために止むを得ない行為であった、正当防衛、緊急避難、正当行為であり、罪とならないと主張するのが常道である。しかし、それだけにとどまっていいのか。自衛隊強化、憲法九条改正の憂うべき情勢、本件起訴の政権側の意図を考えると、進んで、自衛隊は違憲である、自衛隊法は違憲であると踏み込んで闘うほかない。弁護団はこの方向を確認した。

さらに、自衛隊違憲の主張は、単に、憲法九条と自衛隊法の文言解釈、憲法・自衛隊法の制定経過の主張だけにとどまらず、進んで、自衛隊の実態まで、具体的に主張・立証して、裁判所を証拠で説得しなければならないという方針をたてた。

五　実態立証

自衛隊の実態を主張立証する方向として次の三点の立証をめざした。

①自衛隊は、創設以来、米軍戦略に組み込まれた従属の軍隊であること。

②自衛隊は、米軍に従属・補完して、海外派兵・共同作戦を行なう軍隊であること。

③自衛隊は、米軍とともに、日本国民に対して、監視・制圧を行なう軍隊であること。

証拠資料として、新聞・雑誌・文献を収集していたが、適切な内部資料が欲しかった。

六　三矢研究

弁護団の立証計画・証拠申請期日の一ヵ月前、一九六五年二月二〇日、衆院予算委員会で、岡田春夫議員が、佐藤栄作首相に対して、防衛庁統合幕僚会議主宰の「昭和三八年度統合防衛図上研究」略称「三矢（ミツヤ）研究」の資料を提示して、自衛隊の戦争計画を暴露し追及した。その作戦計画の構想は、朝鮮半島で、南北間に戦闘が再開し、これに乗じ、米太平洋軍が出動する。日本政府と自衛隊は、これを全面支援する。戦前・戦中の国家総動員法などにならった戦時立法を急遽提出し、二週間のスピード審議で成立させ、戦時体制を敷くという驚くべき内容だ。私は、同日の新聞夕刊で知り、これこそ、自衛隊の実態を立証する、最良の証拠だと思った。

七　田中証言

一九六五年といえば、戦後未だ二〇年、六〇年安保反対闘争から未だ五年後である。「自衛隊が海外派兵の計画を練って演習している」「軍国主義の復活だ」と糾弾する世論が沸騰した。国会では、予算委員会に、異例の「三矢研究調査小委員会」を設置し、二月から六月の会期末まで、質疑・追及が継続した。

弁護団は、この世論と国会追及を背景に、一九六五年三月三、四日の公判で、三矢研究の統括責任者・統裁官の田中義男統幕事務局長・陸将の喚問を求めた。二日間にわたる論戦の結果、裁判所は田中陸将の尋問を決定し、五月二七日から三矢作戦研究と自衛隊の実態に関する証人尋問が開始された。この時点から、恵庭裁判は、野崎さんを裁く裁判から、憲法九条によって、自衛隊の実態を解明する裁判に変化した。

田中氏は、七回・三五時間にわたり、弁護人、検察官、裁判官の尋問に答え、比較的率直に証言した。国会質疑では出なかった事実も証言した。たとえば、
①東京市ヶ谷の防衛庁庁舎内での図上研究の場に、在日米軍司令部の第二部長（情報）、第三部長（作戦）、第四部長（後方支援・兵たん）という、米軍の高級幕僚（大佐）が三人参加していることを明らかにした。
②朝鮮半島有事の際、自衛隊の高射砲部隊を、まず、千歳、三沢、横田の米軍基地に配備し、防空を準備することになっている。東京、大阪などの大都市に配備するのではない。そのことは、すでに、日米間の「防衛計画」で決められている、と明言した。

八　論告求刑の削除

一九六六年三月三日、田中尋問終了後、弁護団は、さらに自衛隊の実態を立証するため、陸海空

の各幕僚長の尋問と、陸海空自衛隊の統合実動演習の現地検証などを要求した。その後に、通信線切断の動機、事実経過、野崎さんの蒙った被害状況の証拠調べを求める方針であった。ところが、裁判所は、六六年八月一日付け文書で、一切の証拠調べを打ち切る決定をした。一一月九、一〇日両日、検察官の論告求刑となった。弁護団は、通信線切断に関する被告側立証を全然認めていないまま、有罪の論告・求刑は許されないと異議を申し立てた。裁判所は、これを容れ、論告書面のうち、通信線切断に関する部分の一部削除、並びに、情状および求刑の朗読を禁止する決定をした。

九　違憲判決の予測

裁判の進行経過、とくに、主任裁判官（右陪席）の角谷三千夫氏が、弁護団とのやりとりの中で示した見解。「もし被告が違憲の法令で訴追されていることが明らかな場合は、新憲法下の裁判官として、違憲法令審査権を行使しなければならない」との発言。さらに「自衛隊の合憲・違憲についての当事者一方の見解について、裁判所は合理的でないと考えている」との発言。そして、論告の一部削除、情状・求刑の朗読禁止という異例の訴訟進行を総合判断すると、無罪判決、しかも、自衛隊法の違憲を理由とする無罪判決の可能性が強いと判断した。

一〇　憲法が暮らしを護る

一九六七年三月二九日の判決主文は、予想通り無罪。大きな勝利である。ただし、無罪の理由は「本件通信線は『防衛の用に供する器物』に該当しない」から無罪ということであった。不可解なことに、無罪判決なのに、検察は控訴を断念し、無罪が確定した。控訴断念の記者会見で、検察は「今後同種の事件には、刑法の器物損壊罪を適用すれば対処できるから」と説明した。

かくて、この裁判を通して、自衛隊合憲判決を得ようとする意図は断念させた。また、民間人に自衛隊法を適用起訴することを阻止した。無罪確定で、野崎さん一家の生活、野崎牧場の経営は、憲法を「武器」とする「世論・理論・弁論」の三論一体の力で守り抜かれた。憲法九条は、このように使えば、国民の暮らし、経営、生命、健康を守る「武器」になり得るのだという確信と知恵を与えてくれたと思う。

一一　世論と理論が原動力

特別弁護人を務めた、深瀬忠一は、一貫して「この裁判に勝つには、世論・理論・弁論の三論が必要」と強調した。テント村学習の中から生まれた「憲法を武器に」とともに、恵庭裁判闘争の合い言葉となった。とくにたたかいの主要な原動力は、世論と理論であった。傍聴券は四七枚、その一枚も政府側に渡さないため、裁判前日から、裁判所の門前、のちには裁判所敷地内で、テントを張っての徹夜の座込みとなった。平和委員会、労働組合、宗教者、教員、学生、その他北海道はじめ全国各地から参加した多くの人々がテント内での学習会に参加して交流した。翌朝、傍聴券を獲得した人は、それを全国から駆け付けた人たちに手渡して、職場や学校に向かっていった。

また、野崎兄弟は、午前十時から午後五時まで、二日連続の公判に出席する。牧場の男手二人の留守の間、牧場で牛の世話をする青年・学生たちの援農活動が闘いを支えた。

なによりも、深瀬忠一が集めた公法学会会員の「自衛隊は違憲か合憲か」を問うアンケートで、八八パーセントが自衛隊違憲を支持する立場にあることを示し、違憲論戦を支える大きな力となった。恵庭裁判の今に生きる教訓は、「憲法を武器に」正面に据えて頑強に闘うこと、そして、世論・理論・弁論を一体として不断に不屈に前進することである。

第11章　裁判・営農「支援」

――私達は「被告」であり「原告」でした

福原正和

深瀬先生（当時学生だった私は深瀬先生と呼ばせてください）が「自分の一生を変えた」と書いている恵庭・長沼事件について、同じく人生を変えた一人として市民（平和）運動の立場から書かせて頂きます。当時裁判を支えたのは松井愈事務局長、松浦一会長の北海道平和委員会と北海道キリスト者平和の会、教員野崎さんを守る会などの人々でしたが、現在ほとんどの方が鬼籍に入られており、当時学生で現場を右往左往していた私が書く事をお許し下さい。

北海道平和委員会は恵庭事件と長沼事件は一体のものとして捉え、恵庭四一回と長沼（一審）二八回を継続して通算第何回公判と言って運動してきました。

また「憲法を武器に生命（いのち）と生活（くらし）を守る」を合言葉に、基地（演習場）によって被害を受けている恵庭野崎さん、受けようとしている長沼農民清水さんの生活（営農）を守ることが、まず裁判以前に大事であるとして、公判支援に取り組むと同時に現地への援農を続けてきました。

写真１　長沼清水平和田の田植援農　南ベトナム解放戦線・北海道キリスト者平和の会・各平和委員会の旗　後方は馬追山

恵庭では裁判で牧場を不在にせざる得ない野崎さん兄弟を支えるため援農に通いました。牛を見たこともない学生が、野崎さんの指導を受け牧草の刈り取りや倉庫への積み込みなど、搾乳を支える様々な農作業を行いました。私が野崎牧場に初めて行った時、与えられた仕事は牧草地に転がる石の撤去でした、トラクターでの牧草刈りの障害になるからと石の除去を命じられたのです。酪農のことなど全く知らない私達に野崎さんは「私の平和運動は良い牛を作る事です」と言われ、牛に食べさせるよい牧草のためには牧草地の整備が必要であることをまず教えられたのです。

長沼では小作争議を知る古くからの農民で町議として反対を表明していた原告清水与作さんに対し、基地設置を推進する町当局と一体となった農協による営農資金の貸し渋りと同時に「清水は営農を続けられない、借金で家も土地も取り上げられてしまうから投票しても無駄だ」と町議会選挙で攻撃が行われました。それで「清水さんの営農を守れ」と札幌から多くの市民・学生が、「長沼平和田」と呼ぶ清水さんの田圃に通い高齢の清水さんの指導を受けながら農作業を行いました。

裁判は何か月かの間隔で行われますが、農作業は季節に合わせ日々の地道な作業を行わなければなりません。私たちは自らを「札幌農民」として長沼に通いました。その中心は北海道平和委員会・北海道キリスト者平和の会の若い会員達、私たちは常に深い信頼関係で結ばれていました。

当時車を持っていなかった私達学生は、毎週土日早朝家を出て六時過ぎ札幌発のバスに乗り長沼に通いました。春の田んぼの整備に始まり田植・草取り・稲刈・収穫、忙しい時は前日から泊り込みもしました。北海道の六月は寒い日もあり、かじかんだ手で苗を握り泥の中腰をかがめて田植をした辛い記憶もあります。何年か通ううちに（私は大学に七年いました）水をうまく上流から下流の田んぼに流すためには春の田んぼの畔の整備が非常に重要であることを知り、畔のモグラの穴を探して水が漏れないように埋める事に精出しました、草取りでイネと雑草のひえと触っただけで分かるようにもなりました。

収穫後農作業が一段落した晩秋には清水さんの農地で周りの農家に呼びかけて「収穫祭」を行いました。それまで尋ねても会話してくれなかった農家の人達も、清水さんの田んぼに豊かな実りが認められるようになると心を開いてくれるようになりました。

「あの山の緑はワシラを守ってくれる緑なんだ」とよく言っていた清水さんは、長沼二審の時に亡くなりましたが、その遺志を継いだ当時の青年が今も農業をしながら町議会議員一二期目として平和活動を続けています。毎年長沼一審判決の九月七日にはその農家の庭で長沼名物ジンギスカンを食べながら、当時の札幌農民を交え平和を語り合う交流会が続いています。そこの田圃でとれた美味しいお米を「平和友好米」として今も毎年皆で味わっています。

一審当時ある日私たちが援農に向かうバスに乗っていると、釣り道具を持った中年の人が車内に立っています「どこかで見たような人だなー」と私は感じましたが、はっと気がつくとなんと福島重雄裁判長その人だったのです、勿論私たちは会話などする関係ではありませんでした。福島氏は馬追運河のところで降りましたが、代替施設などを自分の目で見るために釣りを兼ねて?来ているのではと皆で話しておりました。それから三十数年経って、お会いする機会がありその当時釣ったという魚の魚拓を私は頂きました。

裁判の直接「支援」としては恵庭・長沼裁判（一、二審）を通じ十数年間傍聴券を確保するために毎回公判前日から裁判所前に並びました、当時傍聴券は先着順でした。恵庭裁判一回目は自衛隊幹部も並び我々を威圧しようと装甲車が裁判所周辺に現れたこともあり、法廷で私達が傍聴席をいっぱいにして国・自衛隊を孤立させることがたたかいだとして、その後毎回雨の日も雪の日も前日夜は裁判所前にテントを張り、中で「テント学習会」を行い当日を待ちました、公判の朝には傍聴券を一枚も欠かさないように四七人（一審）以上の人がそろい傍聴券を受け取りました。

並んだ人の中には出勤迄裁判所前に並び、ほかの人にバトンタッチをしてから職場や学校に向かう人もいました。その人たちは自分が傍聴する為にではなく、遠く本州から裁判支援に来た人達の

写真２　公判前日、吹雪の中の札幌地方裁判所前テント

傍聴の為に前日からの列に一定時間並んだのです。

私は学生時代テント設営の責任者をしていました。札幌駅にある国鉄労働組合の倉庫から大きなテントを借り、私は車を持っていませんので自転車の荷台にテントを縛り、長いポールを肩に担いで札幌のビル街を裁判所までゆらゆら揺れながら運びました。歩道に立てるのでテントを支えるペグを埋め込むことは出来ず、長い笹竹を裁判所近くにあった北海道高教組事務所から何十本も借りる事もありました。恵庭裁判の当初はテントもなく雨の中をただ裁判所前に座り込んだと聞いていますが、長沼公判の時には「こんなものがありますよ」と阿吽の呼吸で裁判所庁舎の中から電線コードが出てきて、それでテントの中に電燈が付きスライド上映ができたのでした。翌朝私たちはコードを返しテントを撤収すると、ゴミの一つも残さないよう徹底的に掃除をしてきれいにしました。（裁判所職員との友好的？な関係は、警備の厳重な今の裁判所からは考えられない風景でした、古い木造の札幌地方裁判所を懐かしく思い出します）

テントの中では作業服の労働者、教員、主婦、学生など色んな立場の人がテント内シートの上に座り、原告や本州から来た平和活動家の話などを見上げて聞きます。会議を終えた弁護団の人た

写真３　公判前日裁判所前テント内での学習会

ちも遅く来て、公判のポイントなどを話してくれます。テントの壁には南ベトナム解放戦線の旗や「沖縄県民と連帯して」という横断幕もあります。熱気あふれるテントの中は学生の私にとって社会の仕組みを知り、平和のために活動する尊敬できる大人たちを間近に見、人生観・歴史観を学ぶまさに「大学」でした。

国は「馬追山の木を切っても水害予防の代替施設を作ったので被害は発生せず『訴えの利益』はない」と主張しました、この理屈が通れば原告の訴えが門前払いされてしまいます。その時テント内で学習を積み重ねてきた無名の若い研究者たちが、代替施設の欠陥を明らかにし「訴えの利益」を証明した事も公判を支える重要な事でした。

テントを外から見ると、テントの外側が人の背中の形にでこぼこと波打つように見えます。私はこの光景に憲法第十二条の「この憲法が保障する権利は国民の不断の努力によって保持しなければならない」というのは、このような人々の行動を指す言葉ではないかと感じていました。私たちは単に裁判の支援と言うのでなく、私たち自身が被告（恵庭事件）であり原告（長沼事件）であると思って活動していたのです。

福島裁判長に対する権力の執拗な激しい攻撃、それに同調し裁判所が福島裁判長に対し処分を出したことに「こんな裁判所にはいられない」と辞表を提出した後、多くの人や団体が福島裁判長に対し数百の電話・電報・手紙で「辞めないでください、戦争で亡くなったアジア・日本の幾千万の人々はあなたが裁判長席にとどまり裁判を続けることを要請しています」と切なる声を届けました。ある人はやっと繋がった電話で、福島裁判長に三十分以上涙ながらに辞めないでくださいと訴えました、翌日福島裁判長は辞表を撤回したのです。深瀬先生は恵庭・長沼のドラマと言っていましたが、それはまさに緊迫した歴史のドラマでした。

深瀬先生は長沼一審判決三〇周年集会で「長沼一審判決の示した平和的生存権は二一世紀の世界に引き継がれるもの」と話しましたが、一九七三年九月七日長沼一審判決の日、現地と公判を支え続けた私たち一人ひとりの胸の中で「人類の歴史の一ページをめくった」と感動したことは今も忘れません。それは私自身四〇年以上たつ今日でも、ひそかな誇りであり、今の自分の生き方を支えていると思っています。

第12章　深瀬先生が愛された北海道キリスト者平和の会

山本光一

一　野崎牧場

最初に深瀬忠一先生にお会いした場所は、恵庭の野崎牧場であった。一九六九年の初夏、わたしは札幌市内の高校に通う二年生であった。

わたしは、前年の七月に農林大臣が長沼町馬追山にある保安林の指定を解除したことも、今援農をしている野崎牧場が恵庭事件の舞台であることも知らなかった。

牧場の西は、まだ丘が削り取られた平地にはなっておらず、なだらかな起伏が続いていた。その日はその丘でひたすら小石をトラックに積み込む作業であった。後に深瀬先生から「あれは生涯ただ一度きりの援農だった。あの日から数日、体中が痛み、援農は若い人たちに任せてわたしは研究の分野で活躍させてもらうことにした」と聞いた。

しかし、その後、深瀬先生とは野崎牧場で何度もお会いした。夏休みに泊まり込みで援農をするわたしたち高校生を励ます為に、夜中に何度も牧場に来てくれたからだ。今から数年前、野崎健美さんに高校生たちの泊まり込み援農は役に立っていたのか尋ねると「いや、実はたいして役に立ってはいなかった。しかし、あんたたちが通ってくれたのは嬉しかったよ」と言われた。

たしかにそのようなことであったろう。牧場に隣接する陸上自衛隊北海道大演習場の大砲の音とF86セイバーの対地実弾射撃の音を聞きながら農作業をすることは、後に長沼ナイキ基地訴訟の傍聴券獲得のための担い手を何人も生み出した。

わたしたち高校生が恵庭で援農を続けたことは、当然わたしたちに自衛隊というものの存在に疑念を生じさせる結果となっていたのだ。

野崎牧場の援農の現場で、野崎健美さんと深瀬先生から習ったことのひとつは、自衛隊の違憲性をするどく問うたことで知られる恵庭事件裁判は、野崎さん一家の平和に生きる権利を守るためのものであったということである。

野崎さんを断罪しようとする自衛隊法が憲法に違反して効力を持たないことは確かだが、そもそも通信線の切断は乳牛牧場での生活を守るためのものである。野崎さん一家は、自衛隊の行為（実弾演習の騒音）から身を守るための正当防衛として通信線を切断したのであり、これは憲法が保障している正当な権利である。（後に、「憲法九条及び国民の権利及び義務を明記する三章、特に一三条は、憲法前文を補完する」と深瀬先生から習った）

二　長沼ミサイル基地闘争

わたしたち高校生の、自衛隊というものへの疑念を規模・能力・装備に亘る学習に結び付けたのは、一九六九年一〇月三日から始まる長沼ミサイル基地訴訟公判の前夜に続けられたテント学習の場であった。授業を簡単にサボることのできない高校生であったので、源田実証人喚問（一九七〇年一〇月と一九七一年一月の二回）の時以外は公判を傍聴し得なかったが、下校途中にある札幌地裁前の公判前夜テント学習会には熱心に通った。

特に内藤功弁護士の自衛隊の実態についての話は熱心に聞いた。いずれも驚くべき内容であった。裸電球に照らされたテントの中にはさまざまな職業、年代の方が居られたが、そこには奇妙にあたたかな連帯感があった。誰も「高校生などには分からない」などと言う人は居なかった。

北大の学生さんたちは皆、精悍で頼りがいのある人々のように思えたが、今考えると二〇歳そこそこの青年たちであった。一九七三年の時点で、長沼のたたかいの先頭に立っておられた北海道平和委員会の松井愈先生は五〇歳、内藤功弁護士は四二歳、廣谷陸夫弁護士は四四歳、そして、深瀬忠一先生は四六歳であった。しばしば廣谷先生が言われた「わが青春に悔いなし」とはその通りであったと思う。

一九七三年九月七日、長沼ミサイル基地訴訟自衛隊違憲判決の日、わたしは京都の大学に学ぶ神学生であったが札幌地裁の傍聴席に居て、その判決を聞いた。

快晴の一日であった。その日の夕方、キリスト者たちは大通り一丁目にある札幌北光教会に集まって長沼判決を報じるテレビニュースを見ていた。深瀬忠一先生が帰宅される教会の玄関口で、先生に「今日の判決を忘れず、一生懸命に平和を創り出すりっぱな牧師になります」と言った。すると深瀬先生は真顔になって「一緒にがんばりましょう」と言われた。

それはわたしの深瀬先生への真面目な決意表明であったのだと思う。「りっぱな牧師」になったとは思えないが、今もなお、その玄関口での挨拶の場面を時々思い出す。

三　一九九〇年代と『平和憲法を守りひろめる――北海道キリスト者平和の会の証し』

神学部を卒業後十年ほど滋賀と岡山の教会に居て一九八九年に故郷の札幌に戻った。さっそく北海道キリスト者平和の会（以下、道キ平と記す）の活動に参加させてもらった。

道キ平は一九六二年から一年をかけて綱領を練り、一九六三年八月一五日から活動を開始していた。高校生であった時のわたしは、野崎牧場での援農と長沼ミサイル基地訴訟時には会員としての自覚が無く、橋本左内牧師や榎本栄次牧師の強烈な指導を受けてただ皆についていくだけであったが、札幌に転居後二年ほど過ぎて委員長になってしまった。

一九九一年一月一七日の「湾岸戦争」から始まる一九九〇年代は、ＰＫＯ法など、たて続けに戦争が出来る国になるための法整備が行われた時代であった。戦争関連法案が国会に提出される度に街頭に立つ場面が多くなった。更には一九九七年の秋から「沖縄の負担を軽減する為」という理由の米海兵隊が全国五か所の陸自演習場へ訓練を分散実施する事態が生じて矢臼別に通い始めるなど、わたしたち道キ平の活動は一層はげしさを増した。

道キ平が「月に一度の委員会・例会・機関紙発行」の三本柱の堅持路線を確立したのは一九九〇年代であった。

道キ平歴代の委員長である深瀬忠一、橋本左内、榎本栄次そしてわたしが編集者となり二〇〇一年八月に発行された『平和憲法を守りひろめる〜北海道キリスト者平和の会の証し』は、このような情勢に抗う火急の意図があった。

この本は、深瀬先生と編集作業を行った唯一の本であった。何度も四丁目三越前にあるとんかつ屋に呼び出された。先生は「キリスト者の熱情は日本国憲法の人権尊重・民主・平和主義に結実し、日本国憲法の熱情はキリスト者の実践に結実しているのであるから、その熱情が示される本としたい」との希望を述べられた。

道キ平綱領について言及せよ等、二度の書き直しを指導され、締切日をずいぶん過ぎて深瀬先生のご自宅に原稿を持っていくと、「あ〜っ、ありがとう。ありがとう」とハグされた。照れ臭かったが、このハグも深瀬先生らしいと思った。

その日は深瀬先生の誕生日であるのを知らなかったのだが、「神様に感謝したいから一緒に祈って欲しい」と言われる。先生の「怠慢な一生を送ったこの人生を許してほしい」との祈りの言葉に「先生が怠慢な一生なら、わたしはどれほど怠慢なのか」と思いながら家に戻った。

四　真理はあなたがたを自由にする

「指導された」と書いたが、深瀬先生とはしばしば意見が合わなかった。「理論・弁論・世論」のうち深瀬先生は理論を代表しているかもしれないが、こっちは世論を（主に現場で平和運動を実践している道キ平のメンバーのことだが）代表しているのである。総会で、例会で、そしてとんかつ屋で、激論となった。深瀬先生には道キ平のメンバーに対する深い愛情を感じていたので激論が先生との関係を悪くする心配は一切なかった。

更に、深瀬先生とは共に真理と正義を求めて神に乞い、神と格闘する人間（キリスト者）としての対等・平等な同労意識があった。

深瀬先生とわたしたちを結ぶ聖書の言葉は、〈イザヤ書二章〉にある以下の言葉であったと思う。

終わりの日に／主の神殿の山は、山々の頭として堅く立ち／どの峰よりも高くそびえる。
（中略）
主は国々の争いを裁き、多くの民を戒められる。
彼らは剣を打ち直して鋤とし
槍を打ち直して鎌とする。

国は国に向かって剣を上げず／もはや戦うことを学ばない。
ヤコブの家よ、主の光の中を歩もう。

「終わりの日に」つまり、神の約束の言葉が実現する歴史の完成の日に、戦争と軍備はなくなるというのが神の約束である。

この神の約束の日は、十年後か、百年後か、千年後の日であるかもしれない。しかし、今日という日は、その千年後かもしれない神の約束の日に確実に連なっているのであるから、わたしは今日という日を神の約束を信じて大切に生きたいと思う。

道キ平の旗は紺地に十字架とVERITAS LIBERABIT VOS（真理はあなたがたを自由にするという意味のラテン語）が白抜きされている。

道キ平のメンバーたちと

深瀬先生の振る舞いは、神の約束の言葉を信じる自由な者としての闊達さを示したものであったと思う。そして、先生に反対意見を言う道キ平のメンバーにも、主の光の中を歩む自由な闊達さを見て喜んでおられたのだと思う。先生の胸ポケットには、冬のある日に居酒屋で飲み会をした後、街頭で撮った道キ平の青年たちとの楽しそうな写真が、亡くなるまで入っていたという。

二〇一五年一〇月五日、深瀬先生は亡くなった。その日深瀬先生から送っていただいた私信と資料を整理した。整理しながら「先生の期待には応えられなかった」と悔いた。まだ読み切っていない先生から送られた資料や本が机に積み上げられた。

一九七三年九月の札幌地裁判決から四十六年経った。わたしはあの時に「今日の判決を忘れず、一生懸命に平和を創り出すりっぱな牧師になります」と深瀬先生に約束した言葉を生き抜いたのだろうか。

少なくとも、深瀬先生が亡くなる数年前、先生と二人で大通りを歩いている時に先生が言われた「あと五十年平和憲法を守り抜けば、（その努力によって）日本は本物の民主主義国家になる」という言葉だけは覚えていようと思う。

深瀬先生が愛した北海道キリスト者平和の会は、活動を始めて六十年になろうとしている。

第13章　憲法教育における「平和的生存権」の可能性

――事実をもとにした恵庭事件の授業から

前田輪音

筆者が深瀬忠一の「恵庭事件」に関する論文と出会ったのはおそらく、北海道大学（当時の深瀬の勤務校でもある）大学院教育学研究科に在籍し、高校「政治・経済」で「恵庭事件」の授業を準備したときである。多くの「恵庭事件」に関する論稿のなかで、現地牧場の生活を豊かに感じさせる表現と、平和的生存権の定義（後述）が人権と平和の関連を有機的にとらえ憲法を総合的にみる視点にひかれたからだ。

本稿では、すでに一度分析された中学生対象の憲法教育実践（1）を一部再考し、憲法教育における諸事実の重要性と平和的生存権論の可能性について示したい。

一　初等・中等教育における憲法教育の現状と課題

初等・中等教育の憲法教育の現状について、「憲法条文中心主義教育」（2）という言葉にあらわされているように、条文暗記が中心でその意義・価値の理解に至らないという問題があるとすれば、それは大きな課題といえる。

「平和主義」について中等教育用の教科書では、前文・九条の解説箇所では「安全保障」として自衛隊や日米安全保障条約が記載されており、国家の政策の問題としてのみとらえると、平和条項の意義の理解に大きな〝壁〟をつくっている。しかし、平和を人権の問題としてとらえる・捉えなおすことは、意義を理解する〝道〟をつけることになる。

北海道を舞台にした「恵庭事件」（一九六二年～一九六七年）と「長沼ナイキ基地訴訟」（一九六九年～一九八二年）は、恵庭町（当時）・長沼町という北海道内のなかでも〝ローカル〟な場で起き、かつ全国的な憲法問題として発展した極めて〝ナショナル〟な問題を包含している。両者に共通するのは、自衛隊の演習等による基地問題がその地域の人々の生業に影響（損害）を与えたことにある。恵庭は自衛隊の演習による被害に端を発しており、長沼は基地設置により生じるであろう被害に着目し裁判が始められた。両者の裁判闘争はしばしばセットで語られ、恵庭は長沼一審判決の前段階ととらえるむきもある。

子どもに恵庭事件に関連する具体的な諸事実を示し考えさせると、生業・生活に深く影響を与える出来事としてとらえられ、それを通して平和主義の具体的意義が考えられ、人権の問題、平和的生存権の問題と捉えられる可能性がある。

二　深瀬の恵庭事件についての参照・引用

「恵庭事件」の裁判が始まった時期、星野安三郎により「平和のうちに生存する権利」(前文第二項)が議論されはじめた(3)。恵庭事件を通して、深瀬もその論陣に加わっていくことになる。

本稿の冒頭でふれた授業では、深瀬がまとめたもの(4)から参照・引用しながら、裁判の概要(事実、裁判の内容、争点、判決主文)、事件の背景、裁判の意味、公判の様子、判決の理由(判決文より)、判決がもたらしたもの、憲法判断回避がもたらしたそれぞれの立場(被告人、検察、裁判所)にとっての意義(仮説)を箇条書き等でB四判二頁にまとめた。中学生にそれを読んで各自感想を書いてもらうという一時間の簡易な実践だった。その感想を分類・分析し、この実践に加えて今後、教育内容として必要とされると考える事柄を列挙した。平和的生存権の定義導入について内容・在り方等の検討の必要性も述べた(5)。

三　「恵庭事件」の授業プログラム概要——諸事実をもとに

筆者はその後、教科書を分析しながら(6)、同時並行で授業の在り方を模索してきた。前述した実践を見直しながら、二〇〇六年に大学生を対象に試行実践とその分析をした際(7)に、あらためて、条文や判決の解釈・平和的生存権の定義や理論的な整理よりも、学習者は事実そのものに対して大きな関心を示す反応をすることに気づきはじめた(8)。二〇〇七年に中学校での実践の機会が提供されたので、あらためて、牧場の生活の息吹を伝える深瀬の表現に思い至り、生活に密着した諸事実から考えることが出来るよう、弁護団・支援団体などがあらわす文献を中心に事実にあたり、恵庭事件の地元恵庭市の図書館で当時の地図や郷土史などからも情報を集め、授業を構成した。

概要は次の通りである。冒頭で自分にとっての「幸せ」は何かを考えさせてから、戦前からの野崎牧場の沿革や、四季折々の自然豊かな牧場の様子や幸せな家族の生活を示す。

その牧場が、近隣の自衛隊演習場の演習により著しい損害を受けた。演習場（自衛隊）の性格や沿革を示すとともに、被害対策を支援者・本人の立場で考えさせながら状況を想像させていく。多くの対策の一つとして、自衛隊の演習用通信線を切断したことで、自衛隊法一二一条違反で起訴されたことを示した。

公判の様子を伝えるため、模擬裁判としてシナリオにそって生徒に演じさせ判決を考えさせる。あわせて野崎牧場の人々への様々な支援活動も紹介する。自衛隊に対する憲法判断への注目が全国から集まるなか、判決は被告人無罪というもので憲法判断は回避されたのであった。

この判決の意義を様々な立場から考えさせ解説し、判決後の自衛隊演習をめぐる被害、対策、および演習の事前連絡のシステム化等についての変化を示す。

恵庭事件の全体を振り返り、憲法判断はされなかったが憲法は野崎さんらのよりどころになったことを解説し、野崎さんの言葉「恵庭の闘いは現地（現地調査・援農）、運動（各種集会・講演）、法廷闘争（傍聴券確保・弁論）の三つが結合した一つの権利闘争だと思います」を紹介する。その後の野崎さんたちの進展・発展を示し、最後に、野崎さんがよりどころにした憲法の条文を考えさせて終わる。

以上、中学三年生「選択社会」（当時）四クラスを対象に四コマ構成で、配布プリントは二四頁、設問は一一個、別途、裁判のシナリオ約八〇〇〇字分用意した(9)。

四　生徒が考えた〈野崎さんがよりどころにした憲法条文〉

授業の最後の設問とそれに至る解説は次の通りである。

「幸せ」保障の日本国憲法

憲法前文の最初の一部は「日本国民は……この憲法を確定する」です。憲法は「国民」が宣言・確定したものであり、「尊重擁護する義務（九九条）」を持つ「国」に守らせるべきものです。／野崎さんの「幸せ」を壊したのは、本来ならば野崎さんの幸せを守る義務がある「国」でした。／そこで野崎さんは、国に自分の「幸せ」を守らせるために、憲法をよりどころに抗議・要求し続けたのです。

問題一一　野崎さんが、よりどころにした憲法の条文はどれだと思いますか。／前文も含め、条文№とそのタイトルや言葉を、公民の教科書の巻末「日本国憲法」の条文をみながら、考えつく限りあげてください。(10)

回答された九七名の選択（複数回答可）結果は次の通りである(11)。

選択された条文（複数選択可）

前文、第二章九条、第三章一〇条・一一条・一二条・一三条・一四条・一五条・一六条・一七条・一八条・一九条・二五条・二七条・二八条・二九条・三一条・三二条・三五条・三六条・三七条・三八条・三九条・四〇条、第一〇章九七条・九八条・九九条。

選択人数順

二五条…六七名、一三条…四五名、九条…二九名、前文…二七名、一一条…二四名、一七条…二〇名、一二条・一六条…各一二名、三二条…一〇名、四〇条…九名、一九条…五名、二七・二八・三六・九九条…各四名、一〇条・一四条・一五条…各三名、九七条…二名、一八・二九・三一・三五・三八条・九八条…各一名。

五　根拠とされる条文選択理由の推察

選択理由・着目した文言の記載は絶対ではないので、以下選ばれた条文ごとにその理由や着目された理由を推察していく。

選択されたのは前文、第二章「戦争の放棄」、第三章「国民の権利及び義務」諸条項（全三一条のうち二二条分で「義務」は非選択）（全体の約七〇％）、第一〇章「最高法規」である。

最も多く選択されたのは二五条で、九条・前文・一三条を押さえ約七〇%にのぼる。恵庭事件の裁判は「権利闘争」だったという野崎さんの言葉や関連する諸事実から、演習被害が野崎さん一家の生存権を侵害した、という強い認識の表れと推察できる。

次点は一三条で四五名、約四六%の選択率である。個人の尊重、生命・自由及び幸福追求権を表すこの条文の選択は、授業一時間目冒頭で考えた自分の幸せと、この設問の文言にある「幸せ」等がカギになったと考えられる。あるいは、演習により生活ひいては生命が脅かされた事実（騒音・水質汚濁による被害・野崎兄弟の母親の死（関連は医療的には証明されていないが）等）によるのか、理由は複数想定される。

二五条・一三条の次に、平和主義の理念を直接的に示す第九条（二九名）・前文（二七名）が続く。自衛隊の演習による被害がこれら平和主義を示す条項を選択させたのだろう。

五位の一一条（二四名）は、人権が永久不可侵の権利であることから国家権力から侵害されてはいけないとの意識が、六位は一七条（二〇名）で被害は自衛隊員によるので国に賠償請求できることが意識されたといえる。七位の一二条（不断の努力と公共の福祉）・一六条（請願権）（一二名）・九位の三二条（裁判を受ける権利）（一〇名）の選択は、生徒が考えた支援・被害対策（被害に対し、署名活動・裁判をおこす等）と連動している。一〇位の四〇条（刑事補償）（九名）選択は「無罪」への反応と思われる。

一般に、「恵庭事件」と言えば自衛隊の合・違憲性をめぐる議論に多くを費やされた裁判と考えられているが、中学生には人権の問題としてとらえられた、といえる。その最も大きな要因は、この授業が、人権が侵害された事実や人権（憲法）を回復（獲得）しようとする姿を浮き彫りにすることになったからかもしれない。

六　根拠とされる条文——「平和的生存権」諸説に照らして

自衛隊演習による被害を平和的生存権の侵害とすれば、中学生が選択・回答した〈野崎兄弟がよりどころとした憲法条文〉は、関連する諸事実（裁判も含め）の検討をもとにその時点で考えられた〈平和的生存権の根拠となる条文〉ともとらえられる。

深瀬による平和的生存権の定義は次の通りである。「戦争と軍備および戦争準備によって破壊されたり侵害ないし抑制されることなく、恐怖と欠乏を免れて平和のうちに生存し、またそのように平和な国と世界をつくり出してゆくことのできる核時代の自然権的本質をもつ基本的人権であり、憲法前文、とくに第九条および第一三条、また第三章諸条項が複合して保障している憲法上の基本的人権の総体である」(12)

ところで、二〇〇六年時点（本実践の実施は二〇〇七年秋）での整理(13)によれば、諸説ある平和的生存権論のうち、裁判規範性を持つと考えるもので根拠とされる条文は次の五タイプに分類される。①「九条によって現実に保障されるにしても、直接的には前文を根拠とする」もの、②「九条を一種の人権規定であるとみて」根拠とするもの、③「一三条の幸福追求権を媒介として裁判規範性をもつことになる」とするもの、④深瀬に代表される「前文、九条、一三条を主要なものとした

第三章の人権規定が複合的」に根拠になるとするもの、⑤「包括的な独自の人権」とするもの、である。

このうち、中学生の選択結果と類似性が最も高いのは、第四の深瀬説といえる。

七　根拠とされる条文の重要度——深瀬説に照らして

根拠とされる条文が深瀬の定義では重要な順に記載されており、中学生の選択結果では選択数が多いほうが重要と考えられている、と仮定すると、以下のようになる。

深瀬の定義…………前文、九条、一三条、第三章諸条項

中学生の選択結果……二五条、一三条、前文、九条、第三章の約七〇％の人権規定、第一〇章

特徴をいくつか述べる。第一に、両者があげた条文は第一〇章を除きほぼ同じである。憲法学者にとって憲法の最高法規性は自明であり、大きな違いとはいえない。第二に、深瀬は第三章の人権規定全体を対象とするが、中学生からは第三章全体の約七〇％が選択されており、両者の人権規定における広範囲な選択は類似点とみてよいだろう。第三に、深瀬はまず平和主義を直接的に示す前文・九条をあげているが、中学生は人権の二五条・一三条が多く選択されており、顕著な違いといえる。人権侵害が第一との判断か、判決で自衛隊の憲法判断が回避されたことにより九条・前文の意義が相対的に下降したのか。第四に、人権のなかで、深瀬は一三条を筆頭にあげているが、中学

生は二五条が最も多い。

第三・四の違いは、さしあたり個人の尊重ではなく、生存権が中学生にとって最も重要な権利とされたこととして興味深いが、詳しい検討については稿を改めたい。

おわりに

本稿で示された実践後、平和的生存権が判決に示されるようになってきた。全国で起こされた自衛隊イラク派兵差止訴訟のうち自衛隊の違憲性に踏み込んだ顕著な判決として、名古屋高裁判決（二〇〇八年）と岡山地裁判決（二〇〇九年）が出された。平和的生存権の裁判規範性の有無が議論され、定義・根拠とされる条文として、前文第二項・九条・第三章が包括的総合的なものとしてとらえられるようになってきた。しかし、憲法学においては具体的な権利性をもつ人権としては、いまだ通説となるには至っていない。

「恵庭事件」は、公判全体の四分の三にわたり自衛隊が平和主義条項に照らして違憲か合憲かが争われた。一方、平和的生存権を議論する過程で深瀬により示された野崎牧場の描写に影響を受け、恵庭事件という具体的事例における諸事実を豊かに示し考えさせた授業により、次の五つの成果がみられた。

第一に、人権の問題として恵庭事件が捉えられたこと、ひいては平和主義の問題が人権の問題として捉えられたことである。第二に、九条・前文が政策における平和の問題としてではなく、野崎兄弟がよりどころとした条文としてとらえられたことである。第三に、諸説ある平和的生存権論のなかで深瀬の説が中学生による選択結果と最も近いということである。

さらにこれらの結果から、第四に、憲法学においてはいまだ議論の途上にある平和的生存権論をとりまく動向とは一線を画し、平和は人権の問題としてとらえられること、諸説あるなかで深瀬説がもっとも受け入れられやすいであろうことを、憲法教育の側から憲法学における平和的生存権論に対する「反作用」(14)として、提起されることである。

そして最後に、この実践を通して、条文を学び、生業・生活に影響を与えた具体的事例を考えることを通して、「憲法条文中心主義教育」との批判を超え、条文の意義「獲得」の可能性が見いだされたことである。

これらの発端は、深瀬の恵庭事件に向き合う姿勢から得られたことなのである。

(1)　前田輪音（二〇〇八年六月）「憲法教育実践報告――『恵庭事件』を素材とした授業プログラムとその実践」北海学園大学学術研究会『学園論集』第一三六号。
(2)　脇田吉隆（二〇一六年）「これから憲法を学習するみなさんへ」播磨信義・上脇博之他編著『新・どうなっている!?　日本国憲法［第3版］憲法と社会を考える』法律文化社。前版の播磨信義執筆分を脇田が継承・改訂している。「条文中心主義教育」についての検討は、前田輪音（二〇〇九年）「憲法教育の課題と方法についての一考察」『北海道大学大学院教育学研究院紀要』第一〇八号、七一―七二頁。
(3)　平和的生存権が最初に論じられたとされるのは、星野安三郎（一九六二年）「平和的生存権序論」小林孝輔・星野安三郎編『日本国憲法史考――戦後の憲法政治』法律文化社。

（4）深瀬忠一（一九八七年）『戦争放棄と平和的生存権』岩波書店、等。

（5）前田輪音（一九九七年）「人権としての平和をどう教えるか――恵庭裁判を素材として」北海道大学教育学部教育方法学研究室『教授学の探究』第一四号。

（6）たとえば、前田輪音（一九九八年）「中学校社会科教科書における日本国憲法の『平和的生存権』概念の分析」『北海道大学教育学部紀要』第七七号、等。

（7）前田輪音（二〇〇八年三月）「憲法教育への試み――恵庭事件を素材として――」北海学園大学学術研究会『学園論集』第一三五号。

（8）経緯やその後の改訂については、前田輪音（二〇一四年）「恵庭事件の教材化に取り組む――憲法問題を生活の問題として」全国民主主義教育研究会編『主権者教育のすすめ　未来をひらく社会科の授業』同時代社、前掲註（2）前田（二〇〇九年）、七七頁参照。

（9）前掲註（1）前田（二〇〇八年六月）。授業構成の素材とした諸事実の検討、全配布プリント（裁判シナリオを除く）、授業記録・分析等を示した。

（10）前掲註（1）前田（二〇〇八年六月）、七一頁。

（11）条文一覧と選択数を表にした。前掲註（1）、前田（二〇〇八年六月）、九七頁。

（12）前掲註（4）深瀬忠一（一九八七年）、二二七頁。

（13）小林武（二〇〇六年）『平和的生存権の弁証』日本評論社、五二―五五頁。

（14）高村泰雄によれば、彼が理想とする授業書方式における「教育内容の構造」は、「科学教育空間から現代科学空間への反作用として、現代科学の構造をとらえなおす新しい視点を与えてくれる」と述べている。高村泰雄（一九八七年）「序論　物理教授法の基礎理論」高村泰雄編著『物理教授法の研究』北海道大学図書刊行会、一二頁。この「科学教育空間」を「憲法教育」に、「現代科学空間」を「憲法学の平和的生存権理論」におきかえた。

第14章　憲法裁判と平和的生存権
——深瀬忠一が教えてくれたもの

小林亮夫

二〇一八年四月二八日、憲法記念日に向けてNHKでETV特集「平和に生きる権利を求めて」を放送した。憲法前文の中にある平和のうちに生存する権利、「平和的生存権」が戦後幾多の憲法をめぐる裁判の中でどのように提起されてきたのかを伝える内容だ。

平和的生存権とは、憲法前文の次の一節に由来する。

われらは、全世界の国民がひとしく恐怖と欠乏から免かれ、平和のうちに生存する権利を有することを確認する。

国民主権、基本的人権、平和主義を柱とする日本国憲法の中で、平和的生存権に触れているのは前文のみで、各条文の中で具体的に規定されているわけではない。憲法の中に平和的生存権があることをいわば「発見」し、裁判で初めて権利として主張したのが、深瀬忠一だった。

一　恵庭事件「平和的生存権の発見」

深瀬と平和的生存権との出会いは、一九六三年に始まった恵庭事件の裁判だ。自衛隊の演習場の騒音に苦しんだ牧場主の野崎健美さんと弟の美晴さんが、騒音に抗議するために自衛隊の通信線を切断。自衛隊法違反で起訴された事件だ。検察は、この種の事件で通常適用される器物損壊罪ではなく、初めて自衛隊法違反を適用して起訴した。事の重大性に気づいた憲法学者の深瀬忠一（当時、北海道大学助教授）は、野崎さんを支援するために弁護団結成を呼びかけ、みずから特別弁護人として法廷に立った。

裁判で弁護団は、「陸海空軍その他の戦力は、これを保持しない」という憲法第九条から自衛隊を問うという方針を掲げた。

自衛隊法が憲法九条に違反する場合には、自衛隊はその存在の憲法上の根拠を失うことに帰するから自衛隊法によって設定されたこの法益は憲法上、無価値なものと評価されなければならない。（恵庭裁判第二回　中島主任弁護人）

自衛隊法がそもそも九条に違反していれば、野崎さんたちを罪に問うことは出来ないという論理だ。

これに対して検察は、自衛隊法は合憲であると主張した。

自衛隊法一二一条は憲法九条に違反しない、すなわち合憲である。憲法第九条は第一項二項とも防衛力の保持を禁じてはいない。自衛隊法はわが国を防衛することを主たる任務として必要に応じ公共の秩序の維持に当たる防衛力に関する規定であるから九条に違反しない。（恵庭裁判第三回　検察の主張）

自衛隊の憲法論争を中心に展開する法廷。これに違和感を抱いたのが、事件の被告人である野崎さん自身だった。番組の取材で一昨年二月、北海道に暮らす野崎健美さんを訪ねた。酪農で鍛え抜いた頑健な身体と力強い握手で迎えてくれた。御年八三歳とは思えない若々しさで、コーラスで鍛えた声も朗々としている。

取材に対して野崎さんはこう話した。

私はあくまでも、自衛隊はいかにひどいことをやったか。平穏に生きる権利を侵害してきたか。自衛隊が合憲だとか違憲だとかそれ以前に、自分たちの生活を基本にした、平穏な生活を取り戻すための闘いですよ。

自衛隊の通信線を切断した自らの行為を正当防衛だと主張した野崎さん。それは憲法に基づいた行動だったという。

この憲法が保障する自由及び権利は、国民の不断の努力によってこれを保持しなければならない。実際に行動しなかったら自分の権利を守れないと憲法一二条に書いてあるわけ。自分の生活権、財産権を守るために行動してるだけであって、不当なことをやってるつもりは全くなかった。

憲法第一二条はこう規定している。

この憲法が国民に保障する自由及び権利は、国民の不断の努力によって、これを保持しなければならない。

こうした野崎さんの考えを受け止めたのが、特別弁護人の深瀬忠一だ。深瀬は野崎さんの牧場へ何度も足を運び、親交を結ぶ中で、野崎さんの人権を訴えることが第一だと気づいていく。自衛隊の憲法論争に終始した裁判の終わりに、深瀬は最終弁論のために法廷に立った。その時述べた言葉が、北海道立図書館所蔵の恵庭事件裁判録音テープに刻まれている。

野崎さん一家が米軍及び自衛隊の軍事演習により憲法が保障している生命自由財産幸福のうえ

にどれだけ深刻不当な被害を受けたか、どれだけ粘り強く不断の努力によって憲法が国民に保障する正当な権利を守ろうとしてきたか。これは野崎兄弟だけの問題ではない。野崎さんが守ろうとした憲法上の徹底的に平和な人権主義か、それとも検察官、自衛隊側が押しつけようとしている軍事目的優先主義かという憲法原則の争いだ。国民はどちらを勝たせるか高見の見物では済まされない。ここでの野崎兄弟を通じて自分自身の権利が争われているのだという本質を国民はみなければならない。野崎さん兄弟の平和な乳牛牧場での生活権は、日本国民のみならず平和を愛するすべての国民の人権に関わりをもっているといって過言ではない。（恵庭裁判第三五回　深瀬忠一）

野崎さんが侵されている権利を憲法上どう捉えるのか。深瀬が着目したのが、憲法の前文にある平和的生存権だった。

われらは、全世界の国民がひとしく恐怖と欠乏から免かれ、平和のうちに生存する権利を有することを確認する。

平和的生存権は一九六二年、憲法学者・星野安三郎の「平和的生存権論序論」によって提唱されたものの、学者間では憲法の抽象的な理念に過ぎないとして、注目されるには至っていなかった。これに対して深瀬は、平和的生存権を、戦争放棄の九条によって制度面から保障され、個人の幸福追求権を規定した一三条などによって人権の側面から保障されている具体的な権利と考えたのだ。

深瀬の元で憲法を学び、自らも憲法学者となった国際基督教大学名誉教授の笹川紀勝はこう話す。

前文は、いわば理念みたいなもので規範性はないという見方がかなり有力だったが、深瀬先生はそうは見ていなかった。前文で言っていることを各条文でそれを保障する関係にあるという、これは深瀬先生独自な発想。条文のどこかだけ持ってきて、ここにあるんだというものではなく、憲法のいろいろな条文の中に、いわばずっとしみ通っていて、それを動かしている根底にあるものとして平和的生存権を捉えた。

深瀬は平和的生存権を、戦争や軍備によって侵害されてはならない基本的人権であると考え、裁判でこう述べた。

軍備拡張、核の拡散は現実にとどまるところを知らない。この恐怖から免れ、地上の最大悪から日本国民と世界の諸国民を救うためには憲法として何をなし得るか。それはまず人間の普遍的な理性と尊厳の名において平和的な生存権を確認し、その破壊が客観的正義に反することを宣言することだ。それは単なる悲壮な倫理の叫びではない。

いわば、野崎さんが蒔いた種を、深瀬が法理論化したとも言える平和的生存権。

自衛隊に憲法判断が下されるかどうかで注目を集めた恵庭事件の裁判は一九六七年三月二九日に判決を迎えた。判決は野崎さん兄弟に無罪を言い渡す一方、憲法判断はしなかった。世に言う「肩すかし判決」だ。野崎さんと深瀬が訴えた平和的生存権は、判決で触れられることは無かった。

二　長沼ナイキ基地訴訟「判決が認めた平和的生存権」

平和的生存権が次に法廷で登場するのが、同じ北海道を舞台にした長沼ナイキ基地訴訟だ。

一九七三年、米作りが盛んな北海道長沼町で自衛隊のミサイル基地が計画され保安林が伐採されると、用水不足や洪水を招く危険があるとして住民たちが国を訴えた。国は治水対策をすれば十分だとし、「住民には訴える資格がない」と主張。争点は住民に「訴えの利益」があるか否かとなった。一審で裁判長を務めた福島重雄裁判官は、判決の中で住民に訴えの利益があることを、次のように説明した。

基地建設によって有事の際には相手国の攻撃目標になり、住民らの平和的生存権は侵害される。

訴えの利益があることの根拠に、平和的生存権を認めたのだ。

福島はなぜ、どのようにして平和的生存権に着目したのか。

裁判官を退官後、富山市で弁護士として活動している福島を訪ねた。長沼訴訟のさなか、札幌地裁所長から裁判干渉ともとれる手紙を受け取り、それをはねのけて公表したことで報道の渦中にさらされた福島。現在は八七歳になったが、顔には気骨さがにじみ出ている。

長沼訴訟では、結局、森林を伐採すると洪水が起きるということが訴えの利益の中心となっているわけだけど、しかし実際、長沼の原告、長沼の町民にとってみてはそんな所に憲法に反するような基地を作られたらね、こっちが攻撃にあうかもしれないという恐怖を感ずるわけですよね。むしろ、自分たちは平和に生きたいんだ、だからそういう軍事施設を作ってもらっては困るというのがね、しかも軍事施設というのは、憲法に違反しているかもしれないような軍事施設を作ってもらっては困るというのは、彼らの訴えを提起している本来の姿。

福島裁判長は、水害の危険だけではなく、基地が攻撃される危険こそが、住民たちが訴える利益になると考えたのだ。

福島裁判長が判決を起草した時のメモが残っている。「平和生存権」。原告の訴えを、平和的生存権として受け止めようとしていたのだ。

言葉どおりじゃないですか。特殊な、分かりづらい用語っていうわけでもないでしょう。平和に生きる権利だから平和的生存権。憲法にもそういうような言葉がありますわね。憲法の前文には。平和に生きる権利とかっていうことじゃなかったですか。

一九七三年九月七日。札幌地裁で判決が言い渡された。「主文、被告が（中略）保安林の指定を解除する旨の処分を取り消す」。

判決は、史上初めて自衛隊を憲法九条違反と判断した。そして、平和的生存権にも初めて触れた。

基地は、一朝有事の際にはまず相手国の攻撃の第一目標になるものと認められるから、原告らの平和的生存権は侵害される危険があるといわなければならない。

平和的生存権が侵害された場合、裁判に訴えることができるとしたのだ。

恵庭事件から長沼事件まで弁護団に参加していた内藤功弁護士は福島判決を振り返ってこう話す。

判決文の中に平和的生存権と裁判長が書いてくれた。平和的生存権が脅かされた場合、住民は原告になる資格を持っているということ。ああ、なるほどこういう風に平和的生存権を使うのか、と裁判長の判決から我々は逆に学んだ訳です。

被告の国は、判決を不服として直ちに札幌高裁へ控訴した。

一九七六年、高裁は、住民に訴えの利益なしとして、一審判決を破棄した。

住民たちが訴える水害の危険は、国が行ったダム建設などの治水対策によってすでに消滅しているから、住民には訴えの利益がないという理由だ。

平和的生存権は、「裁判規範としてなんら現実的、個別的内容をもつものとして具体化されているものではない」と、認めなかった。

一九八二年九月、最高裁は「住民に訴えの利益なし」として上告を棄却。長沼の住民の敗訴が確定した。

その後、茨城の航空自衛隊の百里基地建設をめぐる訴訟で、原告が平和的生存権を主張したが、裁判所は認めなかった。この時点でも多くの法学者は、平和的生存権は裁判で訴えることができる規範ではないとみていた。

福島茂雄はこう話す。

ことあるごとに裁判なり何なりを具体的に積み重ねていかないと、なかなか抽象的に、立法だけでぽんと平和的生存権に基づく法律を作り上げるっていうわけにはいかんと思いますよ。具体的な事例を積み重ねていって、最終的には、世界平和を保つためにはこういう形にしていかなくちゃいけないっていう方向に向かないといかないですよね。

深瀬忠一から福島茂雄へとリレーされた平和的生存権。この後、さらにバトンを受け継ぐ者が現れる。

三　自衛隊イラク派遣差し止め訴訟　「平和的生存権は基本的人権の基礎」

二〇〇三年、イラク戦争が開戦。特措法によって人道復興支援のために自衛隊がイラクへ派遣される。この動きに対し、国内各地でイラク派遣差し止めを求める訴えが起こる。訴えのもとになったのが、平和的生存権だ。

名古屋では三二六四人の市民が原告となり、二〇〇四年二月、名古屋地裁へ提訴した。一審の名古屋地裁は、原告の訴えを棄却。平和的生存権を認めなかった。

その後、原告が控訴し、二〇〇八年四月、名古屋高裁が判決を言い渡した。「控訴を棄却する」。その理由は、自衛隊のイラク派遣によっては、日本にいる原告の生命、自由が侵害されるとまでは言えないというものだった。

しかし、航空自衛隊の空輸活動の一部は「他国による武力行使と一体化した行動」で、憲法九条違反であると判断。さらに、平和的生存権を具体的な権利であると認めた。

平和的生存権は、現代において憲法の保障する基本的人権が平和の基盤なしには存立し得ないことからして、全ての基本的人権の基礎にあってその享有を可能ならしめる基底的権利であるということができ、単に憲法の基本的精神や理念を表明したに留まるものではない。

原告はこの判決を評価して上告しなかった。勝訴した国は上告できず、判決が確定したのだ。平和的生存権を認める判決を書いた青山邦夫裁判長はこの裁判を最後に退官した。現在、弁護士として活動する青山さんが、今回の番組取材で初めてテレビカメラの前で語った。

平和的生存権については、ご承知のように学説の対立がありまして、多数説といわれる人たちは、これは裁判所に救済を求めるような権利ではないんだと言っている。そうなのかなという疑問を感じて、そうではないのではないかと。平和という概念が抽象的だからいかんということになりますけども権利というのはそれなりに発生して、発展していくものですから、最初から内容がすべて明らかになるというのはなかなかないので、いろんな事例の集積にあって内容が充実していくという面がありますから。だから、抽象的すぎるんじゃないかということでみんな切り捨てていったら、時代の動き、あるいはニーズに応えるような形にはできない。

判決から一〇年。青山さんは今、平和的生存権の意義が高まっていると感じている。

平和主義と人権保障というのは表裏一体になっているもの。その中にあるのが平和的生存権。それは不断に自分らで守る努力をしなければ保持できないという面がありますね。誰かがやってくれるということでもないし、それをないがしろにすれば、もちろん失われてしまうものですから。特に平和というのは、本当に戦争行為が始まれば誰も止められなくなるかもしれないものですからね。そのずっとずっと前からそれに用心して、そういう違法行為のないように目を光らせていくということが必要なんだなと思いますね。戦前の歴史がそれを証明しているように思いますけどね。


憲法が保障する権利を不断の努力によって行使しようとした野崎。

野崎兄弟が侵害されている権利を、平和的生存権として見いだした深瀬。

それを継承し、事例の積み重ねに委ねた福島。

時代の動きに合わせて権利は発展していく。そこに不断の努力が求められるとした青山。

恵庭事件から半世紀。平和的生存権は、人権から平和を捉え直していこうとする人々の手によってリレーされてきた。

＊

いま平和的生存権を拠り所として裁判を起こしている人たちが沖縄にいる。普天間基地の騒音の差し止めを求める、三四〇〇人の住民だ。平日の毎朝、住民たちは基地の前で平和的生存権を訴えている。

われらは平和を維持し専制と隷従、圧迫と偏狭を地上から永遠に除去しようと努めている国際社会において名誉ある地位を占めたいと思う。われらは、全世界の国民が、ひとしく恐怖と

欠乏から免かれ、平和のうちに生存する権利を有することを確認する。（憲法前文）

【コラム1】映画「憲法を武器として 恵庭事件 知られざる50年目の真実」を製作して

稲塚秀孝

恵庭判決の衝撃

私が「恵庭判決」のことを知ったのは、一九六七年三月二九日でした。

地元、苫小牧東高校一年の期末、春休みの頃です。その日北海道新聞夕刊を開くと、「肩すかし判決」の文字。社会面に掲げられた大きな見出しでした。記事を読むと、ええッ、どういうこと？と感じました。

北海道・恵庭町（現恵庭市）の酪農家の兄弟が自衛隊基地内の通信線を切断して、自衛隊法一二一条により罪に問われていること。裁判では日本国憲法に照らして、自衛隊が合憲か違憲かが争われました。

中学〜高校を通じて、太平洋戦争の実態、日本国憲法が作られた経緯などについて、担任教師は熱心に教えてくれ、私は興味を持ちました。

次第に軍事組織として増大する自衛隊の存在は、憲法第九条に違反すると考えていました。自衛隊は明らかに「軍隊」なんだから、と思ったからです。

しかしその日札幌地裁での判決は自衛隊の憲法判断を回避し、とてもおかしな判決だと思いました。

小・中学生の頃、テレビドラマ「判決」（NET＝日本教育テレビ）を欠かさず見ていました。社会正義に使命感を持つ弁護士の姿に感銘を受けていたのです。

野崎兄弟に会いに行く

高校二年の夏休みに野崎牧場（恵庭町）を訪ねました。電話帳で番号を調べ、「お話を聞きに行きたい」と告げると、兄弟のどちらかは覚えていませんが、快く了解してくれました。見知らぬ高校生の訪問に応じてくれたのです。五〇年後の今振り返って自分の気持ちをなぞるのですが、恵庭判決に納得がいかない気持ちと裁判で被告となった野崎兄弟にお会いして、何か「形」に残したいと漠然と考えていたのです。

国鉄千歳線で、苫小牧から恵庭まで、四〇分弱。コンパクトカメラとカセットテープレコーダーを持って向かいました。野崎さん兄弟は作業の合間に入れ代わりでお話ししてくれました。

自衛隊による騒音被害、自衛隊基地から流れてくる汚水被害、ご両親の健康が損なわれ、牛に対する被害が増大したこと。やむにやまれず通信線を切断した理由がわかりました。そして採れたての牛乳をご馳走になりました。美味しかったです。

その年の秋の文化祭で、恵庭事件を題材にして「叫び」という劇をクラスで上演しました。一幕三場の構成で、約一時間の舞台でした。

稽古は一か月、放課後はそれぞれ部活があるので、朝・授業開始までの1時間を稽古にあてたのです。私はさらに「幕が上がるまで」という小説を書き、「有島武郎青少年文芸賞」（北海道新聞社主催）に応募し、入選しました。その頃はまるで熱に浮かされたように「恵庭事件」に取り組んでいたのです。あの情動は何だったのか？ 不思議です。そして恵庭事件との出会いが、映像制作に進む「原点」だったと思います。

恵庭判決から五〇年

二〇一五年秋、野崎健美さんに会いました。「恵庭判決から五〇年を機に、恵庭事件の意味を見直す映画を作りたい」と伝え、了承を得ました。五〇年という歳月は長く、恵庭裁判に関わった方々にお話を聞けた方はごくわずかでした。恵庭裁判の特別弁護人を務められた深瀬忠一さんも直前に亡くなっていました。残念でした。弁護団の事務局長だった、彦坂敏尚さん（二〇一八年没）、内藤功さん、新井章さん、深瀬さんに憲法学を学んだ笹川紀勝（憲法学者）さんのお話が聞けました。そして野崎健美さん、美晴さんへのインタビューから映画撮影を開始しました。

兄・健美さんは、恵庭事件について詳しく覚えていました。恵庭判決を問い直すに際して主要なテーマは、なぜ「肩すかし判決」（自衛隊の憲法判断が回避された）となったのかという理由でした。すでに辻三雄裁判長、角谷三千夫判事（右陪席）は亡くなられており、唯一判決に至る経過を知る猪瀬俊雄判事（当時）に何度も連絡を取りましたが、お答えをいただけずじまいでした。

二〇一六年春、恵庭裁判を支援した北海道日本平和委員会を訪ねた時、重要な資料に巡り合いました。

恵庭裁判の公判記録（全一〇冊）が保存されていたのです。

それまで札幌検察庁などを訪ね、公判記録の閲覧を求めたのですが、許されず、当時裁判所にテープレコーダーを持ち込んで録音し、書き起こしたものが残っていたのです。その時「憲法を武器として」を法廷劇として描こうと決めました。

映画編集中の二〇一五年五月、安倍首相は「憲法九条に自衛隊を書き込む」と宣言しました。戦後七〇年の中で、平和憲法の危機と感じました。「自衛隊は軍隊であり、憲法九条に違反する」と考えていた五〇年前の思いが沸々と甦りました。

残された公判記録を基に、法廷の台本は半年かかりました。

国は恵庭判決後、民間人を自衛隊法で告訴することを頑なに避けています。自衛隊の違憲が鋭く問われたことを「トラウマ」と感じているに違いありません。

映画「憲法を武器として」を武器とした上映活動が始まってからすでに二年。今も全国で上映中です。そしてこの今年八月、新たなトピックがありました。恵庭判決の左陪席だった、猪瀬俊雄元裁判官と全公判に参加した内藤功弁護士が、判決から五二年経って、再会したのです。なぜ「肩すかし判決」になったのかの解明は簡単ではありませんが、「歴史の闇」に覆われた真実が明らかになる、一筋の光が差し込んだと思います。

今こそ、深瀬忠一先生が「恵庭事件では、理論・弁論・世論の三論一体が大事だ」と説かれたことが生きてくると確信しています。

【編者コメント】 恵庭事件の裁判で左陪席をつとめていた猪瀬俊雄元裁判官と被告の弁護人だった内藤功弁護士が、愛知県春日井市で行われた映画「憲法を武器として」の上映会で対面した。この対面を報じた北海道新聞の二〇一九年八月一〇付けの記事では、猪瀬氏が、札幌地裁の判決について、自衛隊が合違か違憲かを判断するよりも国民の幸福追求権への侵害を重視する考えが背景にあったことを述べ、判決前に憲法判断をしないよう圧力があったとの見方を否定したと報道している。

第15章　平和的生存権
――国連でどのように議論されてきたか

笹本　潤

一　平和への権利国連宣言の採択と平和的生存権

二〇一六年一二月十九日の国連総会において、第一条で「すべての人は、すべての人権が保障され、発展が実現するような平和を享受する権利を有する」とする「平和への権利国連宣言」が採択された(1)。筆者は、国連でのこの平和への権利宣言の制定過程に関わってきた。この制定過程の中で、深瀬の『戦争放棄と平和的生存権』（岩波書店、一九八七年）に書かれている平和に生きる権利の見解に勇気と知恵をもらえたので、深瀬の追悼式に面識はなかったが感謝の手紙を送らせてもらった。

まず、国連の「平和に生きる権利」と日本国憲法の「平和的生存権」について深瀬がどのように指摘したかを、筆者なりにまとめてみる。

深瀬は、「平和に生きる権利」をまず自然権として捉える。自然権とは、人間理性と良心に基づく道徳法としての権利である。国際社会においては、一七、一八世紀に英仏米等の市民達は、権利章典などの制定により市民の自然権を不可侵なものとし、国家権力の制限を各国の国内法レベルで構築してきた。そして、恣意的な国家権力と軍事力の行使に対して、「平和に生きる権利」を人類普遍の自然権としてとらえ、国際社会においては、そのような自然権を保障するための法整備が課題となっている、と指摘する。第二次大戦後に、国連が創設され、世界人権宣言が採択され、一九七八年の「平和に生きる社会の準備に関する宣言」が国連で採択されたのもそのような自然権を保障するための表れであるとする（同書二七四頁）。日本国憲法の「全世界の国民」が有する「平和的生存権」についても、世界・人類社会の視野において、自然法に基づく自然権的権利の本質を持っており、それが実定法化されたものとする（同書一九一頁）。これが深瀬の「平和的生存権」思想である（同書二四一頁、五三六頁）。

そして、深瀬は、国際社会における「平和に生きる権利」と日本国憲法の「平和的生存権」の関係について、①自由権規約六条の生命に対する固有の権利、②（一九七八年に国連総会で採択された）平和に生きる固有の権利、③日本国憲法の平和的生存権、と段階的に進歩していく関係と捉える。そして、②の国連の「平和に生きる権利」と③の日本の「平和的生存権」は、それを保障するための制度的保障が異なる、という。国連憲章では、自衛及び制裁のための戦争と軍備は認められているから、それにより国連の「平和に生きる権利」は侵害される対象になりうると指摘するのである（同書二七五頁）。

そこで深瀬は、国連の「平和に生きる権利」②と日本の「平和的生存権」③の関係について、日本国憲法は、まず「平和的生存権」③を一国だけでも確保し、その実行例を示す。そして、「平和に生きる権利」②を保障する客観的制度（国際的平和システム）の準備を始めた全世界の国民との間の架け橋に努め、「平和的生存権」③をひろく享受できるようにし、世界平和秩序の建設の責任を引き受ける、とする（同書二七六頁）。深瀬の自然法思想からすれば、日本国憲法の「平和的生存権」③の先駆性をたたえつつも、両者の本質は同じなのである。そして深瀬の優れた指摘は、両者を動的に捉えて、「平和に生きる権利」②の内容を「平和的生存権」③に変えて行く責任があるとするところであろう。

二〇一六年に国連で採択された「平和への権利」は、深瀬の言う「平和に生きる権利」②の発展途上の権利だと位置づけられる。

本稿では、これらの深瀬の指摘が国連でどこまで達成できたのか、そしてその課題は何かを検討する。

二　「平和に生きる権利」と国連のあゆみ

国連は多様な価値観に基づく国家により構成される国際機構であるから、国連での議論は、漠然とした一致から具体的な規範になるまでは時間をかけて進むプロセスである。

一九四五年の国連憲章においては、ナチスのユダヤ人大量虐殺が戦争に結び付いたという経験から、人権保障が平和の基礎であるという認識を示した。一九四八年の世界人権宣言の前文は、人権を認めることが平和の基礎であるという認識を示し、恐怖及び欠乏のない世界の到来が、一般の人々の最高の願望と宣言した(2)。この時期には、権利としては明文化されてはいないものの、「平和に生きる権利」が自然権的な地位を確立したといえる。

その後、平和に生きる権利（right to peace）が、国連で初めて明文の権利として取り上げられたのは一九七〇年代に入ってからである(3)。

一九七〇年代から八〇年代にかけて、米ソの冷戦の中で、核軍拡競争が激しくなり、米ソによる核兵器の大量保有とキューバの核危機があり、核戦争から人類の破滅を守るという課題が世界的に認識されてきた。一九五五年のラッセル・アインシュタイン宣言、その後のバグウォッシュ会議が開かれたのもそのような背景があった。

一九七六年には、国連人権委員会が初めて「平和への権利」の決議を採択した(4)。一九七八年には「平和に生きるための社会の準備に関する宣言」(5)、八四年には、「人民の平和への権利宣言」(6)が国連総会決議として採択された。一九七〇年代から、「平和に生きる権利」②が国連の場に明文として登場したのである。

この時代に登場したもう一つの背景としては、国連の場で、自由権・社会権に次ぐ第三世代の権利として、あるいは連帯の権利の一つとして、発展の権利や平和への権利が登場してきたことが挙げられる(7)。一九七八年と一九八四年の国連宣言は、社会主義国が中心となって国連に提案され採択された。その後、この宣言をフォローアップする会議はあったが、冷戦の崩壊により社会主義国が少なくなり、それらの国が主張する平和に生きる権利はしばらく国連の場から陰を潜めた。

三　イラク戦争以後の国際社会

平和への権利の動きが再び活性化したのは、やはり戦争の危険がきっかけだった。二〇〇三年アメリカは国連の安保理で審議したにもかかわらず、安保理の同意を得ないままイギリスとともにイラク戦争を始めた。他方、これに対する国際法や国連に対する失望の声も大きくなっていた。スペインのＮＧＯであるスペイン国際人権法協会は、このような国際法の危機に対して、平和への権利を国際法典化しようとする国際キャンペーンを二〇〇五年から始めた。平和に生きることが権利や人権として認められれば、違法な戦争を国際人権の面から食い止めることができるのではないか、という問題意識でキャンペーンは行われた。国連憲章は、国家間（政府間）の直接的な権利義務を規定するものであるが、国際人権は、権利義務関係が国家と個人の関係になるところが異なる(8)。たとえ、国連憲章上、国家の武力の行使が自衛権の行使と解釈されることがあっても、人権の侵害という面からの制約を免れることはできないのである。

この国際キャンペーンは、ＮＧＯが主導して、国連の場にＮＧＯ草案を持ち込むというところに特徴があった。

一九九〇年代以降、国際社会では、対人地雷禁止条約、国際刑事裁判所規定などの国際法を制定する際に、国境を超えてＮＧＯが活躍してきた(9)。ＮＧＯは、市民や国民そのものではないけれども、国家の武力の行使によってもっとも被害を受ける一人一人の個人と最も近い立場にある。平和への権利国際キャンペーンには約八〇〇のＮＧＯが賛同した。日本から参加したＮＧＯは、平和への権利国際キャンペーン実行委員会、日本弁護士連合会、日本国際法律家協会、国際人権活動日本委員会、創価学会インターナショナルなどだった。また、国内の裁判所の判決で平和への権利が認められてきた韓国とコスタリカの法律家や、平和運動に取り組むスイス、イタリアのＮＧＯ、そして国際法律家のＮＧＯである国際民主法律家協会（ＩＡＤＬ）なども、私たちとともに平和への権利の国際法典化の活動に活発に取り組んできた。

深瀬も、ＮＧＯの役割に期待していた。「日本の人民自らが市民として集団として自主的・能動的に行動し、国連機関などに働きかけ、平和的生存権③を全世界の諸人民と協力して守りそのための諸条件を整備建設することの主体でなければならない」としている（深瀬前掲書四七八頁）。

日本の人民peopleが能動的に世界に働きかけていくことは、日本国憲法から求められていることなのである。実際上も、平和的生存権の行使によって、たとえば裁判上平和的生存権を認めさせて、状況を変えてきた日本の人民こそが、その役割を世界に広めていくべきである。筆者はそのような責任感を感じつつ、二〇一〇年以来、国連の平和への権利キャンペーンに取り組んできた。

四　国連人権理事会における平和への権利の議論

平和への権利や平和的生存権は、軍事力によるパワーポリティクスがまかり通っている国際政治の場に、真正面から立ち向かう権利でもあるから、国連の場では国際社会の現実に揉まれる。これはこの権利の有する宿命であり、乗り越えていかなくてはならない責任とも言える。イラク戦争後の国連（主には、国連人権理事会の場）において、平和への権利はどのように議論されてきたかを見てみる。

(1)　国連の人権理事会では、キューバが中心になって二〇〇八年から平和への権利の促進決議が採択されてきた(10)。NGOは、二〇〇五年から国際キャンペーンを始めて、国連人権理事会にNGOの最終草案であるサンチアゴ宣言を提出した(11)。そして、人権理事会は、そのシンクタンクである諮問委員会に対して、国連の宣言草案の作成を委託する(12)。諮問委員会は、二〇一二年に全一四条からなる宣言草案を人権理事会に提出し(13)、その後政府間の作業部会が開かれ、そこで平和への権利の国際法典化に対して賛否の意見が出た(14)。賛成国はキューバや中南米諸国を中心に、アジア、アフリカ諸国及び中国とロシアであった。反対国は、ヨーロッパ諸国とアメリカ、カナダ、日本、韓国、オーストラリアなどの西欧を中心とする先進国であった。審議に参加したすべてのNGOは積極的に賛成していた。

(2) 論争から見られる平和への権利の役割

国連の審議の中で、平和への権利がどのような役割を果たしうるのかが見えてくる。平和への権利と平和的生存権に関する代表的な争点を紹介する。特に出典がないものは私の参加したときのメモによる。

① 自衛権の制約の議論

国家の自衛権については、特に西欧諸国から、平和への権利が自衛権の行使を制約しないかを懸念する発言があった(15)。

これは平和への権利と国家の自衛権のどちらが優先されるかという問題でもある。国内問題の場合は、理念的には政府は人権保障の義務があると言えるが、国際レベルでは必ずしも人権保障が国家の権利に優先するとは限らない（自由権規約の第四条では、緊急時に人権の制約が認められている）。特に安全保障の分野では国連憲章で、国家の自衛権（五一条）や強制措置（四二条）が認められているから、平和への権利の保障のために、そのような国家、国連の軍事行動が制約を受けるかが問題となった。国家の権利とされている自衛権が平和への権利によって制約されるか否かはまだはっきりとは決まっていないのである。他方で、このような反対意見により、平和への権利が国家の軍事行動を制約する可能性のあることが明らかになったとも言える。

② 平和は目的・理想であり権利ではない

人権理事会の討議の中で、米の政府代表が、このような趣旨の発言をして平和への権利の創設に反対した。もちろん平和は目的・理想であるが、それを超えてさらに平和を権利とする必要性をどのように訴えればいいのか。私は議場にいながら悩んだ。さらにアメリカ政府代表は、「現に存在する国際人権が実現できれば平和な世界になるのだから、平和への権利のような新たな権利を創設する必要がない」とも言う。この点については、日本における平和的生存権に他の人権にはない独自性を認めるかという議論から発信できることがあると思った。ただ、日本の平和的生存権の場合は、憲法の中にすでに書かれているから解釈していくよりどころがあるが、国連の平和への権利のように立法をする場面では、「平和を権利とする意味」という根本的な考え方・思想から主張する必要があり、さらにそれを国際社会の現実や国連の到達点を踏まえた上で主張して行くという独特の難しさがある。国際社会においては、国内のような立憲主義は直ちには妥当しない。そのような中で、深瀬が指摘した国家の専制に対する自然権の思想、人道を守る思想を説得的に主張していく必要があった。

③ 良心的兵役拒否の権利

国連は、ほとんどの国が軍隊のある国の政府代表で構成されるが、憲法九条を持つ日本には兵役制度がないので、良心的兵役拒否権という権利の概念はない。しかし、この権利を広く軍事的な加害行為に加担しない権利ととらえれば、軍事行動への加担を強制されないことを内容とする平和的生存権を指摘した二〇〇八年の名古屋高裁判決とほぼ同じ内容の議論とみることができる。国連の審議においては、兵役拒否の権利と対立する権利は、国家の軍隊を保持する権利である。賛成国でさえも、良心的兵役拒否の権利を認めてしまうと、国家を守る軍隊を否定する事になるので、この権利を認めることに反対であると発言していた。賛成国の中では唯一軍隊を持たないコスタリカだけが意見を留保していた。この議論は、将来国連の平和への権利の内容に兵役拒否の権利が含まれるようになれば、日本国憲法九条のような軍隊を否定する国際法にまで行きつく可能性を示唆している。

(3) 法的な議論

以上の国連人権理事会における議論においては、意見の対立が解消されなかったため、具体的な権利の内容の一致までは行き着かなかったが、深瀬が指摘したように、日本国憲法の立場から国連の平和への権利の内容を平和的生存権に近づけるような努力も必要である。人権理事会の審議においては、諮問委員会案(16)やNGOの共同声明(17)などでは、平和への権利（Right to Peace）を個人の人権ととらえて、その内容を平和に生きる権利（Right to live in Peace）と捉えていた。日本の平和的生存権（Right to live in Peace）も英語にすれば同一の表現である。賛成国やNGOは、平和への権利を実質的には平和的生存権と捉えていた。しかし、そのような方向に国連の議論がすすまなかったのは、国連における審議の性質による。国連においては各国の同意がないと反対国を拘束する国際規範をつくれないから、反対国のコンセンサス（同意）を取り付けることが重要になってくる。そのため、将来において反対国のコンセンサスが得られる余地を残す必要がある。二〇一六年に国連総会で採択された宣言の文言が、「平和を享受する権利」という抽象的な表現になったのにはそういう配慮がある。この点が多数決だけでは決められない国際立法における難しさである（もちろん国連の決議は多数決で採択されるが、それと拘束力の有無は別の問題である）。

五　平和への権利を平和的生存権に近づけるためになすべきこと

では、深瀬の指摘はどこまで実現したと言えるのだろうか。二〇一六年の平和への権利国連宣言を見る限り、「国際社会において平和への権利の創設について一致し、さらにその内容を日本の平和的生存権に近づける」という課題は、まだ形成途中と言えよう。しかし、国連の人権理事会が約八年もかけて条文の起草と平和への権利の存否と内容について議論してきた末に、国連総会で一三〇ヶ国以上の多数で採択されたという実績は国連史上初めてのことであり、その点では人権理事会の取り組みは評価すべきである。

ただ、課題も明らかになってきた。日本国憲法の立場から見ると、賛成国、NGOに対して、日本の平和的生存権の意義と役割をもっと伝えていく必要がある。賛成国といえども平和への権利を具体的にどのように利用して、どのように効果を発揮させていくかという点についての具体的なイメージはないと感じた。

日本のNGOが国際的にも主体となり、国際会議や国際キャンペーンを展開していくことも必要であろう。現在のところ、学界や法曹界のレベルからも国際社会への発信は少なく、日本の平和的生存権の理論と実践の成果が世界に認知され、浸透しているとは言えない。日本の、特に憲法研究者や弁護士などからの英語による発信が待たれるところである(18)。

また、平和への権利の国連での議論からわかったことは、この課題は長期的な課題であるということである。平和への権利や平和的生存権を国際社会に認知させるということは、パワーポリティクスや軍事力による威嚇や支配がまかり通っている国際社会の中で、それと正面から対抗する価値観を、人間性や理性の力と市民の国際連帯の力でいかに作り出していけるかという壮大な取り組みだからである。一九八〇年代に深瀬が『戦争放棄と平和的生存権』で述べた展望は、このような長い将来を見据えており、形成途中ではあるが着実に進んでいるように私には思われる。

（1）二〇一六年に国連総会で採択された平和への権利国連宣言の条文は全五条から成る。（一条：平和を享受する権利、二条：国家による恐怖と欠乏からの自由の保障、三条：国連、ユネスコ、市民社会などによる実施、四条：国連平和大学などによる平和教育の促進、五条：国連憲章等に沿った解釈。）「権利」という表現が使われているのは、本文で取り上げた第一条のみである。
二〇一六年の国連宣言より以前の国連総会で採択された権利宣言としては、一九七八年の「平和に生きるための社会の準備に関する宣言」と一九八四年の「人民の平和への権利宣言」があるが、条文化の作業まで進んだのは、二〇一六年の国連宣言のみである。

（2）世界人権宣言の前文は、「人類社会のすべての構成員の固有の尊厳と平等で譲ることのできない権利とを承認することは、世界における自由、正義及び平和の基礎である……言論及び信仰の自由が受けられ、恐怖及び欠乏のない世界の到来が、一般の人々の最高の願望として宣言された」としている。

（3）この時代の国連や国際社会の平和的生存権の動きを紹介したものとして、深瀬前掲書以外に、山内敏弘『平和憲法の理論』などがある。また、国連平和大学の次の文献にも七〇年代以降の国連での審議の様子が刻銘に描かれている。Guillermet Fernández,Christian, and Fernández Puyana, David(2017) The Right to

Peace: Past, Present and Future, University for Peace.

（4）国連人権委員会決議5（XXXII）

（5）A/RES/33/73

（6）A/RES/39/11

（7）第三世代の人権、連帯の権利との関係については、建石真公子『平和のうちに生存する権利』と国際人権保障」『平和憲法の確保と新生』北海道大学出版会、二〇〇八年、五二頁以下。

（8）国際人権による武力行使の制約の可能性については、笹本潤「武力行使に対する人権アプローチの規制の可能性―平和への権利国連宣言の議論から」『平和研究』五一号、二〇一九年六月九五頁以下。

（9）目加田説子『国境を超える市民ネットワーク』東洋経済新報社、二〇〇三年。

（10）二〇〇八年人権理事会決議 A/HRC/RES/8/9。日本語訳は、九条世界会議国際法律家パネル編『九条は生かせる』日本評論社、二〇〇九年、一四五頁参照。

（11）二〇一〇年のＮＧＯ草案であるサンチアゴ宣言までの国際キャンペーンを紹介したものとして、Carlos Villán Durán y Carmelo Faleh Pérez (eds.) Regional Contributions for a Universal Declaration on the Human Right to Peace, Asociación Española para el Derecho Internacional de los Derechos Humanos (2010).

サンチアゴ宣言以降のＮＧＯと国連の動きを紹介したものとして、同 The International Observatory of the Human Right to Peace, Spanish Society for International Human Rights Law (2013).

サンチアゴ宣言の日本語訳は笹本潤、前田朗編著『平和への権利を世界に』かもがわ出版、二〇一一年、参照。

サンチアゴ宣言以降のＮＧＯと国連の動きについては、平和への権利国際キャンペーン日本実行委員会『今こそ知りたい平和への権利四八のＱ＆Ａ』合同出版、二〇一四年参照。

（12）二〇一〇年人権理事会決議 A/HRC/RES/14/3。人権理事会における審議について、くわしくは、笹本潤「安全保障と人権における国連の意義と役割—平和への権利国連宣言の審議を通して」『国連研究』二〇号、二〇一九年、八一頁以降参照。

（13）諮問委員会草案（A/HRC/20/31）の内容は、全一四条からなる詳細なものだった。（一条：平和に対する人権の諸原則、二条：人間の安全保障の権利、三条：軍縮の権利、四条：平和教育、五条：良心的拒否の権利、六条：民間軍事・警備会社に対する制限、七条：圧政に対する抵抗及び反対、八条：平和維持活動に対する制限、九条：発展の権利、一〇条：環境の権利、一一条：被害者及び脆弱な人々の権利、一二条：難民・移民の権利、一三条：国家の義務と履行について、一四条：最終条項）

なお、諮問委員会での審議の様子は、諮問委員だった坂元茂樹の「人権理事会諮問委員会の最近の活動—『平和に対する権利宣言案』を中心に」『国際人権』第二四号（二〇一三年）及び「『平和に対する権利宣言案』の作業が示す諮問委員会の課題」『国際人権』第二五号（二〇一四年）を参照のこと。

（14）作業部会の審議過程をくわしく紹介したものとして、Guillermet Fernández, Christian and Fernández Puyana, David 前掲書。武藤達夫「『平和への権利に関する宣言』国連作業部会第二会期における審議についての一考察」『関東学院法学』第二四巻第四号、関東学院大学法学会、二〇一五年。

（15）政府間作業部会第一会期（二〇一三年）において、アメリカ政府は、「諮問委員会草案の第一条は、国連憲章五一条が認め、国家に固有の自衛権として反映されている武力が合法的に行使される時の状況があることを認めていない。」として、諮問委員会草案を批判した。

（16）諮問委員会草案の第二条第二項は、“All individuals have the right to live in peace”という表現が使われた（A/HRC/20/31）。

（17）政府間作業部会第二会期（二〇一四年）におけるＮＧＯ共同声明は、“right to live in peace”という文言をタイトルや第一条に取り入れるべきとした（A/HRC/27/63）。

（18）アメリカの法学研究者ハミルトンが二〇一〇年に発表した次の論文では、日本の平和的生存権についての判決や学説が英文で紹介されているが、国連機関や推進国に広く行き渡っているとは言えない。メディアでの取り上げも極めて少ない。Hamilton, Hudson, "Emergence of the Right to Live in Peace in Japan," Australian Journal of Asian Law, 12-1, 2010.

【コラム2】北海道と陸上自衛隊南スーダンＰＫＯ派遣差止訴訟

池田賢太

1　二〇一六年一一月三〇日、札幌地方裁判所に陸上自衛隊南スーダンＰＫＯ派遣差止訴訟を提起した。原告は、陸上自衛隊東千歳基地に所属する自衛官を息子に持つ母である。

2　本訴訟は、自衛隊の南スーダンＰＫＯ派遣が、原告の平和的生存権を侵害するものであるとして、派遣の差止めと国家賠償を求めている。ＰＫＯの派遣そのものが違憲であるとの主張（法令違憲）に加え、仮にＰＫＯへの派遣が合憲としても、南スーダンにおいてはＰＫＯ協力法が求める参加五原則が満たされていないのであるから、本件派遣は違憲違法であるとの主張（適用違憲）を立てている。

弁論は回数を重ね、二〇二〇年二月二五日に第十一回弁論を迎える。この間、弁護団は、国会で開示された黒塗りの日々報告（日報）を丹念に読み込み、南スーダンにおける戦闘状態を明らかにしてきた。また、ＰＫＯが停戦監視や軍事引離しなどの伝統的ＰＫＯから、武力行使を前提としたＰＫＯへとその性質を大きく変えたこと、これに伴いＰＫＯ参加五原則が現在のＰＫＯの実態に全くそぐわないことなどを主張し、黒塗りを外した日報開示を求めて文書提出命令を申し立てて法廷での弁論を重ねている(1)。

これに対して国は、平和的生存権は抽象的権利であり、国賠法上保護された権利ではないとして、一切の事実認否をしない。求釈明にも答えない。何もしなくても裁判所は勝たせてくれるだろうとでもいうような応訴態度である。

3 本訴訟の現時点までの最大の成果は、第二回弁論期日（二〇一七年六月一日）の直前、同年五月末日までに施設部隊を南スーダンPKOから撤退させたことである。政府の撤退理由は任務終了であるが、その実際は、苛酷な南スーダンの情勢が明らかになることに連れて、その批判が大きくなることを避けるためであろう。憲法九条のもつ力の大きさを感じる瞬間であった。

他方、原告と弁護団は大きな決断を迫られた。施設部隊の撤収により、本訴訟を取り下げるか否かという判断である。施設部隊が撤収した今、どれだけの迫力をもって裁判所に迫れるのか。突き進むことによってイラク派兵差止訴訟名古屋高裁判決の到達点を後退させるリスクはどうか。侃々諤々の議論を尽くし、訴訟を維持して判決を求めるという結論に達した。これは、イラク派兵について、何の総括がないためでもある。いま、訴訟を取り下げたならば、南スーダンPKOもまた葬り去られることになる。憲法九条の下で行われた違憲行為を徹底的に糾弾し、検証する。その土俵として裁判所を使う。弁論と理論で世論を動かす。事実の追及によって、自衛官の命を守り、自衛官の家族を守ることができるのは、この訴訟以外にないと確信したからである。

4 本訴訟の弁護団は、世代を超えた平和的生存権の闘士集団である。内藤功弁護士は、砂川、恵庭、長沼、百里の代理人を務めた自衛隊訴訟の生き字引。全国の自衛隊関連訴訟をリードする佐藤博文弁護士と、佐藤弁護士を団長に自衛官の人権擁護のために活動する自衛官の人権弁護団・北海道のメンバー（小野寺信勝、山田佳以、長坂貴之、平澤卓人、伊藤絢子、神保大地、皆川洋美、桝井妙子の各弁護士）。イラク訴訟名古屋高裁判決を勝ち取るために中心的な役割を果たした内河惠一、中谷雄二、川口創、田巻紘子の各弁護士。全国で支えた仙台の小野寺義象弁護士、長野の毛利正道弁護士、広島の井上正信弁護士。それに正面から答えた名古屋高裁裁判長だった青山邦夫弁護士。裁判官の背骨は憲法にあると語る元裁判官ネットワーク代表の安原浩弁護士。そして、当時、大学生でイラク訴訟の原告だった橋本祐樹弁護士と筆者である。

米寿を迎えた内藤弁護士は、月に一度の東京での弁護団会議にはほぼ毎回出席され、的確なアドバイスをくださる。事実を積み上げることの大切さ、事実を引き出すための求釈明の活用、憲法を背骨にしっかりと据えて判断を迫る裁判官論、法廷内外での戦術を含め、多岐にわたるアドバイスを決して押し付けることなく、さりげなくなさる。それを実践してきたイラク訴訟の蓄積が惜しみなく本訴訟に提供される。元裁判官からは、裁判官の琴線に触れる主張や原告の被害実態の強調のポイントなどが議論される。平和的生存権を法廷でつないできたバトンが、若手弁護士に受け継がれている。

5　もとより、これらの理論的支柱は、深瀬理論であることは疑いがない。

深瀬は、平和的生存権を、「戦争と軍備および戦争放棄によって破壊されたり侵害ないし抑制されることなく、恐怖と欠乏を免かれて平和のうちに生存し、またそのように平和の国と世界をつくり出してゆくことのできる核時代の自然権的本質を持つ基本的人権であり、憲法前文、特に第九条と第一三条、また第三章諸条項が複合して保障している憲法上の基本的人権の総体である」と定義する(2)。この平和的生存権の定義は、イラク派兵差止名古屋高裁判決（二〇〇八年四月一七日判決）において採用され、「現代においては憲法の保障する基本的人権が憲法の基盤なしには存立し得ないことからして、全ての人権の基礎にあってその享有を可能ならしめる基底的権利である」として法的権利性が肯定された。さらに、二〇〇九年二月二四日のイラク訴訟岡山地裁判決は、これをさらに推し進め、「平和的生存権については、法規範性、裁判規範性を有する国民の基本的人権として承認すべき」とし、「平和的生存権は、すべての基本的人権の基底的権利であり、憲法九条はその制度規定、憲法第三章の各条項はその個別人権規定とみることができ、規範的、機能的には、徴兵拒絶権、良心的兵役拒絶権、軍需労働拒絶権等の自由権的基本権として存在し、また、これが具体的に侵害された場合等においては、不法行為法における被侵害法益としての適格性があり、損害賠償請求ができることも認められる」と述べた。

本訴訟は、これらの蓄積の上に、国民一人ひとりの平和的生存権の確立のために、今後も法廷闘争を続けていく。

（1）これまでの訴訟活動については、弁護団ホームページで公開している。https://stop-sspko.jimdo.com/ 二〇一九年六月二七日最終閲覧。

（2）深瀬忠一『戦争放棄と平和的生存権』、岩波書店、一九八七年、二二七頁。

第Ⅲ部　深瀬忠一の人と信仰・学問

第16章　深瀬忠一の生涯

「武士道とは死ぬことと見つけたり……キリスト教とは生きることと見つけたり」(1)
「平和なくして人権なく、人権なくして平和なし」(「平和的生存権」の本質)(2)　深瀬忠一

深瀬ふみ子

はじめに

私の父深瀬忠一は、小年期に軍事大国のエリートコースを突き進み、少尉任官の直前、つまり本土決戦最前線でいよいよ死ぬ、その直前に終戦となった。かくして父の命は敗戦により救われた。その後、主の御業の召命(Beruf)に応える平和をつくり出す人とされるヴィジョンに生命をかける、という志をたてた。以来、父の信仰、学問、実践はこの志において融合し、その人生はその志を貫徹した生涯だった。私は、米国コロンビア大学大学院で、立憲民主国家形成、市民運動、キリスト教の相互関係を比較研究した(博士号取得二〇〇七年)。本稿では戦前に生を受け、戦中を生き抜き、戦後日本において、立憲民主平和国家形成期を経た七〇年を生きた深瀬の、その信仰、学問、実践

活動の密接な相互関係に注目し、深瀬忠一の生涯の全体像を明らかにしたい。

一　軍国少年時代——おいたちから敗戦まで

深瀬忠一は、一九二七年三月一日、父深瀬一彦、母福美の長男として南国土佐・高知県吾川郡弘岡上の村に生まれた。深瀬家は豊臣方の武士長曾我部の子孫で、郷士の身分（武士と農民の中間）だった。父一彦は軍人だが寛容な人柄だった。母福美は大名山内家（徳川の代官）の家臣浜田家から嫁いだが、一彦の任地の移転は十数回（台湾の高雄、姫路、北朝鮮など）、また出征した一彦の重傷など将校の妻としての苦労を重ねた。息子忠一にとっては「非常に真面目で礼儀正しい」賢母だった(3)。松江で生まれた妹翠は、戦後二四歳の若さで亡くなった。

忠一は、父の任地先北朝鮮で東京陸軍幼年学校を受験し、受験者中ただ一人合格した。一三歳で上京し、陸軍幼年学校、予科士官学校、士官学校で「徹底した『軍事教育』を受け」た。「剣術、銃剣術、重武装の強行軍、銃撃、砲撃、軍事演習」などで体力、気力、学力を叩き込まれた。後に深瀬は、この五年半の期間中で忘れられない光景の一つとして陸軍大観兵式を挙げている。

数万の歩兵の行進、銃剣のきらめき、命令、号令、軍楽隊の響き、戦車、装甲車、大砲のとどろき、空には数百の航空機が飛来するごうごうたる観兵式でした。その中心に、白馬にまたがる大元帥陛下・昭和天皇が神のごとく輝いていた。(4)

深瀬は「この勢いでは、サンフランシスコは愚かニューヨーク、ワシントンも制覇できる」と思った。二つ目は、一学年一五〇名が大教室で講義「軍人精神訓話」を受講後、「一人の生徒」が「教官は天皇は絶対で神のごとく正しいとおっしゃるが、それはなぜですか」と質問した時の光景だ。教官の生徒監大尉は逆上し、持っていたサーベルの刀を鞘から抜いて怒鳴った。「そんなことを言う奴は、出てこい！　ぶった切ってやる！」と。全員の沈黙がそれに続いた。最年少で一番小さかった深瀬は、最前列で「恐ろしさというか畏怖の念に圧倒さ」れた。戦争は日本人をも含む数千数百万の人々、国々の大量殺戮・大量破壊を生む、というその悲惨な「現実」については、「知らされもせず、関心も持たず、考えもしないまま」でいた(5)。つまり軍人精神の真髄は、勇ましく美しいイメージを駆使し、現実から完全に乖離した自己陶酔的錯覚を喚起し、それを妄信させる。また恐ろしくも畏敬を伴う強要により人々を沈黙させ、人間の本質に触れる課題については完全に思考停止させる。深瀬が戦後、教育において一貫して独立・自由の精神を推奨・実行した理由を紐解くと、己のこの苦い体験と過去への深い反省が原点にある。

二　立志時代——復員から高知城東中学校まで

深瀬は敗戦後、陸軍士官学校から高知に復員時（一八歳）、空爆で廃墟となった故郷で「立志」のインスピレーション、つまり、「ピアニッシモのようなかすかな問いかけ」を聞いた。一つは、天皇は神ではなかった、それでは「世界に普遍的な真実の神はあるのか」と。二つめは、神聖かつ正義と確信していた戦争が、実は「侵略戦争だった」。それでは「いったい国の歩むべき正しい道はあるのか」という「静かな細い声」（列王記上一九章一二節）であった。これらの問いに答えるべく、深瀬は学問をもう一度、徹底的にやり直すという志を立てた(6)。一方、父一彦が負傷帰還した深瀬家は、経済的困窮状態にあり、親戚一同は長男忠一が直ぐに働くべきと意見したが、その中で母ただ一人が忠一の高邁な志を理解し、物質的・精神的に支援・激励した。以来忠一にとって母福美は、母であると同時に大恩人となった(7)。

かくして深瀬は、この志を達成するために高知の城東中学五年に編入し、城東中在学中に、後にこの二つの問いに答えるための根拠となる三つの真実・理念に出会った。第一と第二は、「キリスト教の真理」と「札幌を源流とする平和主義」との出会いで、本人が後に「不思議」と回顧する。深瀬が復員後、失望、混乱、虚脱状態のその時に、学徒出陣から帰郷した中沢洽樹（後の立教大学文学部教授）がバイブル・クラスを始め、それに参加した深瀬は、初めて「聖書」を知る。さらに不思議なことに、このたった二、三人のクラスのために矢内原忠雄（内村鑑三と新渡戸稲造の弟子、後の東京大学総長）が伝道に訪れ、「日本の傷を医すもの」という講演をした。そこで深瀬は「札幌を源流とする平和主義」に接し(8)、以来深瀬は「札幌を聖地と思うようになった」(9)。第三の「フランス革命の理念」との出会いは、城東中の図書館でカーライルの英語の「フランス革命論」を発見した時だった。以来フランス憲法を勉強したいという強い願望を抱き、進路は仏語を教えていた第一高等学校に決め、約一年の猛勉強の末、合格し上京した(10)。

三　ヴィジョンの礎の形成時代——一高からパリ大学法学部まで

深瀬は、旧制第一高等学校、東京大学法学部、東京大学法学部での内地研究員時代（一九五三年～六年）に、人生の礎を築く。それはキリスト教への入信、憲法学を志す決意、仏国でのフランス革命の理念の追究、そして高階絢子との結婚だ。信仰の恩師、旧約聖書学の大家で、長老派美竹教会牧師浅野順一は、平和運動、日中友好運動、福祉運動に携わる実践的伝道者だった。浅野は一九四八～九年の一年間、自宅で、ほんの二、三人のために早天祈祷会をほぼ毎朝六時から行い、エゼキエル書を講話し、青年求道者を指導した。深瀬は「預言者の信仰と独立精神」を学び、この集会が直接のきっかけとなり、一九四九年一高三年生時（二二歳）に浅野から受洗した。深瀬は、浅野の「『信仰と職業が両立することを証しする誠実な（言葉や説教だけでなく信仰の生きた証しとなる）信仰者になってください』という言葉」を「魂に刻みつけ」た(11)。そして「自分のためにではなく、誠の神の栄光のため」に生きる、と「神と人の前」で決意した(12)。

深瀬は一高（一九四七～五〇年）で、「自由に広く世界に目を広げて勉強し」た(13)。一九五〇年の東大法学部進学後は、聖書、平和、社会問題の勉強や活動に没頭し、官僚養成中心の講義は怠りがちだった。しかし卒業一年前に「一ヶ月間万事をストップし」、『研究者になる本来の決意を固め、猛然法律学の勉強」をした。深瀬は、その後迎えた卒業式（一九五三年）での矢内原総長の訓示を回想している。

「諸君が、二十年・三十年先社会の責任者の地位に立った時、今諸君が厳しく批判している政党や政府首脳と同じようにならないと、どうしていえるか。諸君、銘記せられよ。大学で学び養った内なる良心そして理想を堅持せられよ」と叫ばれた。(14)

八年前、深瀬は矢内原の高知伝道講演で「札幌を源流とする平和主義」を知り、その後キリスト者として生きる決断をした。その矢内原が訓示の途中で「一瞬絶句して、緊張のあまりみるみる顔面蒼白となり」、「諸君、銘記せられよ」と、そして「内なる良心そして理想を堅持せられよ」と叫んだのだ(15)。深瀬は「この言葉は私自身に対する神の言葉にほかならない」と確信し、以来これを「生涯の指針」とした(16)。

学問の恩師は、東京大学法学部教授・宮沢俊義だ。大学卒業後の六月、「宮沢先生に拾われて」宮沢のもとで研究に従事し（内地研究員・北海道大学法経学部助手、北大法学部助手、北大法学部助教授として）（二六〜九歳）、憲法学を志すようになった(17)。そして宮沢の「フランス法研究と個人主義・自由主義・平和主義憲法学の決定的な影響を受け」た。一九五七年（三〇歳）、フランス政府給費研究留学生の試験に合格し、仏国パリ大学法学部に留学した。後にその時のことを回想し、次のように述べている。

1958 年頃、フランス留学時代

1959 年頃、パリで高階絢子（後の妻）とともに

一七八九年の「人権宣言」、一七九一年の「征服戦争放棄宣言」の原点に直に触れ、個人の尊厳と自由・平等の基本的人権がいかなる権力によっても犯されてはならない人間普遍の権利を守る（その侵犯に対しては抵抗の権利があるという）「革命精神」を感じ取ったのです。[18]

この「革命精神」は、我々に後述する深瀬の「恵庭・長沼裁判」での実践活動と、それに基いて生まれた「平和的生存権論」を彷彿させる。それは、その活動と理論が、フランス革命の普遍的かつ人類的に貢献する理念である「人権宣言」の「自由」、「平等」、「友愛」と「征服戦争放棄宣言」の「平和」に原点があるからだ。

また、深瀬は、東京では顔見知りであり、東京大学大学院でフランス文学を専攻し、同じくフランス政府給費留学生として留学していた高階絢子とパリで再会する。その後アメリカ出張を経て、一九六〇年、深瀬は帰国後まもなく絢子と結婚した。高階秀爾（美術史学者・東京大学文学部名誉教授）は絢子の弟、高階玲子（ジャーナリスト）は妹である。

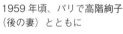

四　北海道大学法学部時代――実践から生じた「平和的生存権」の理論

1974 年、左から母福美、次女ふみ子、忠一、長女えみ子

1968 年、妻絢子とともに

一九六〇年（三三歳）、深瀬は法学部助教授として北大に着任した。こうして深瀬は札幌に、そして矢内原の高知講演で知った札幌独立キリスト教会（以降独立教会）にも導かれ、一九六二年の入会以来、独立教会が信仰の根拠地となった。長女えみ子、次女ふみ子も誕生し、数年後には母福美を高知より迎えた。東大修士号を修めた妻絢子は、北星学園大学、北大で仏語の教鞭をとり、三〇余年間定年まで勤めつつ家庭をしっかりと守った。深瀬が教育、研究、活動に専念できた背景には、妻絢子の内助の功があった。当時北大は「安保闘争」の、一九六九年には大学紛争の嵐の中にあったが、深瀬は「『講義を聞きに来た学生が一人でもいる場合には』教師としての『義務を一貫する』と宣言し」、実行した。大講堂の「マス・プロ授業でも一人一人の魂に語りかけ」、「自由と

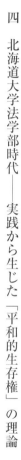

独立の教育精神」を信念として講義を行った(19)。

一九六三年、深瀬の人生を一変させる恵庭裁判が始まる。当時学生だった笹川紀勝(明治大学元教授、国際基督教大学名誉教授)が、深瀬と昼食中、「札幌地方検察庁が自衛隊法一二一条の重罰規定を適用して、乳牛酪農民二人を札幌地方裁判所に起訴した」という北海道新聞の小さな記事を示した。それを読み深瀬はゾッと寒気がした。何故か。実はこの裁判は戦後民主主義日本で初めて一般市民が「自衛隊法」(刑法ではなく)で裁かれる裁判だった。もし有罪判決となり、「憲法の番人」である司法が「自衛隊を合憲」とした場合、今後「国民の生命・財産・精神的人権」が自衛隊に奪われても、その判決が先例となり国民は泣き寝入りを強いられる、ということを瞬時に理解したからだ(20)。そして深瀬は自問自答した。

裁判という合法的な場で堂々と争うのではあれ、政府権力を相手としてたたかうなどということは、利害・打算を考えればやめたほうが安全である。しかし、もし憲法学者が、自から真理と信じ、擁護すべきだと考える価値が危殆にひんし、被告人の人権とともに国民(全体)の憲法上の(戦争・軍備による侵害から免かれ)平和に生きる権利が侵害されてゆくのを放置できるか否かという時に、それを見殺しにしてよいものだろうか。

深瀬は「繰り返し考え悩んだ末、憲法学者としての良心と理性、また、キリスト者・市民としての責任」に従い「覚悟を決め」た(21)。深瀬(三六歳)の人生はその時から、大学での教育・研究中心から実践活動をも伴う人生に大きく転換した。

憲法訴訟としての「恵庭裁判」は、一人の学生（笹川）と一人の学者（深瀬）、そしてもう一人の弁護士（彦坂敏尚）の若い三人から始まった。しかし以降、深瀬が想像だにしない発展を遂げた。まず約百名の憲法学者は「全国憲法研究会」を中心に、論文、著書、マスコミを通じ「理論」を伝えた。次に、最初約一〇名の弁護団には「優秀な弁護士」が全国から無報酬で加わり、一年後には約一〇〇名、二年後には約二〇〇名、三年後には約三〇〇名、四年後の判決時には約四〇〇名、後述する長沼裁判では六四六名の「大弁護団」となった。また、心ある市民（学生、教師、主婦、労働者など）は「党派・思想信条を超えて」集結し、超教派の「北海道キリスト者平和の会」も協力した。活動開始から恵庭・長沼裁判を通して約十八年間、支援活動（広報活動、傍聴券獲得のための徹夜のテント座り込み学習会通算七九回など）は雨の日も、風の日も、北海道の厳しい雪の日も歩みを止めなかった。後に深瀬は、この「弁論、理論、世論のいわば三論一体の平和的抵抗力」が発生、「結集」したからこそ「被告人は無罪」の勝訴となったと述べている(22)。

深瀬の学術的貢献としての「平和的生存権」の理論は、恵庭裁判の実践活動から生まれた。裁判には二つの争点があった。第一は、「憲法訴訟」として、自衛隊が「違憲」か「合憲」か、またその結果により憲法九条が「生きる」か「死文化する」かが問われた(23)。一方、事件の実態は、被告人となった野崎兄弟は実は過去八年間大騒音により精神的、物質的に大損害を受けた「被害者」で、自衛隊はその「加害者」だった。兄の健美は彼らの人権・生活権が自衛隊に侵害されており、憲法が生きている限りそれらの権利は守られるべきだと「憲法を武器に」理路整然と主張した。ここでは、基本的人権、生活権（憲法一三条、二五条、二九条）が争点だった(24)。

深瀬は後に、学術的に、「平和的生存権論」の発想の発端を質問され、「野崎兄弟がしっかりしていた」からだと答えている。深瀬は判決形成過程の各段階で全国憲法研究会の協力支援の内に、「最新の理論を…実際の裁判に反映させようとし」た。その過程でまず野崎兄弟の「平和のうちに生きる権利を守る」という主張があり、それが事前の研究会での理論の切磋琢磨の結果、徐々に「平和的生存権論」として収束されていったからだ。また深瀬は、恵庭裁判・長沼裁判（後述）において訴訟当事者、市民運動、裁判官に「分かりやすい憲法理論」、裁判の場で説得力がある理論をと考えた(25)。

1968年、アメリカ合衆国出張時

一般市民には、恵庭裁判における前者の自衛隊の合憲・違憲、またそれに伴う憲法九条（戦争放棄・戦力不保持）の論争と、後者の人権・生存権・財産権の問題は、両者が一見無関係に見えるだろう。前者は国外での「対外国策」で、後者は国内での「国民の権利問題」、と別々に考えがちだからだ。しかし「平和的生存権論」は、もし自衛隊が合憲となり海外で実質的軍事活動を行なう場合には、国内での準備・整備が不可欠で、それは国民の基本的人権と衝突する、つまり「平和と人権が表裏一体」の因果関係を明白に示す。

一九六九年に始まる長沼裁判においても、自衛隊ミサイル基地建設と住民の平和に生きる権利（「自衛権」論と「平和的生存権」論）が衝突した。一審の札幌地方裁判所判決（福島重雄裁判長、一九七三年）は裁判史上唯一の自衛隊違憲判決であり、また平和的生存権を実態のある法的権利として認めた歴史的判決だ。また、福島裁判長に対する裁判干渉（「平賀書簡」問題）には「長沼事件支援全国キリスト者の会」が呼びかけ、一〇〇〇名近くの福島裁判長裁判続行希望の署名・手紙を集め、深瀬と榎本栄次が裁判所を訪ね直接福島裁判長に届けた。長沼裁判活動を含め深瀬の非暴力的市民活動の基盤は、超教派の「北海道キリスト者平和の会」だった。深瀬は晩年に至るも、世代交代によって若者をも含む彼らを「私と心を一つにしている人々」と呼び、共に活動し勇気を与えられた。裁判干渉については、この長沼一審判決が「裁判の独立」の歴史的指標となったと論じた(26)。

また、長沼裁判の「実践活動」は、再び深瀬の学術研究の進化の発端となる。深瀬は憲法学者の証言（小林直樹）と一審判決から、「自衛権」とは軍事的方法以外の「平和的自衛権」の方法もあること知る。例えば自衛隊を徐々に平和隊（軍事的活動以外、例えば災害救助活動での世界貢献を任務とするなど）に改編すれば、それは「平和的自衛権」の一例となる。以降深瀬の学術研究には、今ある現実を徐々に平和憲法の理念に近づけてゆく「具体的な学術的試案」を「創造」し、「提示」する（軍縮平和主義）という要素が加わる。一九九〇年北大退官（六三歳）

1990年、北海道大学最終講義

前後より、深瀬は憲法学者を中心に共同研究を行い、その成果をほぼ一〇年に一冊、計三冊として編集・出版し、恒久世界平和への具体的な道筋を示した(27)。

五　召命(28)（ヴィジョン）と日本国の使命の合流
――「平和的生存権」の理論と日本国「憲法革命」の推進

深瀬は北大赴任時には、立志時の問いの「真実の神」をキリスト教に見出していた。しかし自らの召命の具体的内容と、二つ目の「国の歩むべき正しい道」の答えはまだ未知だった。そこで深瀬は自分の人生をいわば一つの実験と見なし、社会学的見地からの観察を試みた。そして深瀬は、キリスト者・憲法学者としての人生を体験する過程でそれらの答えを見極めてゆく。

まずキリスト者として深瀬は、独立教会に繋がることで札幌バンドの明治から昭和の先達を研究し、彼らを道標とした。ピューリタン的キリスト教と自由、自主、独立の教育理念を伝えたW・S・クラーク、その直弟子の札幌農学校生（後の北大）大島正健、二期生の内村鑑三、新渡戸稲造、宮部金吾だ。その中で深瀬が最も重要とするのが内村鑑三だ。内村は日露戦争に際し非戦論を説き、以降一貫して戦争廃止論者だった。内村の弟子の矢内原は一九三七年の論文「国家の理想」で、国家の理想は正義と平和だとし、それが原因で東大教授職を追われた(29)。深瀬は彼らを学ぶ中で、内村が最晩年に公表した預言的文章に着目する。内村は一九二七年の北大での大演説「ボーイズ・ビー・アンビシャス」で、自らのアンビションの一つは「『世界における日本国の使命をはたさしめん』こと」とした。その具体的内容は一九二六年の英文論文（" A New Civilization "）に示されて

いる(30)。内村は旧約聖書のイザヤ書の預言（イザヤ書二章四節）にならい、

戦争も軍備もない世界の新しい文明を造れ、そのため最高法令である憲法で戦争放棄、軍備撤廃を規定し実行に移して、欧米のキリスト教国の反省を求めよ……。(31)

と語る。つまり、日本の使命は「戦争の無い世界の新しい文明を創り出すための先駆となる」という提言だった(32)。深瀬はまた、内村の提言中の最高法令による規定に注目し、「立憲民主主義」の要素を見出す。

また、一九九一年、深瀬は東京大学より文学博士号を授与された思想史大家武田清子（国際基督教大学名誉教授）の北星学園大学講演を企画・遂行した。深瀬は「新渡戸稲造の弟子たちが、戦後の教育基本法への道をつくったということ、戦後の民主主義教育は、内発的なものであった。それは、新渡戸の教育を通して育てられたものであった」という武田結論を学び、新渡戸の「民主的教育の理想」が教育基本法（二〇〇六年改正前）によって戦後「現実」となったという解釈が可能と知る。かくして「平和主義」のみならず、「立憲民主主義」の一源流をも内村と新渡戸に見出し、深瀬は最晩年には「札幌を源流とする立憲民主平和主義」という理念に到達した(33)。

一方、憲法学者として深瀬は、憲法第九条（戦争放棄・戦力不保持）の形成過程を研究し、発案者は首相幣原喜重郎であり、彼の提言を連合国最高司令官マッカーサーが採用し、G．S．（民政局）が起草に協力、それを日本側が枢密院・国会で審議・修正した後、衆議院・貴族院でほぼ全員

が賛成して成立した、と結論した(34)。そして深瀬は、日本国憲法の戦争放棄・戦力不保持の条項と、それを憲法（最高法令）で規定することが、実に二〇年前の内村の預言と「全く同旨」であることに着目した。それは「札幌を源流とする平和主義」が、現行平和憲法体制に組み込まれ、継承され発展しているという解釈をも可能にすることにも気づく(35)。

また憲法学者深瀬は、宮沢憲法学から、日本国憲法制定・施行が「戦前の『神権天皇・軍国主義』」明治憲法から「『国民主権・平和主義』新憲法への一八〇度大転換」で、それは「憲法革命」だったと学ぶ。フランス革命は短期間の暴力革命であり、ナポレオンの征服戦争の「現実」が当初の「征服戦争放棄」の「理想」を踏みにじった。深瀬は晩年に、他方日本の「憲法革命」は、

五十年、六十年そして百年かけて日本国、人、市民自身の下からの「平和のたたかい」によって担われ実現されていく「平和の革命」でなければならないことが、私自身の実験によりわかった。(36)

と語った。つまり日本の「憲法革命」貫徹には一〇〇年かかり、得にその間には憲法を守る市民の非暴力の戦いが不可欠だ。現時点で日本の「憲法革命」はまだ未完であり、定着にはあと三〇年程の市民の絶え間ない努力が必要ということだ。深瀬は恵庭・長沼裁判時に発展した三論一体の平和的抵抗力は、この下からの「平和のたたかい」だったと認識している。

要約すると、深瀬は恵庭・長沼裁判の実践活動の過程から、キリスト者・憲法学者としての召

命（ヴィジョン）は、「平和をつくり出す」（マタイによる福音書五章九節）こと、具体的には「平和憲法を守り、平和的生存権の理論に基づき平和と人権を守る」ことと解る。そしてその個人の召命（ヴィジョン）が、同時に「国の進むべき正しい道」となるためには、平和憲法と平和的生存権論を「人類に普遍的モデル」として世界に広める「布憲」の努力が必要で、それが「世界における日本国の使命」だということを内村の預言から、また深瀬自らの人生の実験的（社会科学的）検証によって見極めた(37)。

深瀬は召天約三か月前（八八歳）、次女ふみ子（本稿著者）に自らの生涯について後世に伝えたいことはあるかと聞かれ、「二つの平穏・静けさ」を説明した。一つは「生きて表れる（示される、行う）、生きて動いてゆく平和、二つめは、死の（皆、死に絶えた後の、破滅の後の）静けさ（核戦争の後）」だ。そして続けて、「（私は）信仰に基づき、生きる平和を、神が望んでいらっしゃる、そう信じる」。「パスカルのようにそうである事に人生（一生）をかける。これはおよそ五〇年程前に決心した」と。つまりそれは三八歳頃、恵庭・長沼裁判の頃の決心と思われる。そして、「私（深瀬）のアンビションは内村と同じ」で、具体的には「人類に普遍的に貢献できる日本国憲法の平和憲法（戦争放棄と軍備撤廃）を世界・地球に広めること」である。そして「平和的生存権（の学説）は、我々の世代の独創である」と締めくくった。

おわりに――一人一人に託された深瀬の「恒久世界平和」のヴィジョンと夢

「崖っぷち　落ちるか登るか　岐路に立つ　平和の海に　守られて超ゆ」

（二〇一三年五月一五日）深瀬忠一

深瀬は日本の未来をどの様に創造していたのか。深瀬によると今日世界の中で日本は、その役割が岐路に立ち、国民には二つの選択肢がある。第一は、明文改憲を断固拒否し、七〇余年日本に平和の恩恵を与えた確固たる実績のある、先見的な(38)平和憲法を、発展させてゆく路線だ。それは、

平和憲法を最高法規として確保し、自主・独立の核廃絶・軍縮の非軍事的国際協力により、国民の「平和のたたかい」により成長させてきたソフト・パワー（経済、技術、平和文化、勤勉等）の全力を挙げて、核・地球時代の人類が生き残るため、正義に基づく恒久世界平和の建設に寄与する道……

だ。深瀬はこの「平和憲法のグランド・デザイン」の道が、立憲民主平和主義を堅持し、日本の平和的「憲法革命」を更に進めて行く路線だと論じる。第二の路線は「改憲論者」が押し進めたい道、それは「米国…政権がとった、戦争と大軍拡にしたがって、『日米同盟』を強化し、我が国の

『明文改憲』により軍隊を創設し、世界中何処にでも行き、軍事的協力のできる、新軍国主義への道」だ(39)。

上記の様に平和主義と新軍国主義の二者択一を明示した場合、現在国民の平和憲法支持は多数派だ。では何故今、大多数の憲法学者は「平和憲法の危機」を訴えるのか。それは平和路線から新軍国路線への転換が、国民に明確な二者択一としてではなく、むしろその意図が解りにくい憲法議論を含む、「段階」を踏んで進むと考えるからだろう。現政権は、「改憲」において「自衛隊を明記する」（「自衛隊加憲論」）が、自衛隊の任務や権限において変更はない、と説明している。一般市民は、平和憲法枠組内での、災害救助活動が強調されている今日の自衛隊を好意的に認め、「自衛隊加憲論」にも賛成が多数派だ。つまり一般市民は、「自衛隊加憲」と聞いても、それが「一般人の生活や人権」、そして最終段階において「平和憲法」をも脅かす結末の「第一段階」となる可能性が高い、ということに気づくことはまずないだろう。

しかし憲法学者が示す理論は、一般市民には見えにくい真実を明確にする。まず「自衛隊加憲」と「基本的人権」について、深瀬の「平和的生存権論」は、もし「自衛隊加憲」（合憲）により自衛隊が海外での実質的軍事活動を行う場合には、国内での準備・整備が不可欠で、それは基本的人権と衝突する、という「平和と人権の一体不可分の現実」を明確に示す。また、「自衛隊加憲論」と「平和憲法第九条二項」（戦力不保持）について、憲法学者山内敏弘は、以下の様な警鐘を鳴らしている。現在平和憲法支持が国民の多数派であるが故に、自衛隊加憲論が、「第一段階」の「苦肉の策」として提案されていることを踏まえれば、仮にでもそれが国会で発議されて国民投票でも承認された場合には、遅かれ早かれ「第二段階」の九条二項の削除論が提案されるであろうことは、ほぼ確実なこととおもわれる。そうなれば、日本国憲法の非軍事平和主義の完全な否定であり、憲法九条が戦後七〇年以上にわたって平和の維持のために果たしてきた積極的な役割の完全な否定ということになると思われる。

つまり山内には、第一段階としての「自衛隊加憲論」が提示された時点で、最終段階の「九条二項削除」の意図が解る。恵庭事件の当初、憲法学者深瀬は学生笹川が示した小新聞記事を読み、瞬時に権力側の「意図」を理解しゾッとした。いわば今日の平和憲法危機的状況は、深瀬がゾッとしたあの時の状況をより深刻化した状況と言えないか。山内は続けて、「そのような事態の招来を阻止するためには、『第一段階』の自衛隊加憲論を阻止することが、現在に生きる私たちの、将来の世代の国民のための責務であると思われる」という見解を示している(40)。

今、一人一人の日本人に問われているのは、数十年後に次の世代や、次の次の世代の若者から(子や孫がいれば彼らから)「思えばあの時(二〇二〇年頃)が日本の運命の分かれ道だったが、その決定的時代を生きたあなたは、あの時何を考え、何を行ったのか語ってほしい」と言われた時、どの様に答えることが出来るのかだろう。改憲の日程が迫る今、国民がいよいよ「本気」になる時がきた。被爆・敗戦の実体験が生んだ平和憲法の生死の分かれ目の時だ。深瀬世代は下からの非暴力の「平和のたたかい」によって平和憲法を次の世代に繋いだ。深瀬が生前自ら選んだ墓石には、「恒久世界平和のために」と刻まれている。内村そして深瀬が彼らのアンビションを語ったのは、その晩年だった。深瀬は言う。

私と私たちにとって、……戦後……の平和憲法学の心血を注いだ汗の結晶を「若者たちのヴィジョン」のために遺し、その真理ある部分を十分に用いてもらい、自分たちにできなかったところを、若い世代が…われらの屍を乗りこえて、実現してくれるにちがいないと信じ、その夢を託す……。(41)

と。つまり、彼らのアンビションは一世代では終わらず、深瀬の「いいしれぬ希望と勇気」が宿る「ヴィジョン」と「夢」は、我々の幅広い世代に託されたといえる(42)。現在日本において、思想信条・年代をこえた全市民には、山内や本書の編者などの憲法学者の声に耳を傾け、「自衛隊加憲論」の真の意味する所、また適切な判断力を養うために、その他の憲法理論・判例にも関心を持ち、平和憲法を守るために何らかの形で奮起・努力する、という選択肢が与えられていると思う。もし国民の老若男女の一人一人が、深瀬世代が心血を注いだ「普遍的な理念」に基ずく平和憲法と平和的生存権の理念、そして共同研究に示された恒久世界平和機構構築への具体的試案を、それぞれの立場で真剣に発信、発展させてゆく活動をしたならば、それは日本のためだけに留まらず世界に、また、未来の世代（子、孫の世代も含む）にも誇り得る、立派な恒久世界平和への貢献に値すると思う。

（1）深瀬忠一「『軍人精神』と『武士道』をこえうるか」『独立教報』三六七号（二〇一二年六月号）、一六頁。この結論は、北大での武士道とキリスト教の学習的懇談会（新渡戸稲造の『武士道』などがテキスト）での議論から出たもの。
（2）深瀬忠一「フランスと平和憲法とともに生きた四五年」杉原泰雄、樋口陽一、浦田賢治、中村睦男、笹川紀勝編『平和と国際協調の憲法学─深瀬忠一教授退官記念─』（勁草書房、一九九〇年）、四五二頁。
（3）深瀬忠一「平和をつくり出す人たちは、さいわいである（一）」『独立教報』三四〇号（二〇〇八年八月号）、一二三頁。以降本稿での深瀬の経歴は、深瀬忠一「座談会・深瀬忠一教授を囲んで」『北大法学論集』第四〇巻第五・六合併号下巻（平成二年九月）、一四二七─八頁を参照。
（4）深瀬前掲、「『軍人精神』と『武士道』をこえうるか」、一三頁。
（5）深瀬前掲、「『軍人精神』と『武士道』をこえうるか」、一三─四頁。
（6）深瀬忠一「『少年よ大志を抱け』の真意とは─『静かな細い声』─」『独立教報』二五二号（『独立教報』よりの抜刷、一九九八年七月一二日独立教会証詞）、三─四頁。
（7）深瀬前掲「平和をつくり出す人たちは、さいわいである（一）、二四頁。
（8）深瀬前掲「『少年よ大志を抱け』の真意とは─『静かな細い声』─」、四頁。本来中沢先生とお呼びするべきだが、本稿では全ての方に敬称を付さない。
（9）深瀬前掲「平和をつくり出す人たちは、さいわいである（一）」、二九頁。
（10）深瀬前掲「『少年よ大志を抱け』の真意とは─『静かな細い声』─」、四─五頁。深瀬前掲「平和をつくり出す人たちは、さいわいである（一）」、二四頁。
（11）深瀬忠一「一すじの糸─二〇～二一世紀の転機に立ちて」（二〇〇一年一月二一日独立教会証詞抜刷）、六─七頁。当時も現在も実践活動従事のキリスト者は少数派だ。しかし「国の『破れ口に立ち、滅ぼさせないようにする者』が一人でも存在するなら、国は滅びを免れる」（エゼキエル書二二章三〇節）という旧約聖書のエゼキエルとエリアの予言が、二〇年間に及ぶ後述の恵庭・長沼憲法訴訟を戦う深瀬の精神的力を支えた。深瀬前掲「『少年よ大志を抱け』の真意とは―『静かな細い声』―」、十一頁。

（12）深瀬前掲「平和をつくり出す人たちは、さいわいである（一）」、二五頁。深瀬前掲「一すじの糸―二〇～二一世紀の転機に立ちて」、七頁。

（13）深瀬前掲「平和をつくり出す人たちは、さいわいである（一）」、二四頁。一高の「自由の校風」は、新渡戸が校長時代に日本で初めて自由基調のリベラルエデュケーションを推進したのが始まり。武田清子「札幌を源流とする平和思想―内村鑑三と新渡戸稲造をめぐって―」『平和文庫』一号（一九九二年）参照。一高は学制制度改革により、深瀬の卒業年（一九五〇年）が最終年となる。森秀夫『日本教育制度史』（学芸図書、一九八四年）参照。

（14）深瀬忠一「理想主義（現実主義）の真偽」（一九七三年六月二四日独立教会証詞抜刷）、五頁。

（15）深瀬忠一「一人一人の大志」『独立教報』三〇三号（二〇〇三年六月号）、七頁。

（16）深瀬前掲「理想主義（現実主義）の真偽」、五頁。

（17）深瀬前掲「平和をつくり出す人たちは、さいわいである（一）」、二五頁。

（18）深瀬前掲「一すじの糸―二〇～二一世紀の転機に立ちて」、七頁。

（19）深瀬前掲「一すじの糸―二〇～二一世紀の転機に立ちて」、八頁。深瀬忠一「札幌大通にちなみて」『独立教報』、三六一号（二〇一一年八月号）、二頁。

（20）深瀬忠一「平和をつくりだす人たちは、さいわいである（その三　完）」『独立教報』、三五四号（二〇一〇年八月号）、四―五頁。

（21）深瀬前掲「フランスと平和憲法とともに生きた四五年」、四五〇頁。

（22）深瀬前掲「平和をつくりだす人たちは、さいわいである（その三　完）」、五頁。深瀬忠一「『全国憲』

の創設と継承・発展と提言について」全国憲法研究会編『日本国憲法の継承と発展』（三省堂、二〇一五年）、一一六頁。深瀬忠一『恵庭裁判における平和憲法の弁証』（日本評論社、一九六七年）、九六—九頁。橋本左内「平和をつくり出して行く使命—北海道キリスト者平和の会・綱領路線の現実性と将来性」深瀬忠一、橋本左内、榎本栄次、山本光一編『平和憲法を守りひろめる』（新教出版、二〇〇一年）、六五—七頁。

(23) 深瀬前掲『恵庭裁判における平和憲法の弁証』、二〇四、二一二—三、二二九—三〇頁。

(24) 深瀬前掲『恵庭裁判における平和憲法の弁証』六頁、二三—四頁、八一—七頁、二〇七—九頁、二八六—九八頁。

(25) 深瀬前掲「座談会・深瀬忠一教授を囲んで」、一四一八頁。深瀬前掲「フランスと平和憲法とともに生きた四五年」、四五一頁。平和的生存権の学説の歴史的、理論的集大成は、深瀬忠一『戦争放棄と平和的生存権』（岩波書店、一九八七年）参照。

(26) 榎本栄次「『長沼事件』と人作り」深瀬等編『平和憲法を守りひろめる』、九三—四頁。「平賀書簡」については、深瀬忠一『法律時報』四四巻一三号（一九七二年）、一二一—四頁。長沼裁判理論については、深瀬忠一『長沼裁判における憲法の軍縮平和主義』（日本評論社、一九七五年）参照。深瀬は三論一体の平和的抵抗力が最高裁自衛隊合憲判決を阻止した事が重要とする。深瀬前掲「フランスと平和憲法とともに生きた四五年」、四五一—二頁。

(27) 深瀬前掲「座談会・深瀬忠一教授を囲んで」、一四二四頁。共同研究の三著は、和田英夫、深瀬忠一、小林直樹、古川純編『平和憲法の創造的展開—総合的平和保障の憲法学的研究』（学陽書房、一九八七年）、深瀬忠一、杉原泰雄、樋口陽一、浦田賢治編『恒久世界平和のために—日本国憲法からの提言』（勁草書房、一九九八年）、深瀬忠一、上田勝美、稲正樹、水島朝穂編『平和憲法の確保と新生』（北海道大学出版会、二〇〇八年）。市民教育のためには公開講演をほぼ年に一回、計三〇回企画遂行し、「平和文庫」

として印刷・配布した。

（28）「召命」の翻訳・意味としては、「神の命による」を強調する場合は「Beruf」を、「人間が召命を自覚し、それが具体化された後の内容」を強調する場合は「ヴィジョン」とした。

（29）内村の非戦論については武田前掲「札幌を源流とする平和思想―内村鑑三と新渡戸稲造をめぐって―」、八―九頁。矢内原は北大卒ではないが、一高時代内村と新渡戸の直弟子であり、その意味で自らを「札幌の子」と呼んだ。鴨下重彦、木畑洋一、池田信雄、川中子義勝編『矢内原忠雄』（東京大学出版会、二〇一一年）、二五―九、三五頁。

（30）深瀬忠一「『愛国』と信仰」『独立教報』三一七号（二〇〇五年四月号）、二一頁。内村鑑三 "A New Civilization" 『内村鑑三全集』二九巻（岩波書店、一九八三年）、四四六―五一頁。原文出版は The Japan Christian Intelligencer . Vol. I, No. 2（一九二六年四月）。

（31）深瀬忠一「『愛国』と信仰」『独立教報』、二一頁。

（32）深瀬前掲「平和をつくり出す人たちは、さいわいである（一）」、二七―八頁。

（33）深瀬前掲「平和をつくり出す人たちは、さいわいである（一）」、二八頁、三〇頁。新渡戸はクエーカー信徒となり、またクラークの民主的人格形成中心教育理念を継承した。武田の「弟子」という表現は、必ずしも「信条が新渡戸と同一」を意味せず、彼らが一高、東京帝国大学、北星学園大学等で新渡戸に直接指導を受けたという意味。武田前掲「札幌を源流とする平和思想―内村鑑三と新渡戸稲造をめぐって―」、一一―九頁。日高第四郎「教育基本法とその日本的背景」佐藤全弘編『現代に生きる新渡戸稲造』（教文館、一九八八年）参照。内村の預言と平和憲法、新渡戸の理想と教育基本法については、深瀬前掲「一人一人の大志」、六―八頁。深瀬忠一「札幌を源流とする立憲民主平和主義」『独立教報』三八六号（二〇一五年三月号）参照。自らを「太平洋の橋」として異文化・国際相互理解を推進した新渡戸の影響から、深瀬は娘二人が思いもかけずに米国人と結婚する際、「太平洋の橋」となってくれればよしとし二人を祝福した。

（34）深瀬前掲『戦争放棄と平和的生存権』、一三三―四四頁。

（35）前掲深瀬「平和をつくり出す人たちは、さいわいである（一）」、二八頁。深瀬は戦前英語に通じ平和・協調主義の「幣原外交」を推奨した外交政治家幣原は内村の提言を知っており、そのアイディアをマッカーサーに提言したと考える。この試論の課題は、幣原の提言の源泉が直接内村の提言にあるか否かの実証がなされていないこと。

（36）深瀬前掲「平和をつくり出す人たちは、さいわいである（一）」、二九―三〇頁。

（37）深瀬忠一「内村鑑三と平和憲法の『布憲』論」『独立教報』（二〇〇〇年九・一〇月号より抜刷）参照。深瀬の布憲の結晶としては、一九八一年にポワチエ大学より名誉博士号を、一九八三年にフランス政府より文化功労・騎士賞を授与さる。二〇〇二年（七五歳）にマケドニア、フランスで日本国平和憲法「布憲」の講演旅行を遂行。深瀬前掲「一人一人の大志」、九―一三頁。

（38）当時幣原は、「今日のところ世界はなお旧態依然たる武力政策を踏襲しているが、他日新たなる兵器の威力により、短時間のうちに交戦国の大小都市悉く灰燼に帰するの惨状を見るに至らば、その時こそ諸国は始めて目覚め、戦争の放棄を真剣に考えるであろう。」と述べている。深瀬前掲『戦争放棄と平和的生存権』、一三九頁。これは、幣原平和財団『幣原喜重郎』（一九五五年）、六九四頁からの引用。

（39）深瀬忠一「私の考える平和へのグランドデザイン（四）―判決の今日的意義と平和憲法のグランド・デザイン」『法と民主主義』第四三一号（二〇〇八年八・九月号）、三五頁。二〇〇八年時点で深瀬の選択肢には第三の「実質改憲」路線もあるが、本稿では割愛した。

（40）山内敏弘「安倍九条加憲論のねらいと問題点―九条加憲は市民の生活・人権にどのような影響を及ぼすか―」『獨協法学』一〇八号（二〇一九年四月号）、八五頁。今日国民世論状況、安倍政権「自衛隊加憲論」の背景と内容、自衛隊加憲論が九条二項の削除方向に進むであろう過程については、二三―五、

二七、二九―三五頁。

（41）　深瀬前掲「『少年よ大志を抱け』の真意とは―『静かな細い声』―」、一五頁。汗の結晶として、共同研究の三著（注27参照）や深瀬前掲『戦争放棄と平和的生存権』などがある。

（42）　深瀬前掲「『少年よ大志を抱け』の真意とは―『静かな細い声』―」、一五頁。

【コラム3】深瀬忠一——預言者的信仰を生き抜いた人

野村永子

「全世界の国民が、ひとしく恐怖と欠乏から免れ、平和のうちに生存する権利を有することを確認する。」（日本国憲法前文より）

深瀬忠一が主張した「平和的生存権」の法的根拠は、憲法前文のこの部分にあると言われている。「（生存する）権利」であり、しかも「全世界の国民が」と書かれていることに改めて感慨を深くするものである。ただ単に身体的生命が保たれればよいのではない。束縛も抑圧もなく、一人一人が人間としての尊厳をもって生きる権利と解される。憲法の条文に於いて、十三条以下二十五条まで実にこまごまと基本的人権について規定していることから見てもそういえるのではないか。

深瀬の平和主義も、まず基本的人権が保障されることが大切で、そのために平和が必要なのだということだと思う。恵庭事件当時、「自衛隊は違憲」が声高に叫ばれたが、深瀬は、「野崎さんの人権が守られることが一番大切なんだ」と言っていたことを覚えている。

彼のその思想は何時何処で養われたのであろうか。彼は幼年学校から陸軍士官学校（略称・陸士）へと職業軍人、エリート軍人への道をまっすぐに進んでいた。陸士を卒業すれば直ちに少尉に任官され、上官として兵を率いる地位に着くことに決まっていた。しかし、彼が卒業する年（一九四五年）はすでに日本の敗色は濃く、本土空襲、沖縄戦、玉砕と言う名の全滅も報じられる状況であった。少尉任官、前線に派遣され、戦死する、としか考えられない状況に置かれていたのだった。ところが、少尉任官直前に敗戦。戦争終結、軍は解散となり、深瀬は高知の実家に復員した。

死ぬことしか考えられなかったのに、もう死ぬことはないとなっても喜べる状況ではなかったであろう。生きるとは何か、いかに生きるか、混迷は深かったであろうと想像するに難くない。高知に帰ってどんな思いで日々過ごしていたのであろうか。折りも折り、地元の高知教会で矢内原忠雄の講演会があり、深瀬は講演を聴きに行き、感銘を受け、今後の生き方についてきっかけを与えられたと、彼自身が語ったのを筆者は記憶している。

当時、陸士や、海兵（海軍士官学校）の卒業直前だった学生は、旧制高等学校卒業とみなされ、直接当時の帝国大学等への受験を認める措置が取られた。「横滑り」と称して多くの陸士・海兵の学生が東大などに入学したことを筆者は知っている。

しかし、深瀬はあえて横滑りしなかった。まず旧制中学五年生から学び直し、旧制第一高等学校を受験し、入学した。旧制の高校は全寮制で、自治が徹底していた。いわゆる一つ釜の飯を食べ、人生論、世界観という大問題から小問題に至るまで、日夜語り合い、論じ合うのが伝統であったが、敗戦直後の混乱した時代にあって、日本はどうなるのか、どうあるべきか、いかに生きるべきか、だれもが真剣に真実を追求し、模索した時代であった。幸いなことに、彼の入学した年が旧制の最後の年で、翌年から六三制に移行し、旧制高校は消滅し、新制大学の教養部となってしまったのだった。

また、一高の駒場寮から歩いて行けるところに美竹教会があったことも、彼にとって幸いなことであった。美竹教会は、旧約聖書の預言者の研究家として名高い浅野順一牧師が牧する教会で、新しい時代の新しい生き方を求める青年達が毎週二百余名も集まり、熱気のある教会であった。美竹教会は、元々渋谷駅の近くにあった会堂が戦災で焼失し、千葉にあった浅野牧師個人の古民家を駒場に移築して礼拝を行っていたのだった。一高の駒場寮からも毎週少なからぬ学生が連れ立って参加していたが、深瀬もその中の一人で、一九四九年、浅野牧師より洗礼を受けてクリスチャンとなった。筆者が深瀬と出会ったのもその美竹教会であった。

浅野牧師から繰り返し聞かされ、記憶に強く残っているのは「教会入りびたり信者になるな」「預言者的信仰に生きよ」ということである。人一倍まじめな深瀬は、この浅野牧師の教えを余すところなく吸収し、自らの信仰と思想を構築したことであろう。

旧約聖書の預言者とは、神に選ばれ、呼び出され、神から託された言葉をイスラエルの民や王に告げる使命を受けて実行した人である。預言者は孤立し、ただ独りで神と向き合い、悩み惑いつつ自ら考え、決断し、実行したのであった。イエス・キリスト以降、預言者はいない。イエスを信じる者は皆預言者とも言えるのではないか。人間性を回復し、自立した責任主体として解放するイエスを主と信じる者は、主の呼びかけに応えて、自分で考え、決断し、行動する。神と我の間に第三者の介入は許されない。主の呼びかけは一人一人に対してそれぞれに行われる。ここに個の尊厳が生じる。

預言者的信仰とは、現代に言いかえれば、個の尊厳を生き抜く、同時にすべての人の個の尊厳が維持される社会（＝平和）を実現するものとして生きる信仰ではなかろうか。恐らく深瀬もそのように考えていたであろうと思われる。

深瀬忠一は、預言者的信仰を生き抜いた研究者であり、実践家であったとしみじみ思わされている。

第17章　札幌福音的教育・平和研究会と深瀬忠一

小野善康

一　はじめに

深瀬忠一は晩年一般市民や教養部の学生に対する平和教育に非常に力を注いだが、深瀬の平和教育の拠点になったのは、深瀬が所属する札幌独立キリスト教会（以下において独立教会という）の中に設けられた札幌福音的教育・平和研究会である。

札幌福音的教育・平和研究会（以下において、見出しは別として本文においては「平和研究会」という）は、独立教会が一九八二年に創立百周年を迎えたときに、深瀬の提案に基づいて、創立百周年記念事業の一環として創設された。

深瀬が独立教会に「平和研究会」を創設することが必要であると考えた理由は何か。「平和研究会」はどのような活動をしたのか。本稿は、晩年の深瀬の平和教育の拠点となった「平和研究会」の活動を紹介し、深瀬の信仰と思想についての理解を深める一助としようとするものである(1)。

二　深瀬はなぜ札幌福音的教育・平和研究会を創設したか

深瀬は、なぜ独立教会に「平和研究会」を創設する必要があると考えたのであろうか。深瀬は、「札幌独立キリスト教会百年史編纂の通観——とくに戦時中の独立の堅持と『札幌福音的教育・平和研究会』の発足について」(2)の中で、「平和研究会」を創設する理由を二つ挙げている。

第一の理由は、独立教会の先輩には、内村鑑三、新渡戸稲造、宮部金吾の「偉大な三人の平和主義者」がいるのだから、独立教会はこの三人の「福音的平和主義」を「継承・発展させる」べきであるというものである(3)。

第二の理由は、独立教会は「伝道」の使命だけでなく、「平和を創り出す」使命をもゆだねられているのであるから、これらの使命を果たすために、「平和研究会」が必要であるというものである。教会が「平和を創り出す」使命をゆだねられていることについて、深瀬は次のように言う。教会は「伝道」の務めをゆだねられているが、この務めは、コリント第二の手紙五章一八節がいう「和解の務め」でもある。「和解の務め」とは、「神と人、人と人との和解……正義に基づく平和のみ国の建設にいそしむ務め」なのである。それゆえ、独立教会は、「伝道」の使命とともに、「平和を創り出す（真に平和な人を創造する）使命」を果たすべきである。

深瀬がここで説いているのは、教会は「平和を創り出す人をつくる」使命、つまり、「平和教育を行なう」使命をもっているということである(4)。

筆者は、深瀬が「平和研究会」の創設を必要とした理由は、上記の二つの理由の他に、第三の理由があると考える。それは、深瀬が、平和憲法を守るためには、国民の平和意識を深めることが必要であり、そのためには、国民に対する平和教育を行なうことが必要であると考えていたということである(5)。

一九八二年五月三〇日の独立教会定期総会は、深瀬の提案を受け入れ、「平和研究会」の創設を決定した。筆者は当時札幌を離れていたために、当時の教会の情況を見ていない。多くの教会員は、深瀬が「平和研究会」の創設に非常に熱心であったので、彼の活動を支援しようという気持ちから、彼の提案を支持したのであろうと筆者は考えている。

三　札幌福音的教育・平和研究会はどのような活動をしたか

深瀬は、一九八二年五月に「平和研究会」が創設された時から二〇一五年一〇月に死去する直前まで、実に三三年余の間「平和研究会」の主要な活動を担った。

深瀬は、「平和研究会」が創設された時、北海道大学法学部教授で五五歳であったが、一九九〇年三月には北大を定年退職し、同年四月から一九九七年三月まで北星学園大学教授を務めている。

「平和研究会」の活動の内容は、深瀬の職場の変更に関係していて、第一期（深瀬が北大教授であった一九九〇年三月までの約八年間）、第二期（深瀬が北星学園大学教授であった一九九〇年四月から一九九七年三月までの七年間）、第三期（深瀬が北星学園大学を退職した一九九七年四月以降）で少し異なっている。以下、「平和研究会」がどのような活動を行なってきたかを見ておこう。

1　「平和研究会」の活動として、まず平和講演会の開催を挙げなければならない。「平和研究会」は、創設以来一貫して、毎年一回独立教会を会場として平和講演会を開催している。深瀬は、憲法学・国際政治学・国際法をはじめ、平和に関わる広い分野の優れた研究者を講師として招いて、毎年決まった時期に、平和講演会を開催した。深瀬は、この平和講演会の開催に情熱を注ぎ、講師の人選、講師の旅行の手配、案内のチラシの作製などを自ら行なった。

独立教会の会員は、講演会の案内のチラシの配布や会場の準備などに協力し、多くの教会員が講演会に出席した。

2　「平和研究会」が、第二期から始めて最後まで続けた活動に冊子『平和文庫』の発行がある。深瀬は「平和研究会」が主催して行なった平和講演会の講演の内容を印刷して冊子をつくり、これを『平和文庫』と名付けた(6)。冊子の発行は大変な仕事であるが、深瀬はこれを一人で行なった。『平和文庫』の一覧を見れば、深瀬が行なった平和教育がどのようなものであったかを知ることができよう（『平和文庫』の一覧を資料として付けた）。

なお、講演会の開催と冊子『平和文庫』の発行には多額の費用がかかるが、独立教会は毎年「平和研究会」に対して必要な額の予算をつけている。

3　「平和研究会」は二つの大学の平和に関する総合科目の講義の支援を行なった。「平和研究会」は、第一期には、北海道大学教養部の総合講義「平和の学際的研究」(7)を、第二期には、北星学園大学総合講義L「国際協力と平和の学際的研究」(8)を支援した。具体的には、「平和研究会」が平和講演会のために招いた講師が、北大と北星学園大学の上記の総合講義の授業の中で講義（講演）を行なったのである。

東京等から迎えた講師による講義は、大学の総合講義を充実させるうえで、大きな意味をもったと考えられる。

4　「平和研究会」は、第一期の最初の五年間、独立教会の会員が集まって（二〇～二五人）、毎年三回程度、密度の濃い学習会を行なっている。この学習会は最初の五年間しか行われていない。

四　おわりに

晩年の深瀬は平和教育に対して並並ならぬ熱意を持っていた。それを示す彼の行動を記して本稿を終えたい。

北星学園大学における国際協力・平和研究会の立ち上げは、深瀬の平和教育に対する情熱と行動力をよく示している。

すでに記したことであるが、深瀬は一九九〇年三月に北大を定年退職し、同年四月には北星学園大学経済学部の教授になった。北星学園大学に移った深瀬は、早速同大学において平和教育を行なうべく動き始めた。深瀬は、まず当時の山崎保興学長の賛同を得て、学内の二〇数名の教授たちと相集い、数回の準備会を経て、明仁天皇即位礼正殿の儀が行われた一九九〇年一一月一二日に、北星学園大学国際協力・平和研究会の創立総会と同研究会主催の講演会を開催している。同研究会はこの創立総会で翌年度から一般教養の総合講義を行なうことを決めた(9)。実際、北星学園大学は一九九一年度から、通年四単位の総合講義L「国際協力と平和の学際的研究」を開始している。

北星学園大学において国際協力・平和研究会を立ち上げた深瀬の行動を支えたものが、実践を重視する彼の信仰であったこと(10)を、わたしたちは心に留めておきたいと思う。

資料　平和文庫一覧

	講演者	テーマ	講演会開催年月
1号	武田清子	札幌を源流とする平和思想――内村鑑三と新渡戸稲造をめぐって	一九九一年一〇月
2号	福田歓一	日本の国際貢献のあり方	一九九二年一〇月
3号	関　寛治	米ソの間の日本・北海道と平和	一九九〇年一一月
4号	関　寛治	世界と日本における平和研究・教育の動向	一九九〇年一一月
5号	松山幸雄	国際相互理解と世界平和	一九九三年一一月
6号	松山幸雄	日米関係の今後――環太平洋圏にふれて	一九九三年一一月
7号	坂本義和	地球時代と市民	一九九四年一一月
8号	坂本義和	世界平和秩序の構築	一九九四年一一月
9号	武者小路公秀	国際連合と市民	一九九五年一一月
10号	樋口陽一	立憲主義発達史にとっての一九四六年平和主義憲法	一九九六年一一月

11号　杉原泰雄　主権者・市民となるために　一九九七年一一月
12号　辻村みよ子　　世界の人権と平和――「女性の人権」の歩みを中心に　一九九八年七月
13号　藤田久一　核廃絶の課題と世界平和――国際法の観点から　一九九九年七月
14号　小林直樹　二十一世紀に平和憲法を生かす途　二〇〇〇年七月
15号　堀尾輝久　地球時代における教育の課題――教育基本法の改訂問題を考える　二〇〇一年七月
16号　最上敏樹　人道的であることと、平和的であること　二〇〇二年七月
17号　功刀達朗　国際機構の変遷と進化の兆し――国連と市民社会組織の役割　二〇〇三年七月
18号　浦田賢治　核兵器廃絶と被爆者援護を求めて――市民と法律家の役割を考える　二〇〇四年七月
19号　黒澤　滿　国連を中心とする核廃絶と軍縮を考える　二〇〇五年七月
20号　奥平康弘　憲法九条を確保することの意義　二〇〇六年七月
21号　坪井善明　東アジア共同体は、不戦共同体たりうるか　二〇〇七年七月
22号　千葉　眞　平和憲法の意義と将来構想――政治学の視点から　二〇〇八年七月
24号　前田哲男　憲法九条維持のもとでいかなる安全保障政策が可能か　二〇一〇年七月
25号　水島朝穂　日本国憲法の平和構想――東日本大震災をふまえて　二〇一一年七月
26号　君島東彦　日本国憲法の「しない」平和主義と「する」平和主義　二〇一二年七月
27号　建石公真子　人権としての平和――国連「平和への権利宣言」案について　二〇一三年七月
28号　山内敏弘　歴史的岐路に立つ平和憲法――集団的自衛権容認論の意味するもの　二〇一四年七月
29号　小林　武　沖縄で平和憲法を学ぶ――辺野古新基地問題と「安全保障」法制　二〇一五年七月

（23号は講演者の事情によって公刊していない）

（1）筆者は独立教会の会員で、現在「平和研究会」の代表を務めているが、本稿はあくまでも一個人の立場で執筆するものである。
（2）「札幌独立キリスト教会百年史編纂の通観」は『札幌独立キリスト教会百年の歩み　上巻』（札幌独立キリスト教会教会史編纂委員会発行、一九八二年）一一〇頁以下。
（3）三人の平和主義者をどのように理解・継承するかは教会員個人に委ねられているという考え方もありうるが、深瀬は、独立教会は教会として、彼らの「福音的平和主義」を「継承・発展すべき」であると考えている。
（4）筆者は、教会は平和教育を行なうべきであるという深瀬の主張に、基本的には、賛成である。しかし、教会が平和教育を行なう場合には、教会員の中に「どのような平和教育」を行なうべきかについて色々な意見があることを考えなければならないと思う。それゆえ、教会が平和教育を行なう場合には、教会員の間に不和が生じないようにするために、慎重な配慮が必要であると考える。
（5）深瀬は、（自らが特別弁護人を務めた）恵庭事件の第一審無罪判決が下される前に書いた文章の中で、この訴訟において最終的に勝利するためには「国民の世論」の支持が重要であるとしたうえで、「最も根源的要素」は、国民が「平和憲法擁護のための抵抗力をどれだけ発揮しうるか否かだ」と述べている。（深瀬『恵庭裁判における平和憲法の弁証』（日本評論社、一九六七年）一〇〇―一〇一頁）
（6）北星学園大学において行われた講演や講義が『平和文庫』に収められている場合もある。
（7）北海道大学教養部の総合講義「平和の学際的研究」について、深瀬忠一「国際協力と平和の学際的研究について――大学における総合的平和研究と教育――」北星論集（経）第三四号（一九九七年）三一三―三一五頁に詳しく述べられている。
（8）北星学園大学総合講義L「国際協力と平和の学際的研究」について、深瀬忠一・前掲論文三一七―三二八頁参照。

（9）　深瀬忠一・前掲論文三一七頁以下参照。

（10）　深瀬は『独立教報』七号（一九六三年）に「神の国の前進」という文章（証詞）を寄稿している。この文章は、実践（行動）を重視すべきであるという深瀬の信仰の特色をよく示している。この中で深瀬は、マタイ福音書一一章一二節（彼（洗礼者ヨハネ）が活動し始めたときから今に至るまで、天の国は力ずくで襲われており、激しく襲う者がそれを奪い取ろうとしている。）のイエスの言葉には、「神の国を来らせるために、激しく祈り、行動しなければならないことが示されている」と述べている（「神の国の前進」八頁）。

【コラム4】北大法学部での出会い

高崎裕子

1 深瀬先生との出会いは、北大教養部一年の時の大講堂での憲法の講義だった。ひとり一人の学生に語りかけるように熱心に講義される姿が印象的だった。パリ大学に留学された深瀬先生は、フランス憲法の意義や日本の憲法との比較等を講義され、フランス革命が暴力革命であったのに対し、日本の「憲法革命」は非暴力的「平和のたたかい」による息の長い平和革命であることを強調された。法学部でも日本の平和憲法を体系立てての講義は平和への熱い心とともに、私が弁護士として平和憲法を守る立場で活動する礎として、今も生き続けている。

2 法学部移行後、全国各地で起こっていた「大学紛争」は、一九六九年四月の入学式会場の封鎖から「北大紛争」が始まった。勉学の場を失った学生は、法学部の一室に集い、学年を超えて「大学の自治とは」「学ぶとは」など喧々諤々議論・交流した。当時、深瀬先生は学生部学寮小委員会委員長として責任の重い立場で多忙な毎日であったが、ある日学生が集う室に突然来られ、私達は驚いて一瞬シーンとなったが、深瀬先生は、「学生部委員長として、皆さんの考えを知りたいので何でも話して下さい」と気さくに言われ大いに話がはずんだ。また、深瀬先生は、学生の名前を覚えようと名前を聞きメモに取っておられた。そして、次の来室時に、「帰ってから、教養の時の皆さんの憲法の答案を読んでみました」と言われ、私は三年以上も経つのに全学生の答案を保管されていること、それ以上にその答案を読み返されたことに驚いた。深瀬先生から私は「あなたの答案には、私の感想として、近頃の女子学生はしっかりした内容を書いていると、書いてありましたよ。頑張って下さい。」と激励された。驚きと恥ずかしさの一方、当時まだ自分に自信が持てなかった私は、心底うれしく励まされた。この言葉は、司法試験合格まで、挫折したり悩んだりした時に、いつも私の背中を押してくれた。また、深瀬先生は、学生を男女で差別することは一切なく、いつも平等に親身に熱心に話を聞き励ましてくれた。とりわけ、男女差別の厳しい社会の中で女子学生が能力を発揮できることを大切に考え期待しておられた。時には、司法試験受験生の女子学生を食事に招いて下さり、勉強の悩みから生き方まで、時が経つのを忘れるほど楽しく有意義な時間を過ごし、合格へのエネルギーが再構築されたものだ。紛争当時、封鎖で教室が使えず、他学部の教室を転々として授業を受けたり、晴れた日は、中央ローンに輪になって座りゼミをした。私を含め深瀬ゼミに所属していない学生達が、深瀬ゼミに紛れ込んで学んだことも懐かしい思い出だ。深瀬先生は、北大紛争の後、学生達が、対立した立場を超えて、かえって自由に深瀬先生とともに「憲法ゼミ」を続け、卒業後も五年毎に学習・研究・親睦会を三五年以上も継続してきたことを、「非暴力自由主義の勝利の証」と言われたが、深瀬先生の人柄によるもの以外の何ものでもない。

私が夫高崎暢と司法試験の受験生同士で結婚した時も、心のこもったお祝いの品を頂き温かく励まして下さった。二人の合格後も、私達の法律事務所に、教会での講演の冊子や論文等をいつも直接届けて下さったが、その表紙には必ず直筆で署名され二人宛てに励ましや期待の言葉が添えられていた。私達にとっては、その一冊一冊が大切なマイルストーンであり宝物である。

3　北大は札幌農学校のクラーク博士で有名だが、深瀬先生が所属した札幌独立キリスト教会の創立メンバーに大きな影響を与えたクラーク博士の「福音の信仰と平和主義」は、深瀬先生の平和研究の動機だとよく話されていた。私達北大生は、クラーク博士の「ボーイズ・ビー・アンビシャス」の言葉に勇気付けられていたが、ある時深瀬先生に、私達女子学生は「ボーイズ」に抵抗があるので、いつも「ガールズ」と言い換えていると伝えると、とても楽しそうに頷かれ、これは「青年よ大志を抱け」と訳されているが、クラーク精神の根底にはキリスト教の信仰があり、この言葉は男女の別なく「高い目的を持ち、人生を高く最も有効ならしめよ」という教えだと話され、深い感銘を受けた。

4　深瀬先生は恵庭、長沼両事件の特別弁護人を務めたが、裁判に勝つには「世論・理論・弁論」の三論が必要と言われ、先生は「理論」面で歴史に残る多大な貢献をされた。

私は、深瀬先生から恵庭事件に関わったきっかけを聞いた時、ドラマのように感じた。野崎兄弟が自衛隊法違反で起訴されたことを北海道新聞が小さい記事で報道したが、ほとんどの人はもちろん、深瀬先生も気付かなかったという。ところが、法学部生の笹川紀勝氏（国際基督教大学名誉教授）が気付き、深瀬先生に重要ではないかと相談。深瀬先生は「記事を見た途端ゾーッとし、武者震いというか全身を戦慄のようなものが走るのを覚え、事柄の本質＝野崎兄弟が有罪になれば自衛隊が合憲になる。憲法を盾にして闘わなければ勝ち目はない」と即断し、故彦坂敏尚弁護士に相談。「やりましょう」の言葉で、憲法の平和主義に関する重要な裁判の一つ「恵庭事件」の歴史的な闘いが始まった。深瀬先生は、「恵庭事件は、まず一人、ついで二人、そして三人から始まった」とよく言われたが、笹川氏から相談された時、「天啓」と感じたのではないだろうか。

5　憲法学界で「平和的生存権」を裁判で最初に論じたのが深瀬先生であった。「恵庭判決は言葉として出てないが実質を守った。長沼判決で初めてこの平和的生存権という『人権』がドーンと出た」。恵庭・長沼を通じて北海道、札幌の人々が心血を注いで育て上げた平和的生存権を、だから深瀬先生は「道産子（どさんこ）」と呼んでいる。

そして、平和的生存権の権利性を認定した名古屋高裁イラク派遣違憲判決へと大きく前進したのだ。深瀬先生は、肺炎で長期入院後の自宅療養中の二〇一二年四月一八日、水島朝穂教授の「日本国憲法の平和構想―東日本大震災をふまえて―」の公開講演を平和文庫の冊子にされ、私達に届けて下さったが、その表紙には深瀬先生の署名入りで「最後まであきらめずに求む　平和的生存権保障の世界」と記されていた。

高知に生まれ、遠く北の地・北海道で、平和憲法を通じ世界の平和の歴史を動かした深瀬先生の「始まりは一人、二人、三人と小さくとも、大きなうねりとなって厳しい冬の時代に耐えれば新しい春の花が群れ生ずる」の言葉を、私は心に深く刻み、今こそ、その意思を受け継がなければならないと決意を新たにしている。

第18章　Be gentleman と保育支援
——深瀬先生とクラーク先生と発寒《はっさむ》ひかり保育園

吉田行男

一　はじめに

手稲山高くそびえて幼児らの愛と平和の心育む　深瀬忠一

この短歌は、深瀬先生が、W・S・クラーク博士（1）ゆかりの札幌独立キリスト教会を母体とする発寒ひかり保育園に向かう自転車の上で詠まれたものです。

この歌には三つの意味が込められています。「手稲山」とは、クラーク先生と生徒たちにとって忘れられない雪中登山のエピソードの舞台となった山です。「幼児ら」は、先生が最期まで心から支援された保育園の子どもたちのことを指しています。そして「愛と平和」（2）は、クラーク先生と深瀬先生のバックボーンである聖書のメッセージであり、その実践と実現がお二人の生涯の目的、祈りでありました。

二　Be gentleman

深瀬先生は、学生たちを愛し、一個の人格として尊重し、自由主義的で、自分の考えや信仰を押し付けることはせず（教会での証詞を小冊子にしたものはいただいた）、自分の姿勢を通して範を示すという態度だったと思います。

特に先生は、クラーク先生の教育方針であったBe gentleman（紳士教育）に大変関心を持たれ、「ゼントルマンとはどんな人のことか」という論考を残しています。以下、ポイントと思われる個所を抜粋してご紹介します（適宜略）。

> （イギリスの啓蒙思想家）ロックの「教育に関する考察」（岩波文庫）は、まさに紳士教育の近代的古典であります。現代日本の子供の教育の欠陥と問題点を衝《つ》く、極めて今日的な、具体的・実践的な教訓にみちたものでした。健全な身体と精神を子供時代に訓練するために、困難や疲労に耐え、わがままを抑え（泣いてもほしがるものを与えぬ）、思いやりがあり、嘘を決してつかず、正しいことのために勇気をもって実行し、たしなみのよい青年に躾けてゆく親たちの責任について、極めて適切なわかりやすい教育論であります。
>
> 札幌農学校の開学式において、クラーク教頭は学生たちに次のように述べました。「今後、

私が主催するこの学校ではすべての規則を廃止し、君たちに対して臨む鉄則は只一語に尽きる。Be gentleman. これだけである。ゼントルマンというものは定められた規則を厳重に守るものであるが、それは規則に縛られてやるのではない。自己の良心に従って行動するのである」と、そして、大島正健（「クラーク先生とその弟子達」新地書房）は、こう書いています。「思いもよらぬクラーク先生の宣言を聞いた生徒たちは非常に喜んだ。『我々はこれでもゼントルマンであるから、俯仰天地に恥じない行いをしなければならない』と、自ら問うて自ら答え、自己の行動に対して大なる責任を感ずるようになった」。

これは、日本の近代教育にとって画期的なこと、革命的ともいえるものであり、今日さまざまの煩瑣な義務と知識の強制に縛られ、荒み切っている日本の教育にとっても、新たな転換を迫るものといえるのではないでしょうか。すなわち、子供や青年たちの内面深くひそんでいる魂の鼓動、そして良心を喚び醒まし、内なる良心に基づいて自発的に溢れる活気とよろこびをもって、どんな患難辛苦も乗りこえ、義務と責任を果たし、遂には大いなる理想を達成せずにはおかない精神的・肉体的健全さと頑強さを養なう教育であります。そして、クラーク先生にとって、その良心を目醒めさせ、支え、雄々しく、不屈不撓ならしめるものが、ほかならぬ聖書の真理と福音信仰でありました。ゼントルマンとは、「やさしい男子」あるいは「柔和な男性」とでも直訳できましょうか。

このイエスの山上の垂訓の「柔和なる者」とは、新しい英訳では、「やさしい心（gentle spirit）の人達」となっている。まさに聖書的意味のゼントルマンが「地（上）を所有するのにいたるであろう」となっています。この人たちとは「ふみつけられてもじっと我慢している人達」とも訳されていますが、どんな逆境患難恥辱によってふみつけられても忍耐しぬいて、「柔和な心」で雄々しく戦い、正義に基づく平和の国を創り出す人たちこそ、イエスが「神の子」としての最高の祝福を与えたまう真のゼントルマンまたはレディである、これが私のゼントルマンの真意についての結論であります。

（一九八三年、札幌独立キリスト教会証詞、『平和の憲法と福音』新教出版社所収）

クラーク先生と深瀬先生には、共通点が多くあります。①人権思想・自治自律の体現、②実践的研究・教育、③戦争経験と平和指向(3)、④開拓者魂、そして⑤福音信仰です。先生は、クラーク先生の人格、生き方、教育観に深く共鳴していました。

三　幼い魂の保育支援

深瀬先生は、天に召されるまでの四六年間、社会福祉法人光の園の監事として、発寒ひかり保育園を心より支援してくださいました。その動機と期待について、次のように記しています（抜粋、適宜略）。

アジア太平洋戦争時、中国人の孤児や幼児のため伝道と社会事業のため献身的に現地に赴き働かれた村屋由雄・みつ夫妻が、戦後復員して、塚本き美さんのつてで、札幌独立キリスト教会員となられ、塚本さんが熱烈に祈り求められた「発寒ひかり保育園」の創設と運営に尽力せられた。初代園長であった井上猛さん（夫人とともに）が独立教会員としては福音伝道の社会奉仕事業として理想的な保育園を作り育てようとして献身的に働かれることに協力・支援しようとし、私も監事をお引き受けした。

二十一世紀は、世界が死滅に向かうのでなく生き残って平和に発展していくために、暗く厳しいけれども希望をもって成長し進歩する青年（青・壮年、高齢者）となる、賢く優しく勇気のある人格の基盤の形成が無意識のうちに養われる保育が、今ほど要請されているときは無い。吉田行男園長は、保育児一人一人に、また集団的に、心を込めた誠の愛情を注いで育て、無意識のうちに厳しく長い冬に耐え誘惑や退廃に屈せぬ強さを秘めた柔和な愛と平和を創り出す人の生涯教育の根本が養成されるよう、保育園全員で協力している。まことに暗く不安な時代の「世の光」の園として福祉社会の一つの「希望」となっていると思う。

（二〇〇九年、開園四〇周年記念誌『ひかりのとも』所収「不惑のひかり保育園」より）

先生は、監査のため保育園に着くと、「『園だより』は必ず読んでいますよ」などの声を掛けてくださり、文集などを発行すると真先に手紙で感想を寄せられました。監査結果証明書には、園の運営全般、保育の取り組み内容にまでわたる長文のコメントを書かれ、それを見た札幌市の監査の方が驚き、感心していました。時に困難な問題が持ち上がると、いつも保育園を擁護してくださり、次のような励ましのお手紙をたくさんいただきました。

光の園の保育と福祉事業を通じ、ご健康にて活躍をつづけられることを祝福し、支援す。光の園、園長の職責は、根本的人格形成のモデルとして、北大総長に勝るとも劣らぬ重要な証しの場なり。

私が園の職員全員の協力を得て、北大教育学部の大学院で学び、異年齢保育についての修士論文を完成させた時には、「ヨクヤッター。実践に研究の裏付けは欠かせない。研究と実践は車の両輪だからね」と、小柄な体全体でガッシリ私の体を抱いて（陸軍幼年学校で鍛えたせいか意外と腕力がある）喜んでくださいました。先生の温かく大きな愛と絶対的な信頼を肌身を通して改めて感じさせられたのでした。

先生の訃報を知らせる新聞記事の中で、深瀬ゼミの一期生で北海道大学元総長の中村睦男先生が、深瀬先生は「研究には厳しい一方、教育者としては学生をほめながら伸ばす、温かさと包容力のある人だった」と話していました。

このように先生は、幼少期の心身の訓練・躾け、特に幼い魂の保育こそ人格形成にとって最も重要であるとの信念をお持ちでした。そして、先生の後進への教育姿勢は、私の体験によれば、どんな時にも上から批判・否定することなく、愛と信頼をもって相手を受容・肯定し、その主体性を尊重しつつ教え導くというものでした。

四　おわりに

発寒ひかり保育園は、今年（二〇一九年）で開園五〇周年を迎えました。法人の「定款」や園の「保育(4)理念・方針」、「育ちへの祈り」には、「真実の愛」、「人格の尊重」「自立心」「思いやり」「挑戦」「命と平和を愛する心」等の文言が掲げられています。その原点は、クラーク先生の伝えた聖書に基づく人格教育であり、それを先輩たちが受け継ぎ、深化・発展させてきた札幌独立キリスト教会の精神なのです。

さらに、「愛」と「信頼」、「受容」と「肯定」、そして「主体性の尊重」こそ、保育にとって必要不可欠な根本姿勢にほかなりません。

（1）　一八二六〜一八八六年。米国マサチューセッツ州立農科大学学長のまま、一八七六（明治九）年八月、札幌農学校教頭として赴任。滞在八か月間、聖書に基づく人間教育を行い、生徒たちに大きな感化を及ぼしました。Boys, be ambitious! の語を残し、帰米。その後も生徒の相談に乗り、また教会創立を援助しています。

（2）　クラーク先生と深瀬先生の愛唱の讃美歌（旧二二八番）には、次の歌詞があります。「憎み争い、後を絶ちて、愛と平和は、四方《よも》にあふれ、み旨《むね》の成るはいずれの日ぞ、来たらせたまえ、主よ、み国を」

（3）　クラーク先生は、南北戦争の北軍将校で、九死に一生を得ています。深瀬先生は、実戦経験はありませんが、陸軍幼年学校出身で、戦時を経験し、死を覚悟しています。

（4）「保育」とは、発達心理学、普遍的価値等を踏まえつつ、養護と教育を一体的に行うことを意味する、奥深い概念です。

【コラム5】深瀬さんの人間性の一側面——折節に残されたお言葉から

橋本左内

その一「興国の興廃この一戦にあり」

札幌中央区宮の森のアパートの御自宅へ事務連絡でお伺いした時、小学生用の勉強机と変わらない大きさの仕事机の傍らに招かれました。正面の壁に信念が墨書してあります。「興国の興廃この一戦にあり。各員一層奮励努力せよ！」。元幼年学校生に相応しく日本海大海戦にZ旗を掲げて檄を飛ばした東郷平八郎の文言を一字だけ変えてあることに熱を込めて語られた。恵庭事件は、憲法で否定した「皇国」ではなく、民主・平和国家を「興すか失うかの決戦である」と。魂を入れ替えた「サムライ」が生きている、という息吹に圧倒される御自宅であった。

その二「雑文は書かない！」

道キ平二代目委員長の井上平三郎牧師の豊平教会が委員会の会場であった。井上さんは慶応大学で経済学を修めた上で牧師へと転身されたのであった。学生時代に松川事件を支援して、死刑囚の無罪を勝ち取った輝かしい経歴があった。鈴木信「被告」に求めて「手記」を雑誌『世界』に載せたように、「恵庭でも」との提案には、「研究誌には書くが、その他の雑誌に雑文は書かない」と突っぱねられた。しかし、繰り返す委員たちの声を聞き入れて、公法学者のアンケートを実現し、その後の貴重な土台を築き上げられたのであった。『平和憲法を守る全国キリスト者の会』誌には毎回珠玉の文章を書かれた。

その三　「軟弱なスポーツはやらない」

北海道キリスト者平和の会（後に仏教者も）に安保条約反対の火をつけた北大汝羊寮の学生たち（西森茂夫を先頭に）は心優しき青年たちであった。西森さんは高校時代に軟式テニスの選手であった。このころ硬式テニスが流行り出したので北星男子高校の空いているコートで硬式テニスを楽しんだ。たまたま委員会の折に「テニスやりませんか？」と誘ってら、「そのように軟弱なスポーツはやらない！」というので、「軟弱でないスポーツは何ですか？」と聞いたら、「銃剣術だ！」と即答された。今日、錦織選手らが熾烈なタフマッチをする時代に、改めてその軟弱度をお尋ねする機会はなかった。

その四　「援農は君たちに任せる！」

期せずして主人公である農民を中心に運動を進めようということで、野崎牧場のデントコーン畑の草取りを企画した。北大生、学芸大学生、高校生・教員・主婦（子ども連れ）・労働者たちが農作業姿で参加した。第一回目が終わった後、筋肉労働者ではない深瀬さんは数日に及ぶ筋肉痛になり、研究・授業も困難な状況に陥ったことで、「餅は餅屋」と悟り、「僕は理論研究に全力傾注するから、援農は君たちに任せる」と白旗を上げられたのであった。幼年学校の銃剣術での猛者にも及ばない科目があったのだった。

その五　「大攻勢なんか仕掛けるからだ！」

トンキン湾事件が捏造されてベトナム民主共和国への侵略は激烈さを加えていた。国際情勢に鋭い感覚の深瀬さんも社会主義・共産主義国に関しては弱い側面があった。僕たちは、この際『赤旗』を読むようにお勧めしたが断られた。委員会で、アメリカの北爆を議論した時に、深瀬さんの「ホー・チミン主席が大攻勢などを仕掛けるからだ」との発言は、強い拒否に遭遇した。私が会を代表して、前にも後にも一回限りの大喝一声の雷を落としたのであった。学識・経験において長じておられた大先輩が、この時は静かに・謙虚に意見を聞いてくださり、「諸資料を読み直して声明を書きます」と実行し、日・米・越・中の政府へ「北爆中止を求める書簡」を送付したのであった。

その六　「これは『問題提起のイエス伝』だね！」

私たちは「平和運動をする教会形成」を目指していました。札幌での開拓伝道は「札幌福音共同体」の聖書研究と共に進めました。その時にテキストとしたイエス伝研究は、後に『人の子イエスその人間解放の生涯』（ＹＭＣＡ出版）として上梓し、仲間たちへ真っ先に贈呈しました。深瀬さんは、「問題点を纏めて感想を書く」と約束されましたが果たされませんでした。土井正興さんの歴史学、その後、Ｊ・ドミニク・クロッサン司祭の聖書学、そしてナグ・ハマディ写本のエレーヌ・ペイゲルス、更にカレン・キングの『マグダラのマリアの福音書』、さらには、村山盛忠の『パレスティナ問題とキリスト教』（ぷねうま舎）などが続きました。キリスト教会史における「焚書坑儒」が正統的ローマ教会によって強行されたことへの批判です。「キリスト教」の解体的自己批判になるでしょう。

その七　「イザヤの預言の具体化のために！」

深瀬さんは学生時代には「預言者」研究の第一人者・浅野順一牧師の日本基督教団美竹教会に通いました。北大へ移るに際して、教団の教会ではなく独立教会を選ばれました。教団の関係者が多かった北海道の者たちには「教会観が定かでない」との批判もありましたが、深瀬さんらしいと思います。「剣を打ち変えて鋤とせよ」の預言には同感であっても、イスラエル建国の神話は批判されなければなりません。しかし、内村鑑三さんも矢内原忠雄さんも、その後継者たちも、この伝統に深く根差しています（村山著・前掲書参照）。しかし、ガンディーさんは、「パレステチナはアラブ人の土地である。これはイギリスがイギリス人のものであり、フランスがフランス人のものであると同じことだ。ユダヤ人をアラブ人に押しつけることは間違っており、非人道的だ。パレスチナの一部、または全部がユダヤ人の民族郷土とされるならば、人道に対する犯罪というべきであろう」（一九三八年、『わが非暴力』）と明晰です。キリスト教帝国主義と植民地主義の残滓が、欧米キリスト教文明に焦げついています。トランプ大統領にまで。日本神話と共にイスラエル神話の非神話化が、後輩と弟子たちの課題になっていると思われます。

（二〇一九年五月三一日）

第19章　深瀬忠一氏を偲ぶ

大友　浩

深瀬忠一氏の告別前夜式は二〇一五年一〇月九日に、告別式は翌一〇日に、札幌独立キリスト教会でそれぞれ執り行われた。故人が信仰者・市民・学者としての歩みを送る拠点となった教会である。二つの式を司式した者として小文を記す。

私は妻と、同年一〇月四日午後、独立教会での礼拝後に深瀬さんを国立医療センターにお見舞いした。苦しい呼吸のもとで語りかけてくださった中で、平和憲法と独立教会という二つの単語が聞き取れた。私たちは、一二時間後に彼が世を去られるとは知るよしもなく、一五分ぐらい枕元にいただろうか、「また来ます」と挨拶してお別れしたのだった。『方丈記』は人の世を〈うたかた〉にたとえるが、神を信ずる者の死は、この世を超えた世界の香りを残す。「人はみな草のようで、その光栄はみな草の花のようだ。草は枯れ、花は散る。しかしわれらの神の言葉はとこしえに残る」。

深瀬さんが北海道大学法経学部助手として採用されたのは一九五三年四月、フランス留学後北海道大学法学部助教授として札幌に着任されたのは一九六〇年四月、以降独立教会の礼拝に参加された（最晩年は出席が困難になったが）。私は北大教養部（当時）に七一年四月に着任した。彼は私にとり独立教会で共に礼拝を守った信仰の兄弟であり、北大聖書研究会で長く共に聖書を学んだ同僚だった。

救い主として仰いだキリストに動かされた彼の熱意は、大学の教室では学問的情熱として現れ、その外では福音を人々に伝えたいという志として現れていた。独立教会にも、大学などで深瀬教授の影響を受けて礼拝に参加するようになった方が何人もいる。彼は、「信者」ではない人たちに対し、共通の語彙で話し、同じ地盤に立ち、市民としての共通の課題を担おうとされた。

また、彼はどこか愛嬌（ユーモア）のある方だった。故郷の土佐について、楽しそうにこう語られた。「会津、土佐、熊本は頑固人間の三大産地だ。土佐の人間は、自分たちの頑固ぶりを『いごっそう』と言うが、漢字で書けば、《異骨相》なんだ」、などと。

彼は困難や厳しい状況にあっても、目標に向かって歩み通す気力を最後まで失わなかった。生まれつきの性格が信仰によって磨かれたのだ。日本では、支配層にも知識人にも一般の国民にも、精神的空洞がひそむ。ポピュリズムやヘイトスピーチの格好の土壌である。深瀬さんのように精神的骨格のある人物が社会のあらゆる所で不可欠なのである（その骨格を何で形作るかは各自の問題だが）。

＊

告別式で読まれたイザヤ書二章四節は、ニューヨーク市の国連広場の壁に刻まれている（欽定訳で）。

They shall beat their swords into plowshares, and their spears into pruning hooks: nation shall not lift up swords against nation, neither shall they learn war any more.

人の力によっては、あるいは世の政治の仕組みだけでは、地上に平和は実現しないという冷徹な認識と、それゆえにこそ、平和の実現を神の御手から望見しつつ誠実に努力するという――終末論的――姿勢が、ここには一体となって表現されている。このヴィジョンは、正義の戦いを唱えるいかなる「聖戦思想」とも相容れず、力を信奉するいかなる「現実主義」にも優って平和実現の可能性を秘める。

深瀬さんは、独立教会の先人たち（内村鑑三や新渡戸稲造）の信仰と思索に深く学びつつ、憲法学の立場から独自の領域を築き、余人の追随を許さない独創的な平和学を構想し、その平和思想を実践された（「恵庭裁判」や「長沼裁判」などで）。

わが国は、敗戦に際して新たに手にした憲法の理念を――既成事実を積み上げつつ――少しずつ骨抜きにしようとしてきた。深瀬さんはその流れに抗し、別の方向を提示された。日毎の祈りと研鑽を積み重ね、憲法の理念を草の根のものにする努力を惜しまれなかったのだ。そのような努力は神の導きと支えによるもので、この世の争いとは別のものであり、戦いを止めさせるための闘いだった。

＊

大学人としての深瀬さんに関して私にはいろいろと思い出があるが、二つだけ記そう。一九七五年に、北大教養部の運営委員会（部長を補佐する役割）に深瀬さんと私が一緒に加えられた（鈴木重吉部長の任期中）。そこで彼は組織運営の才能を発揮された。当時の北大教養部は学生運動が激しく（民青、革マル、ノンセクトの三グループが三つ巴になっていた）、教養部教官会議にしばしば学生が乱入し、教養部運営には非常な困難があった。私が赴任した七一年四月から七四年一二月までの四五ヶ月の間に、七人の教養部長・同事務取扱が交代し、うち正式部長は二人だけだった。

七五年一月、三年ぶりに正式の教養部長として鈴木重吉教授（英語）が就任された（温厚な重量級人物）。そして、深瀬忠一、橋本誠二（地学）、中田平（数学）、片山厚（英語）の諸氏と大友（仏語）の五人が、部長補佐のための運営委員に選任されたのだった（任期一年）。その頃は深瀬さんは法学部から教養部担当教授として来ておられたのだ。「会議ではなるべく目立たないようにしていたのに、えらいことになった」と、彼は私に冗談めかして言われた。研究者としての時間を割かれるのを残念に思われたのだろう。深夜に至るまでの学生との「団交」が何回かあった。彼は先頭に立って任務に当たられた。

その後、深瀬さんは「平和の学際的研究」という総合講義（半期・二単位）を教養部（当時）に開設するために尽力された。その頃は、「学際的」という概念も、学問としての「平和学」も認知度が低く、八木橋貢教務委員長（哲学）の慎重審査を突破しなければならなかった。その講義は一九七九年に開設された。発足時は、深瀬忠一、中村研一（法学部）、森杲（経済学部）、太田一男（酪農学園大）、大友の五名の担当だった。一九九〇年三月末に、深瀬さんは定年で、私は自己都合で、それぞれ北大を去ったが、同講義は引き継がれ、三六年後の二〇一五年の時点でも北大で存続していたと聞く。

＊

いったん教会の門をくぐると、皆が等しく神の前に立つ。世の栄誉や肩書きや地位は通用しない（深瀬さんもそういうものにこだわられはしなかった）。私たちは遠慮なく互いに疑問や批判を呈し合った。解決の困難な問題もあり、簡単に答の出る問題ばかりでもなく、きれいごとではすまない面もあった。誰しも、正義を愛し、不正を憎み、理想を追求し、努力を重ねる間に、いつのまにか互いにさばき合う事態に陥りかねない。人は、自分の考えや生き方を――神を差し措いて――絶対化してしまうのだ。おのれの正義や理想を絶対化し偶像化して、互いに否定し合い、ぶつかり合う。いわゆる「神学的憎悪」odium theologicum の投げ合いだ。独立教会の初期段階だった札幌農学校の学生たちの「教会」にもそれがあったと内村は記している（『余は如何にしてキリスト信徒となりしか』第三章）。

古来、人類は――誠実さないし不誠実さの程度は千差万別だが――正義や平和のためと称して戦争や争いを続けてきた（戦争指導者の中にリンカーンもヒトラーもいる）。また、「聖戦」の思想は、聖書の中でも、十字軍においても、大日本帝国においても、現代のジハードにおいても、忌まわしい。

争いに向かう体質は、国家や民族といった次元のみならず、個人にもひそむ。残念ながら、宗教は一面で人間の好戦的体質を悪化させてきた恥ずべき歴史を持つ（現代ではイスラム原理主義や米国キリスト教福音派）。重なり合ういくつかの次元での、そのような抜きがたい体質の克服が——深瀬さんの遺産をわれわれが正しく継ぐうえで——われわれに課せられた目標なのである。そのような目標を目指す道は各自それぞれに異なるにしても、大きな枠の中では共同の歩みができるのではないか。

第20章　深瀬憲法学の特質

――キリスト教的背景と「立憲民主平和主義」

千葉　眞

一　はじめに

私自身は、深瀬忠一先生から学ばせていただいたのは専ら著作を通じてである。何人かの友人知人からその人となりとお仕事についてはうかがってはいたが、ご本人に直接お目にかかれたのは三度ほどだった。第一回は、国際基督教大学（ＩＣＵ）ＣＯＥプログラム「『平和・安全・共生』研究教育の形成と展開」（二〇〇三～二〇〇八年）主催で開催された第四回「平和憲法を考える研究会」講演会（二〇〇四年四月一七日に開催）で、「日本国憲法の歴史的および今日的意義」という題目でご講演いただいた。その講演は、後に刊行された千葉眞・小林正弥編著『平和憲法と公共哲学』（二〇〇七年）第一部に第一章として収録されている。

二度目にお目にかかれたのは、二〇〇八年七月六日に札幌独立キリスト教会に招かれ、「平和憲法の意義と将来構想――政治学の視点から」という題目で記念講演を行った時である。その節は、記念講演の前日に札幌到着後、半日にわたり滞在先の札幌ガーデンパレスホテルの喫茶室にて、深瀬先生と憲法学の現状、フランスでの在外研究での学びとフランス見聞、信仰上の師であられた浅野順一先生との出会いなど、多種多様なテーマについて楽しくお話をうかがうことができた。

三度目にお目にかかれたのは二〇一一年一〇月一六日に札幌独立教会の創立一二九周年記念講演に招かれた時で、東日本大震災の七ヶ月後のことでもあり、「内村鑑三、大震災、エコロジー」という演題で話をさせていただいた。深瀬憲法学を直接間接に学ばれ、交流をもたれた多くの研究者の方々とは異なって、私の場合には深瀬先生の謦咳に親しく接することができたのは、ごくわずかだった。しかし、その人となりに直に接することができて感銘を深め、またそのいくつかの著作からは貴重な学びをさせていただくことになる出会いを与えられた。

すべての学問的営為は、客観性と実証性、中立性と研究対象への内在性を当然の前提としながらも、個々の研究者とその時代の歴史的背景を映し出す一面を必ず備えている。こうした個別性と歴史性のゆえに、学問的探究はその研究者でなければ出てこない個性と特色と味わいを自ずと醸し出すものと思われる。人間は各自、唯一無二の存在としてこの地球に誕生し、その意味で各人は自由で新しいユニークな――人類の歴史において過去・現在・未来において無比の――存在者であり、それゆえに新しい自由な行為をなすことができる(1)。これはH・アーレントの洞察豊かな人間論的前提だが、このことは人間各人に妥当し、そしてまた研究者各人にも妥当する。各人の誕生（natality／出生）とその一生の神秘と尊厳（他の誰とも代替不可能な各人の独自性）は、同時にそれぞれの分野で学問的営為をなす研究者各人にも当てはまるだろう。

ある意味で当たり前のことではあるが、深瀬憲法学を理解するためには、その疾風怒濤の時代背景、ご自身の軍国少年としての始まり、その後の敗戦による人生の大きな挫折と転向、その後の若き日のキリスト教への入信、さらにはフランス憲法学と人権思想史との遭遇といった先生独自の人生行路に深く内在する必要がある。本エッセイでは深瀬先生の自伝的背景としてのキリスト教への入信とキリスト者としての生涯、さらにその憲法学の中心に位置づけられる「平和的生存権」論について、憲法学を専門としない門外漢の立場からではあるが、追憶しておきたいと思う（以下、敬称略）。

二　キリスト教的背景

軍国少年として戦中の教育を受けた深瀬が、徹底的な敗戦を契機に、一念発起して近代フランスの立憲主義と人権思想に関心をいだき、また個人生活においてはキリスト教との出会いを経験したことが、その後の人生行路を著しく規定することになった。手元に深瀬忠一・大友浩編著『北国の理想』（一九八二年）があるが、そこに収録されたエッセイにおいて、軍国少年としての自らの出自とその挫折、挫折を通じての起死回生の人生転換が実直に記されている。陸軍将校の父上をもった長男の深瀬少年は、「中学一年の時、陸軍幼年学校の試験に合格、そのまま陸軍士官学校に進み、終戦の時は少尉任官直前の士官候補生」だった(2)。その五年半の間、親元を離れ、厳しい軍人教育を受けたが、そのメリットとしてひ弱な体力・気力が鍛えられたと述懐している。「酷暑の夏、完全重武装の強行軍や、酷寒の冬に剣道・銃剣術、教練、体操、学科等々、迅速な決断力・不屈の実行力といったものは、この若者の時期に養ってもらいました」(3)。軍隊の精神教育は、徹底した天皇信仰、軍人勅諭の血肉化、「純忠至誠、生を棄て義をとる」という、一種の洗脳教育だった。軍国少年の夢は完璧な敗戦によって打ち砕かれ、帝国日本の軍隊は完全に解体され、大きな挫折を経験しただけでなく、「今まで教えられ、信じて来たことが、根本的に間違っていることがわかり、精神的に真暗になり」、虚脱感に包まれた。しかし、「大変な誤りがはっきりした以上、それにかわる正しいもの、人生と日本の社会にとって、これが真実だ、これでゆくべきだというものを、徹底的に勉強しなおして発見」するため、「勉強のやり直しを始めた」と記されている(4)。復員後の父上が病床にあり、親類全員が反対するなかで、物心双方の支援を続けて学問の志の実現を支えてくれたのは母上であったと述懐している。

そして対象とする学問を探し求めていた深瀬に突然ひらめいたのは、近代社会の出発点となったフランス革命とその人権思想を学びたいとの「インスピレーション」だったという。他方で、同郷の高知出身の中沢洽樹氏（旧約学専攻）と生子夫人（英語学専攻）との出会いが与えられ、バイブル・クラスと英語の講習会への参加を通じて、聖書の言葉に接するようになる(5)。そして上京して第一高等学校・東京大学法学部と進むなかで、「浅野順一先生を信仰の恩師、宮沢俊義先生を学問の恩師として仰ぐというこの上ない幸を与えられ」たと述懐している。その後の数次にわたるフランスでの留学や研鑽、後の客員教授としての活躍については、よく知られている。深瀬の屈託のないオープンで積極果敢な精神もあり、フランス各地の大学の代表的な憲法学者や仲間たちと豊かに交流し、それは生涯の親交や友情に発展していった。これは氏の幅広い国際主義的精神とともに、フランス文化ととくにその共和主義への共感の証左でもあろう。それだけでなく、いわゆる「先進」国の学問から一方的に学ぶだけでなく、「相互性」(réciprocité) がなければならないという自覚の表れでもあっただろう。一九五〇年代末の二年余りの初めての留学生活では、観光や遊びの方にも力を入れたと記されている。ルーブル美術館などの歴史的な文化施設などに足繁く通い、またモーターバイクで二〇〇〇キロ余り、夫人と一緒にフランス全国を一周した楽しい想い出などにも触れている(6)。

深瀬の信仰上の実践については、一八八二年に創設された札幌独立キリスト教会への会員および長老としての長年の参与、札幌農学校、北海道大学、そして独立教会へと引き継がれた「クラーク精神の純化と展開」、後者との関連で独立教会の創設者だった内村鑑三、新渡戸稲造、宮部金吾を始めとする札幌農学校の一期生と二期生を中心とした先達のキリスト教・学問・教育・国際主義の継承があった。そして深瀬憲法学の基礎には、本人のキリスト教の信仰と実践を通じた「平和の福音」あるいは「福音的平和」という考え方があったと思われる。長い文章だが、引用しておきたい。

「福音的平和」とは、何でありましょう。それはなんといってもまず、喜ばしき平和、であります。生き生きとした、純粋な、温かく豊かな、そして戦って死と滅びにうち勝つ、強い、ゆるがぬ平和であります。萎縮して、悲しげな、苦しい、奴隷の平和ではありません。何らかの政治的・党派的な目的のためにする平和ではありません。……人間の肉体の死によって、あるいは一国が滅亡すると駄目になってしまうような、一時的な平和ではありません。そんなにすばらしい平和が、この地上にあるものでしょうか。それは、夢、幻、錯覚ではないでしょうか。そうではありません。……理想ではありますがそれ以上のものです。……人生を魂の奥底から新しくする、死んだような状態から生命によみがえらせ、人間の社会、しかり、人間世界を創り変える力あるものであります。それは、人間と世界の現実に犯罪と腐敗と死と滅びがないからではなく、それがあるからこそ「福音的平和」が力を発揮するのであります。……そのあり得ないことが、ある、起こる、そして永遠に生きて働く、と聖書は語ります(7)。

同様に、高橋三郎氏との共著『聖書の平和主義と日本国憲法』（一九六九年）に「平和憲法と実践」という論考を寄稿しているが、それは専らキリスト者の聴衆を前にしての講演が活字となったものである。その冒頭で平和運動を実践的に担う人の精神性――「平和のスピリチュアリティ」とでも呼べるもの――を問うている。これは一九六〇年代の平和運動が分裂していく状況下で、それを憂慮して次のように述べている。

第一に、平和問題とは「平和な人」に自分自身がなり、またそのような人を造り出し拡大することが根本だと考える。いわゆる平和運動がこの根本を忘れているとき、それは「砂上の楼閣」にすぎないのではあるまいか。この「平和な人」とは、イエス・キリストの十字架上の罪の贖いを信ずる信仰によって神との平和に深く満たされ、敵の罪をも赦し真の和解を回復する無限の寛容と戦闘力を内にもった人のこと、一言にしていえば真実のキリスト者、である。平和運動とは、だから、「平和の福音」によって自らを鍛え、その真理を述べ伝え、「平和の君」に忠誠なるエクレシア「召し集められた者の群」を――国家・階級・民族・時間をこえて――拡大強化していくことである。迂遠なようで最も身近な、小さすぎるようであまりにも大きな、そして神の力に頼って必ず成就することを約束された道である(8)。

キリスト者である研究者は、憲法学者にとどまらず、主題や読者や聴衆によって、一般的な学問的手法を採用する場合と、キリスト者としての価値前提から話し書く場合と双方ある――その整合性が本人においても第三者からも批判的に問われ続けることはもちろんである――が、上記の引用文は後者のものといえよう。すべての思想や理論は、何らかの価値前提（自覚的、無自覚的であるにかかわらず）から出発していると思われるが、二〇世紀の解釈学――マルティン・ハイデガー、ハンス・ゲオルグ・ガダマー、ポール・リクール、ギブソン・ウィンターなど――は、この先取り的な価値前提を否認することなく、不可避で有益な面があるとして、それをむしろ受容した。例えばリクールと彼の解釈学を継承したウィンターなどは、それを「当初の推測」（initial guess）と呼んで高く評価した。もちろん、解釈学的循環において後に修正されることが前提とされる暫定的で先取り的な理解の前提である。こうした観点からみれば、マルクス主義、啓蒙主義、自由主義、社会主義、民主主義、保守主義、実存主義、現象学、ポストモダニズムなど、さまざまな思想的立場が「当初の推測」を自らの認識と理解の前提とし、使用していると認識すべきであろう。深瀬憲法学の場合、学術論文に明示されることのない平和のキリスト教的価値前提も、そうした「当初の推測」のカテゴリーに帰属するのではないだろうか。もちろん、このような価値前提が不用意かつ無批判に理に適わない仕方で侵入し議論を支配しているのかどうか、あるいは一箇の洞察ないし真実として貴重な光を投げかけているのかどうかは、学問的営為においてはもちろん不断に厳しく吟味され精査される必要がある。

三　「立憲民主平和主義」の視座

深瀬は次第に、自らの憲法学の志向を「立憲民主平和主義」と呼ぶようになった。その集大成の一つは単著『戦争放棄と平和的生存権』（一九八七年）であり、さらには数多くの共編著や共著に寄稿した論考にも示されている。例えば、共編著『恒久世界平和のために』には、「日本国民は国家一〇〇年の大計として、核時代のあるべき平和を先取りした立憲民主平和主義を確定したのである」という一文が見られる(9)。この「立憲民主平和主義」の核心には星野安三郎氏の嚆矢になる「平和的生存権」の概念の省察があった。深瀬は次のように説明している。

第二次大戦の惨禍とくに原（水）爆戦争時代を直視した平和憲法が、「四つの自由」、大西洋憲章の趣旨を一段高め「平和的生存権」として確認し、核時代の戦争による生命と人権破壊に対し、それを「全世界の国民」の侵されてはならない「普遍的」自然権的本質をもつ「あらゆる人権中でもっとも根本的な人権」である「生命権」ないし「生存」そのものの権利を明記し、その破壊（とくに核兵器による大量殺戮）を「違法」な「犯罪」として糾弾する自然法的法原則を含むものと解すべきであろう。それはニュルンベルクおよび東京国際軍事裁判の法理（人道に対する罪）、ジェノサイド条約や核兵器使用違法国連総会決議、わが国の原爆投下違法（下田事件）東京地裁判決（一九六三年一二月七日）等によっても補強することができ、わが国の「非核三原則の基盤」はこの脈絡において理解されるべきである(10)。

「平和的生存権」に関する深瀬憲法学の特色は、それを自然法的規定と受け止める一方、「その自然法的本質を変えることとなく、……憲法全体の有機的・総合的解釈によって」、「『日本国民』＝人民に対し、……特別に、具体的かつ明確な保障を与えられていることを……明らかにすることができる」ことを主張している点にある(11)。そして深瀬は、第九条の規定について、「軍縮の実現を憲法上の義務とし、軍備全廃を目指して努力する憲法的義務を課したこと、さらにその無軍備の範囲が広汎で徹底していること、しかもその実行を法的に担保しようとしていることにおいて、世界の憲法……および国際法史上ユニークかつ画期的というべきだろう」と述べている(12)。こうして深瀬憲法学は「平和的生存権」を次のように定義している。「戦争と軍備および戦争準備によって破壊されたり侵害ないし抑制されることとなく、恐怖と欠乏を免かれて平和のうちに生存し、またそのように平和な国と世界をつくり出してゆくことのできる核時代の自然権的本質をもつ基本的人権であり、憲法前文、とくに第九条および第十三条、また第三章諸条項が複合して保障している憲法上の基本的人権の総体である」(13)。

さらにその立論には、今日なお世界の強国には軍事主義に基づく世界秩序の構築というういわゆるハードパワー・リアリズムの議論の前提があり、それをどのようにソフトパワー・リアリズムと恒久平和志向のアイディアリズムに依拠しながら突き破っていくのかという模索がある。それは、いわゆる「一方的イニシアチブ」や「一方的軍縮」と呼ばれた、とくに冷戦期の一九六〇年代末に強調された世界平和志向の平和外交の手法である。それは、相互不信による軍拡の悪循環を止めるため、一方的にでも軍縮を推進し、その実行例を通じて平和への意志を表示し、信頼を回復し、相互の軍縮へと舵をとろうとする国際政治学的方法である(14)。このソフトパワーに根ざした平和構築論は、「軍事的合理性」に依拠する軍事的抑止主義、旧来の「安全保障のジレンマ」、「眼には眼を、歯には歯を」のタリオ（talio／同害報復）の論理や応報刑罰主義の軍事的適用など――それらには共通して古代ローマの格言「汝平和を欲するならば、戦争に備えよ」（Si vis pacem, para bellum）に帰着する面がある――とは相容れない。その立場はむしろ、古代ローマにさかのぼると見られるもう一つの格言「汝平和を欲するならば、平和に備えよ」（Si vis pacem, para pacem）、ならびに現代の格言「汝平和を欲するならば、正義を培え」（Si vis pacem, cole justicium）に適合する。それだけではなく、さらに深瀬は、第四の命題として「汝平和を欲するならば、平和に備え、平和的生存権を培え」を提唱している(15)。

この「一方的イニシアチブ」や「一方的軍縮」の考え方が、戦闘行為の多発化と軍拡が際立つ今日の国際政治において、もう一度真剣に取り上げられるべき時機を迎えているといえよう。今日、核抑止論を含む軍事的抑止力の強化を通じて世界秩序の現状を維持しようとするハードパワー・リアリズムが、国連主導の核不拡散条約（ＮＰＴ）を骨抜きにし、米ソ間で取り交わされた第二次戦略兵器制限交渉（ＳＡＬＴⅡ）を破棄するといった状況を生み出している。そうしたなかで、戦後日本の平和主義を含む世界の平和主義と運動がたどり着いた、憲法平和主義に基づく「一方的イニシアチブ」や「一方的軍縮」は貴重な平和外交理念であり続けており、その有意性はむしろ軍拡の制御が効かない今日的状況において逆に強まっていると理解すべきではないだろうか。

近年とくに、中国、アメリカ、サウジアラビアなどの軍事大国を中核として、さらにはＡＳＥＡＮ（東南アジア諸国連合）などにおいても、軍拡が歯止めを失ったかのごとく推進されてきた。その意味でも国連事務総長グテーレス氏による最近の次の警告は、傾聴に値するであろう。グテーレス国連事務総長は、最近、「軍縮アジェンダ」を公表し、そのなかで「世界の軍事予算と軍備競争は拡大しつづけ、冷戦時代の緊張状態が、より複雑さを増した世界に再び出現している」とし、軍縮と不拡散が国連の喫緊かつ中心的な仕事だと述べた(16)。

この「一方的イニシアチブ」は、米ソ冷戦を背景として戦後の平和研究や平和運動、世界平和志向の国際政治学などが作り上げたアプローチだが、深瀬憲法学ではこうした世界平和を追求するアイディアリズムのアプローチは、一種の普遍性をもち、歴史的な平和思想の大河の流れという形で説明されている。「『平和憲法』は、人類の歴史のなかである日『偶然』生まれたものではなく、『生まれるべくして必然的に』、人類・世界の歴史的条件が整って、『普遍性』を持つ平和思想の『大河の流れ』にそって制定された」(17)。

平和思想の「大河の流れ」とは何か。深瀬はその源泉を紀元前八世紀の古代イスラエルの預言者イザヤの平和思想に見出し、とくに以下の周知の文言に注目する。「剣を打ち直して鋤とし、槍を打ち直して鎌とし、国は国に向かって剣を上げず、もはや戦いを学ばない」(イザヤ書二章四節)。著者は次のように述べている。この預言は、「かつては、遠い未来のかすかな夢のような光であったものが、今や、国際連合の壁に刻み込まれ、日本国憲法の成文となって制定されているのである」。この平和思想の系譜は、アメリカの「独立宣言」の言う「人間の奪うことのできない生得の権利」に結実し、フランスの「人権宣言」と革命憲法（一七九一年）の制定に繋がっていった。革命後、フランス革命軍は、「祖国防衛戦争」から「自由の武装宣伝戦争」へと進み、さらにナポレオンの支配下で「征服戦争」にのめり込んでいき、この平和思想は大きく後退した。しかし、その後、カントが『永遠平和のために』において「フランス革命の理想」(自由・平等・友愛と平和の精神)の哲学的・制度的構想を打ち出し、第一次世界大戦を防止できなかったが、ウィルソンに影響を与え、二〇世紀前半の「侵略戦争違法化」の先駆となった。こうして一進一退を繰り返しながらも、この平和思想の「大河」は、初めての核戦争という一面をもつ第二次世界大戦の大きな挫折を経て、二〇世紀中葉には日本国憲法の「戦争放棄・戦力不保持」規定の先鞭となった、と説明されている(18)。

これは大雑把な説明ではあるが、注目したいのは、ジグザグの大きな蛇行を繰り返す一筋縄ではいかないこの「大河」の軌跡（日本の川になぞらえれば、利根川や北上川ではなく、さながら千曲川であろうか）である。注目すべきは、人類史は幾多の戦争や紛争や暴力の昂進への急激な展開を際限なく経ながらも、しかし戦争の惨禍を身に染みて生き抜いた人類の心の内奥に宿る深い憧憬としての平和を希求する切望を通じて、きわめてゆっくりとではあるが、人類の平和思想の「大河」の「普遍的流れ」であり、ますます多くの時代を経て大きな流れになってきているという著者の認識であろう。そして将来への展望として深瀬は、武者小路欣秀氏の提唱にならって「布憲」――平和憲法を国際的に訴えかけていくこと――の課題に邁進していくことを主張している(19)。

深瀬憲法学には、二〇世紀後半および二一世紀初頭の国際政治の現実を見すえた、一つの透徹した認識が前提とされていたように思われる。それは、国家安全保障の意識とジレンマに囚われている強国のハードパワー指向の軍事主義は、抑止力の発想を乗り越えることができず、それゆえに軍縮はきわめて困難な課題だという認識にほかならない。しかし、深瀬憲法学の場合、このリアリズム的認識は、世界平和へのアイディアリズム的希求と表裏一体のように結びつけられていた。現代世界はこうした軍縮実現が不可能なほど大きな障壁にぶち当たっているからこそ、地球市民社会の総力を結集して、軽武装・緊張緩和・地球環境保護・核廃絶・非戦主義の方向への思い切った転回が求められている。それゆえに、平和的生存権を前文でかかげ、非戦平和主義を第九条で謳う平和憲法を保持する日本が採用し、果敢に推進すべき世界平和への非軍事的役割が見えてくるといえよう。日本は、国内において「平和的経済・科学・文化の発達に寄与し、『非核三原則』の展開によって、核廃絶のイニシアチブをとるのに有利な立場」にあるとする(20)。

そして深瀬は、国際的には核時代の世界平和の普遍的要請にしたがって、以下の「三つの平和原則」による日本の二一世紀にむけた世界平和への寄与を要請している。

(1)「一切の戦争放棄のシステムの維持展開によって国際連合の平和維持機能を強化することに寄与し、戦争制度を廃止する『戦争非合法化』の世界平和組織の建設と実効化をめざす」。

(2)「わが国における軍縮と軍備撤廃の実行プロセスと実績を示しつつ、周辺国際地域そして世界の軍縮実現のイニシアティブをとり促進する」。

(3)「日本国民の『平和的生存権』保障の実行モデルを提示しつつ、全世界の国民（人類）がそれをひとしく尊重される『正義』に基づく人類平和『秩序』の建設に努める」(21)。

四　おわりに

国際政治において、またとくに国家安全保障の分野では、アイディアリズムとリアリズムとが結節することはきわめて稀であり、ほとんど不可能に近い。しかし、一方で思慮や実践的知恵（phronesis）に基づいたリアリズムはよき統治に不可欠であることは言うまでもなく、他方、世界平和や国際協調などの高邁な理想やヴィジョンに生きるアイディアリズムも、国際政治の福利（wellbeing）になくてはならないものであろう。深瀬憲法学の平和保障のヴィジョンは、一方のソフトパワー・リアリズムと、他方の世界平和を志向し、平和と人権の一体性と相互不可欠性を主張するアイディアリズムとが、現実の世界において結節していく「方向と線」を示していると思われる(22)。それは、一種の「リアリスティック・アイディアリズム」と呼ぶことが可能で、軍事力に専ら依拠するハードパワー・リアリズムに対して、懐疑の解釈学を発動する。というのは、過剰な軍事力は平和を作り出すことはなく、大規模な核軍縮と軍縮全般、非戦と平和外交のみが平和を生む、と想定されているからである。核軍縮が進むどころか後退し、テロリズムと対テロ戦争と軍事的衝突が途絶えることのない今日の世界の実態、さらにはいわゆる「先進」諸国に拡散する「生の意味喪失」の時代的思潮において、アイディアリズムは稀少価値に留まざるをえないであろうが、ここにはそれとソフトパワー・リアリズムとの稀有な結合を模索していく上で豊かな示唆と潜在力が包蔵されている。

(1) E.g., Hannah Arendt, *Between Past and Future* (New York: Penguin Books, 1978), pp. 167-171.
(2) 深瀬忠一・大友浩編著『北国の理想』（新教出版社、一九八二年）、三四―三五頁。
(3) 同右書、三五頁。
(4) 同右書、三六頁。
(5) 同右書、三七頁。
(6) 同右書、三八―三九頁。
(7) 深瀬忠一『平和の憲法と福音』（新教出版社、一九九〇年）、一五―一六頁。
(8) 高橋三郎・深瀬忠一『聖書の平和主義と日本国憲法』（聖燈社、一九六七年）、一四九―一五〇頁。
(9) 深瀬忠一「はしがき」（深瀬忠一・杉原康雄・樋口陽一・浦田賢治編『恒久世界平和のために』勁草書房、一九九八年）、三―六頁。また、深瀬忠一「恒久世界平和のための日本国憲法の構想」（同右書所収）、三五―三九頁、を参照。

(10) 深瀬忠一『戦争放棄と平和的生存権』（岩波書店、一九八七年）、一九一―一九二頁。

(11) 同右書、一九九頁。

(12) 同右書、二二六頁。

(13) 同右書、二三七頁。

(14) 同右書、二一七頁。一方的軍縮については、以下をも参照。深瀬忠一「平和憲法の原理」（高橋・深瀬『聖書の平和主義と日本国憲法』）、一四五―一四六頁。

(15) 深瀬忠一「新世界平和秩序建設の展望と平和構想」（和田英夫・小林直樹・深瀬忠一・古川純編『平和憲法の創造的展開』学陽書房、一九八七年）、四三八―四三九頁。以下をも参照。千葉眞『「未完の革命」としての平和憲法』（岩波書店、二〇〇九年）、一六五、二四七―二四八頁。宮田光雄氏は、第二命題「「汝平和を欲するならば、平和に備えよ」の出典を米ソ冷戦の勃発期のカール・バルト（『教会教義学』第Ⅲ巻第四分冊、一九五一年）に見ている。宮田光雄『山上の説教から憲法九条へ――平和構築のキリスト教倫理』（新教出版社、二〇一七年）、一五―一六頁。

(16) アントニオ・グテーレス「〈資料・軍縮アジェンダ〉私たちの共通の未来を守る」（『世界』第九一四号、二〇一八年一一月）、八二頁。

(17) 深瀬「日本国憲法の平和主義の歴史的・今日的意義」、四頁。

(18) 同右論文、四―五頁。

(19) 同右論文、一五―二一頁。以下をも参照。武者小路欣秀「平和的生存権と人間安全保障――転換期国際政治の平和構築と布憲主義」（深瀬・杉原・樋口・浦田編『恒久世界平和のために』）、一六六―一九三頁。

(20) 深瀬『戦争放棄と平和的生存権』、二二三頁。

（21）　深瀬忠一「自衛隊の平和憲法的改編と国際的軍縮実現の促進」、「新世界平和秩序建設の展望と平和構想（第二）」（和田・小林・深瀬・古川編『平和憲法の創造的展開』）、三〇一―三〇二、四三二―四三三頁。

（22）　深瀬は、二〇〇八年に次のように述べている。

このようなときに、「立憲平和民主主義」と「憲法革命」のための日本国民の「平和のたたかい」の道標となる、名古屋高裁の判決が出た。平和的生存権はすべての基本的人権の基礎にある基底的権利であると認め、かつ、裁判的救済を認める具体的権利性があるという判断を下した。……「立憲民主平和主義」憲法の道の一〇〇年の「平和のたたかい」の六一年目の法的拠点となりうる里程標（マイルストーン）を立てたことを意味する。核・地球時代の「現点」を確定してくれたのだ。……宇宙の平和の希望の星として、いつまでも生き残って発展する全世界の国民の平和的生存権を、新しい世代に引き継ぐ「憲法革命」のグランド・デザインの達成に向かい、「平和のたたかい」は進む。（深瀬忠一「ポスト経済大国の理念としての立憲民主平和主義」、深瀬忠一・上田勝美・稲正樹・水島朝穂編著『平和憲法の確保と新生』北海道大学出版会、二〇〇八年、三六七―三六八頁）。

【コラム6】パレスチナと北海道で考える平和の福音
――エルサレムの平和とは何を意味するのか

清末愛砂

なぎ倒された壁と粉々のコンクリート片。むき出しになった鉄筋がぐちゃぐちゃに折れ曲がり、それらを覆っている。二日前までここには確かに家があった。パレスチナ人の大家族がともに暮らすために建てられたものだった。人為的破壊により、それがいまや巨大な瓦礫と化している。

東エルサレム郊外にあるラス・ハミースと呼ばれるこの地のすぐ目の前には、イスラエルの入植地が広がっている。両者はイスラエルが二〇〇二年に建設をはじめた隔離壁で仕切られている。破壊当日の朝、ラス・ハミースや隣接するシューファット難民キャンプ（エルサレム唯一のパレスチナ難民キャンプ）に多数のイスラエル警察が配備され、一帯は緊張に包まれた。そうした状況下で、イスラエル軍が隣のスポーツセンター（パレスチナ人の篤志家がキャンプ住民の健康のためにつくったプールやジムがある）とともに、この家を破壊した。イスラエル当局から建築許可を得ていない建物であることに加え、入植地に近いことから攻撃の拠点になりうる、すなわちイスラエルの安全保障を脅かしかねないという理由によるものであった。

東エルサレムは一九六七年の第三次中東戦争の結果、〈ユダヤ人国家〉を標榜するイスラエルに占領された。住民の多くはパレスチナ人であるが、占領開始後からユダヤ化を図るためにイスラエル人の入植が進められてきた。また、イスラエルは一方的に東エルサレムを西エルサレムに併合し、一九八〇年制定のエルサレム基本法で統一エルサレム（東西エルサレム）を首都と規定した。国際法上、占領は違法行為であるため、エルサレムを同国の首都と認める国はほとんどない。しかし、同盟国である米国のトランプ大統領が二〇一七年一二月にエルサレムを首都と承認して以来（二〇一八年五月、在イスラエル米国大使館がエルサレムに移転）、オーストラリア等の少数の国々が同様に首都承認をする動きがはじまっている。こうした行為は占領の肯定にほかならず、国際法の秩序を著しく失わせるいう意味でも許されるものではない。

東エルサレムにおけるパレスチナ人の家屋の破壊は、二〇一九年に入り加速の一途をたどってている。そのうちの一軒が同年四月二日に破壊された、先述のラス・ハミースの家屋である。なぜ先に建築許可を取得しないのか。そう思う読者もいるだろう。許可が取得できるくらいなら誰が好き好んで破壊されるかもしれない家を建てるであろうか。高額の申請料とともに許可申請をしたところで、パレスチナ人がそれを取得することは極めて難しい。ほとんど不可能といえる状態で待つわけにもいかず、また住居なくして生活が成り立たないために、破壊される危険性があっても家を建てざるを得ない。生活のあらゆる行動を占領者の思惑により支配されること。これが占領下に暮らすということだ。

なお、「戦時における文民の保護に関する一九四九年八月一二日のジュネーヴ条約」（第四条約）五三条は、私人等が所有する動産や不動産に対する占領軍の破壊行為を原則禁止しており、また同四九条は被保護者の強制移送や追放を禁止している。家屋破壊は他地域への移動を住民に強いることになるため、破壊だけでなく強制移送や追放にも相当する。イスラエルは同条約の批准国であるが、東エルサレムやヨルダン川西岸地区（とりわけオスロ合意上、イスラエルが行政権・治安権を有しているC地区）でパレスチナ人の家屋の破壊を繰り返してきた。

わたしを含むキリスト者は聖書の世界を通して、パレスチナ／イスラエルと一定の出会いをしている。その中でわたしたちは同地で起きている現在進行形の出来事を知ろうとしてきたであろうか。「エルサレムの平和を求めよう。」旧約聖書の詩編一二二編六節はそう謳う。はたして、キリスト者はこの有名な聖句を読むときに想像するであろうか。東エルサレムのパレスチナ人の身の上に起きている苛酷な出来事を。破壊された家屋を屈辱的な思いで見上げなければならない住民のことを。

詩編が描くエルサレムは他者との共存を可能ならしめるための街であり、そうであるからこそその地の平和を求めている。エルサレムの平和とは、一九四八年にパレスチナ人の多大な犠牲（虐殺や故郷からの追放）の上に建設されたイスラエルによるエルサレムの排他的支配、ひいてはシオニスト国家の植民地主義的野望のために求められるものではない。

本稿の最後にあたり、自戒を込めてひとつの告白をしておきたい。わたしは二〇〇〇年からキリスト者として現代のパレスチナにおけるイスラエル問題に取り組むようになった。それ以後に自分の足元の問題を見つめる必要性に気がついた。その問題とは、日本がまさにわたしが問題視してきたイスラエルと同様の国家であるという事実である。大日本帝国の植民地支配の歴史と現況に鑑みるとき、アイヌモシリや琉球が誰を犠牲にして北海道や沖縄として成立し、現在にいたったのか、という点が明らかになる。イスラエルの排他的構造を支えるシオニズムの問題を考える際に、愚かにもわたしにはその視点が欠如していた。足元の不正義を考えることなくして、パレスチナで起きている出来事を日本で訴えたところで説得力はない。

日本におけるエルサレムの平和を求める祈りとは、パレスチナ人の解放とともに日本の植民地支配に起因するあらゆる人権侵害の根絶のためになされなければならない。真理や正義とともにある平和の福音（エフェソ六章一四―一五節）は、今後もそうした祈りの延長にある具体的な行動へとわたしを動かしていくだろう。深瀬忠一がキリスト者の憲法学者として平和を求める行動を起こしてきたように。

第21章　福音的平和

――深瀬忠一の学問と信仰

稲　正樹

はじめに

深瀬忠一の学問（特に平和憲法学）とキリスト教への信仰との密接な関係こそ、その生涯を貫いていたものである。本章は、深瀬の力説した「福音的平和」という鍵概念を検討することによって、深瀬が生涯をかけて貫いた学問的営為の根本にあった原動力を明らかにしたい。

一　日本国憲法の無軍備平和主義と聖書の平和の真理との関係

深瀬は、一九六七年のキリスト者平和セミナーにおける講演において、日本国憲法の無軍備平和主義の最も深く最も力強い思想的基礎は、イザヤの予言《ママ》（以下同じ）にあるとして、イザヤ書の二章四節を引用した。

彼はもろもろの国のあいだにさばきを行い、
多くの民のために仲裁に立たれる。
こうして彼らはそのつるぎを打ちかえて、すきとし、
そのやりを打ち変えて、かまとし、
国は国にむかって、つるぎをあげず、
彼らはもはや戦いのことを学ばない。

そして、「神の主権が終わりの日に諸国民のあいだに確立する時にこのことが必ず成る。この終末的な確信、これこそが最も力強い平和憲法の精神的基礎にあるべきではなかろうか」と述べていた(1)。

深瀬は、「つるぎをうちかえてすきとし、もはや戦いのことを学ばない」一国の基本体制が、人類の終末的戦争を結果する核時代に宣言されたと述べ、真実のキリスト者にとっては、平和憲法の誓った「全力をあげてこの崇高な理想を達成する」ことが「いつも全力を注いで主のわざに励む」（コリント第一、一五章五八節）ことに一致しうるという信念を表明した(2)。

深瀬にとっては、終末的平和とは無限の彼方にやってくる座して待つべきものではなく、平和憲法を守り無軍備平和主義を実現していくための、信仰的な覚悟と献身的な働きを要請するものであ

った。

深瀬執筆の「平和憲法の友」（北海道キリスト者平和の会の機関紙）誌上の諸論が、そのことを明記している。

そもそも一国をつるぎによらず平和的手段によって守るためには、国民の鞏固な平和への意志と不断の監視と平和的な力の結集が不可欠であります。しかし、富と権力を握る国内外の力が、今一度の戦争を予想し軍事力にたよって富もうという政治と産業と教育の既成事実を押しすすめてくると、国民の意思はくじけ、道徳感覚は鈍麻し、結束はみだれるのであります。されど、この鈍麻と乱れの「破れ口」に立ち、つるぎの強化によって滅びに向かう体勢に最後まで抗しうる者は誰か。それは非武装平和主義の深く力強い真理の証人たるべきキリスト者ではありますまいか（3）。

平和はただ夢みエンジョイする（楽しむ）だけではだめだ。平和を正義と両立させせつつ確保してゆくためには、戦火によって流す血と涙以上の犠牲を自ら支払う戦いが必要だということが、明らかにされねばならない。子羊のごとく柔和な「平和の君」イエスが、何故に「われは地上に平和をもたらすために来たれりと思うな。平和にあらず、剣を投ぜんためなり」（マタイ一〇・三四）と宣言されたか。パウロが何故に「神の武具」による完全武装を命じたか（エペソ六・一〇―一八）。それは、真の平和を創り出すために暴力抗争以上に厳しく激しい戦いと自己犠牲―十字架上の死に至る―の覚悟がなければ、罪の現実はうちやぶれないからだ（4）。

二　聖書における平和の真理の理解

それでは、深瀬は聖書における平和の真理をどのように理解していたのか。深瀬は、札幌独立キリスト教会における証詞「幸いなるかな平和を創り出す者」において、「旧約聖書における正義と平和」と「新約聖書における愛と平和」を以下のようにまとめている（5）。

旧約聖書は、基本的に平和を正義との関係で問題にしている。神の正義すなわち信仰が確立するところに永遠の平和が約束されている。「正義は平和を生じ、正義の結ぶ果《み》はとこしえの平安と信頼である」（イザヤ書三二・一七）という言葉につくされている。

しかし、イスラエルの民自身がヤーウェに反逆して不実の民となり、信仰を棄てて偶像礼拝に走る罪に対し、審判としての戦争・災厄・滅亡が起こる。旧約の予言者《ママ》（以下同じ）たちは、災厄の予言により指導者と民の不信を批判し、罪を悔い改めて神に立ちかえり、信仰の姿勢を正し、神の約束した平和の恵みを受けよと叫んだ。イザヤ・エレミア・エゼキエル・ミカ等において神は平和の主であることが明確になると同時に、徹底した平和の予言が行われる。歴史の終末の時に平和の神の支配が確立し、戦争のための武器はすべて廃棄せられ、剣をうちかえて鋤となし再び戦争のことを学ばないという恒久平和の世界が実現する。

しかしながら、神の正義の基準《おきて》に照らして何人もそしてどのような集団も完璧ではありえず、エゴイズムから解放されず、罪人であることをまぬかれず、公然あるいは隠然たる正義の神への背反が行われるのが現実である以上、約束された平和は遂に現実的には絶望となる。予言者エレミヤや第二イザヤは、その絶望の淵から、人間とその集団が不正な罪を免れぬものでありながら、にもかかわらず、神が正義であられつつなおその罪を全く忘れゆるして平和を約束する偉大な愛の神の新しい契約を、待ち望まざるをえなくなった。

新約聖書すなわち新しい契約の書は、神が人間の不義のゆえに怒り審判を下す旧約聖書における正義の神である本質を維持しながらも、その不義の処罰を神自ら引き受け、その罪を贖って罪人を赦し、神と人との平和（和解）、人と人との平和（和解）を回復することを約束する新しい契約の神であり、ゆるしと贖罪の愛による平和の神であることを、神の子イエスを通じて啓示した。

三　召命（Beruf）をもたらしたもの

深瀬は、最初の渡仏留学以来、できるならば、日本とフランスのかけ橋、どんなに小さくても世界平和のかけ橋になりたい、そして、どんなに自らの力は乏しくとも、何らかの世界的な学問の成果を出し、世界平和に奉仕できるようでありたい、というとほうもない夢をいだくようになったことを、一九七七年一〇月二日の札幌独立キリスト教会の証詞において、告白している。

この証詞を述べた当時五〇歳であった深瀬は、恵庭事件・長沼事件の裁判に、学者・専門家として、また平和の福音を信ずるキリスト者として、志を同じくする信仰者とともに、研究と実践の大きなエネルギーを傾注せざるをえなかった。そのためフランス憲法や議会制その他のアカデミックな研究は大幅に予定が遅れ、未完のままのこり、さまざまの誤解・中傷や冷遇・圧迫を受け、いわば損をした。しかし、自らの良心に問うて、これ以外ではありえなかったと述懐し、ウォルムスでのルターの言葉 'Ich kann nicht anders' を引用している(6)。

八三歳の二〇一〇年に一生を振り返った札幌独立キリスト教会での証詞においても、「土の器に秘められた神の力、真理が現れる」(コリント信徒への手紙二、四章七節)ために、自らの弱小さをこそ誇りとし、ただただ全盲となった四三歳のミルトンの詩がいうように、「立つのみ(only stand)にて「ひとしく神につかえるのだ(also serve)」のごとく、私にできることをやり抜くだけだ。悠久に続く永遠の命のなかで、二〇世紀と二一世紀をつなぐ瞬間に等しい私の一生に、なくてはならぬ「主の御業」の召命(Beruf)にこたえる平和をつくり出す人とされるヴィジョンこそ、生命をかけるに値する志であることは確かである」と述べている(7)。

恒久平和を追い求めて学問と信仰と社会的実践のはせ場を駆け抜けた深瀬の召命の原点は何か、それがここで明らかにすべきポイントである。

敗戦後の暗闇の中で、深瀬は人生を導いた二つの書物と二人の恩師に出会った。その書物とは「聖書」と「フランス革命論」(カーライル)であり、二人の恩師とは、浅野順一牧師と宮沢俊義教授である。北大において学問、教育に打ち込んだ深瀬は、札幌独立教会員に転籍し、「札幌を源流とするキリスト教平和主義」につながることができたことが、神の導きたまいし恵みだったと述懐している(8)。

深瀬は二二歳の時、浅野順一牧師の牧会する美竹教会で洗礼を受け、キリスト者となった。その母教会である美竹教会において、七七歳の二〇〇四年六月一九日に行なった講演(9)において、次のように述べている。

浅野先生は、太平洋戦争に徴兵されたが、敗戦により復員され、空襲で焼け残った自宅を解放して、美竹教会の伝道を始められた頃、二〇歳そこそこだった私の魂に鮮明に刻み込む説教をされた。その結論の言葉が、今でもはっきり記憶に残っている。「諸君、イエスは青年を召していたもう。この日本再建の為に、否、世界の平和の為に諸君を必要として召していたまう」(『反省と出発』一九四八年)。

深瀬は当時、「軍事大国日本の破滅」によって、空襲で焼け野原となった郷里高知に陸軍士官学校から復員し、それまで五年半にわたって受けてきた「徹底した軍人教育」の「天皇を神とする信仰」と「皇軍は絶対正しく聖戦は勝利するという信念」が根本的に間違っていたことを知らされ、精神的暗闇にほうりだされた。「真の神」と「わが国の歩むべき正しい道」を手探りで暗中模索していた時であった。旧制一高のフランス語のクラスに入った深瀬は全寮制の寮から歩いて、近くにあった浅野先生の自宅に毎朝暗い六時からの早天祈祷会に、学友と共に参加していた時であった。だからこの言葉は、私の生涯を決める「神の声」と響いた。

そして長沼裁判と深いかかわりをもって研究し実践してきた成果を著書として出版するか否かを

思案していた深瀬を導いたのが、浅野がこの説教で引用したフィヒテの言葉であった。二七年後に、その引用されたフィヒテの言葉が、『長沼裁判における憲法の軍縮平和主義』（日本評論社、一九七五年）の中に残っている。「Ich bin dazu berufen, der Wahrheit Zeugnis zu geben.（私が召されたのは、真理を証しすることだ）」。

この講演の結論「待望のはせ場」において、深瀬は自らの人生の意味を以下のようにまとめている。

私の魂の中に、神の与えたまいし「生命への畏敬」のシュヴァイツァーの精神は生き続け（深瀬は一九五九年一一月三日パリのホテルでシュヴァイツァーに直接面談する機会に恵まれた）、二〇世紀を通じて形成された「札幌を源流とするキリスト教平和主義」の流れと合流し、浅野先生が私の若き日に生涯を導く「神の声」を聴かせ、「預言者的信仰」に基づく「平和憲法学」の開拓と追求の「使命に召し」てくださったことが、「昭和世代」の私が地上に「生」を受けた本当の意味であることが、今こそわかりました。この新たな命は（「平和をつくり出す人たちは、幸いである」〔マタイ五の九〕という「平和の福音」を証しする「北海道キリスト者平和の会」の同信の同志も共に）、私の肉体の衰えや死を越えて、新しく若い世代の魂に蘇り受け継がれて生き続け発展し続けて、「走っても疲れることなく、歩いても弱らず、新たなる力」（イザヤ四〇の二八―三一）を与えられ、二一世紀の歴史を動かす「平和の主」なる神の力に用いたまうでありましょう。

この講演の一六年前の一九八八年六月一八日に、東洋英和女学院講堂で行なった講演(10)では、浅野順一先生の予言者的信仰と平和の福音の証しと、平和憲法擁護の精神を、今こそ新たに継承発展させなければならないとして、浅野精神の予言者的信仰に関連して、以下の三点の指摘をしている。

第一に、予言者イザヤの恒久平和――神が戦争を廃止し軍備を農具にかえる――二七〇〇年前の予言（二章四節、一一章一―九節）が、平和憲法の人類史に遡る原点にあるという信仰が、確信を与えつづけた。

第二に、エレミヤの召命体験が、恵庭事件に取り組ませる光となった。神が若きエレミアを予言者として召そうとした時、エレミアは「私は若造で口べただからどうぞごかんべんを」としりごみしたが、神はその躊躇を打ち消して、万国の予言者に召して用いられた（エレミア書一章）。神が、平和憲法を、日本国民のため守りなさいとおっしゃっていることが否みえないなら、その召しにしたがわなければならないという信仰の良心にしたがって、憲法裁判に取り組んだ。

第三は、エゼキエルの責任感が支え続けた。憲法裁判すなわち市民の政治的実践活動においては、ただ動機がよければよいという心情の倫理だけではなくて、結果に責任を負わねばならない。この考えを強めてくれたのがエゼキエルだった。

「わたし（神）は、国のために石がきを築き、私の前にあって敗れ口に立ち、私にこれを滅ぼさせないようにする者を、彼らのうちに尋ねたが得られなかった。それゆえ、わたしは彼らを滅ぼす」（エゼキエル書二二章三〇節）。

平和憲法の「空洞化」がすすもうとも、軍事化の大勢に「なんとなく」追随するのでなく、どんなに少数でも、神の前に「敗れ口に立」って平和憲法体制を守るため「石がきを築」くものが、いるか、いないかこそが問題なのだ。そういう「残れる者」が健在である以上、この国は神によって滅されることはない。

四　福音的平和

深瀬の憲法裁判における理論的貢献、平和的生存権研究、総合的平和保障基本法試案の提唱、恒久世界平和の理念を現実化する『平和憲法の確保と新生』のビジョンの探求といった学問的営為と社会的実践の総体を根本において支えていたものは、彼の「平和の福音」への信仰であった。以下では、「福音的平和」と題する札幌独立キリスト教会における一九八三年一二月一七日の証詞の概要を紹介し、若干のコメントを付け加える(11)。

深瀬は、「福音的平和」とは、夢、幻、錯覚ではない。理想であるがそれ以上のものであり、「人生を魂の奥底から新しくする、死んだような状態から生命によみがえらせ、人間の社会、しかり、人間世界を創り変える力あるもの」だと主張する。「この世のあらゆる罪と死と闘って遂には勝利をえ、永遠に生きることをえさせてくださる神の力、信仰がある、その証人たちが雲のようにいる、われらも人間としての功なくして、ただ救い主イエスを信じ彼に従う信仰によって、死に、う、ち、勝って生きる平和が約束されている。福音的平和の第一義＝根本はそこにある」と述べている。そこから、以下のような福音的平和の根拠と特色が生まれてくる。

第一に、福音的平和の原点は、「キリスト・イエスは私たちの平和である」（エペソ二・一四―一六）という一点に凝縮され、結晶しています。すなわち、十字架の血によって人の罪をあがない、神と人と平和を回復し、人と人との敵意を滅して、「新しい人」につくりかえ、永遠に生きる平和を約束していたまうイエスに啓示されている神の愛に、福音的平和の根拠と第一の特色があるのであります。

エフェソの信徒への手紙二章一四―一八節は以下のような文言からなる。「実に、キリストは私たちの平和であります。二つのものを一つにし、御自分の肉において敵意という隔ての壁を取り壊し、規則と戒律ずくめの律法を廃棄されました。こうしてキリストは、双方を御自分において一人の新しい人に造り上げて平和を実現し、十字架を通して、両者を一つの体として神と和解させ、十字架によって敵意を滅ぼされました。キリストはおいでになり、遠く離れているあなたがたにも、また、近くにいる人々にも、平和の福音を告げ知らせられました。それで、このキリストによってわたしたち両方の者が一つの霊に結ばれて、御父に近づくことができるのです。」

エフェソ書はここで、イエス・キリストが敵意をもって対立している人々を一人の新しい人にすることによって、対立する人々間に平和を実現し、自ら十字架を負われて、犠牲になって苦しみ死ぬことによって、対立する両者を一つの体にして神との和解を実現し、神と人との関係を正しく立て直し、十字架によって人々の間の敵意を滅ぼされた。

神の一人子であるイエス・キリストが人の形をとってこの地上に来られたことによって、遠く離れている人々（異邦人）にも近くにいる人々（ユダヤ人）にも、つまりすべての人々に平和の福音が告げ知らされることになったと言う。神の一人子がこの地上に来られたことによって、対立する者たちが一つの霊に結ばれて、父である神に近づくことができる。

ここでは、イエス・キリストの十字架によって相争う地上に平和がもたらされ、イエス・キリストの十字架によってすべての人が救われたというキリスト教信仰の根本的テーゼが述べられている。十字架によってのみ神と人の垂直的な関係が正される。そして、垂直的な関係の回復とともに、人々を隔てている敵意も滅ぼされてしまい、人と人の間の水平的な関係においても平和が実現される。キリストによる十字架の贖いによって、神と人との和解、そして人と人の間の平和が実現されるという真理を、深瀬は「平和の福音」という言葉で述べている。

福音的平和の第二の特色は、普遍的な、徹底した、人間への愛に基づく平和、ということがあげられます。人間一人一人、どの国の国民であろうと、人類全体として、人間の尊さと基本的な権利をいとおしみ、そのいのちを全うしようと切に祈り、務めるゆえの平和であります。ある人が、どのような人種、皮膚の色、性、言語、宗教、政治的イデオロギーその他の意見、民族的あるいは社会的出身、貧富、教養や才能等の人であろうが、なかろうが、差別することとのない（国際人権規約ＡＢ第二条参照）平和であります。いなむしろ、民族的にあるいは社会的に、小さく弱く貧しい病んだ人に対して、より深いいつくしみとより大きな愛が注がれる平和であります。人間一人一人の個人に、神の似姿が宿り、またイエスの愛によって神の姿が回復されるのだからです。

だからこそ、「福音的」といえるのですが、それは、実は革命的な挑戦の要素を含んでいます。なぜなら、この世においては、強大で富んだ壮健な国や集団や個人が支配力を振い、弱者がしいたげられ、あるいは隷従を余儀なくされる現実があるからです。

深瀬の指摘するこの二番目の特色は、日本国憲法憲法の一三条＝「すべて国民は個人として尊重される」という規定と共鳴している。

世界には六〇数億の人々が存在しており、その一人一人がみな個人である。その属する国家、民族、宗教、思想と関わりなく、すべての人々の自由と権利、利益は平等に尊重される。さまざまな属性の違いにもかかわらず、すべての人は神によって土から造られ命の息を吹きかけられて生を与えられた（創世記二章七節「主なる神は土（アダマ）の塵で人（アダム）を形づくり、その鼻に命の息を吹き入れられた。人はこうして生きる者となった」）。人間諸個人の属性は、各人の個性であって、様々な違いはあるが、神によって造られたかけがえのない存在であり、他の人によっては取り替えることのできない価値をもっている。

「民族的にあるいは社会的に、小さく弱く貧しい病んだ人に対して、より深いいつくしみとより大きな愛が注がれる平和」という深瀬の指摘は大切である。憲法第九条の独創的平和三原則の第三平和原則として、深瀬は、「戦争と軍備による侵害・圧迫から免れた『平和的生存権』の日本国民への保障の実行モデルを提示しつつ、全世界の国民（人類）がそれをひとしく尊重される『正義』に基づく人類平和『秩序』の建設に努める」ことを指摘している。また、総合的平和保障基本法試案の第二条「平和的生存権の確保・拡充と協力責任」に関して、国内的・国際的・人類的に「平和的生存権」をひとしく尊重する秩序の建設のために「平和国家的公共の福祉」への協力責任を進んで引き受ける日本国民への期待を述べている(12)。これらの憲法学上の主張は、福音的平和の第二命題（特色）を基盤にしている。

最後に、「福音的平和」の第三の特色を以下のように述べている。

第三の特色は、福音的平和の実現の仕方において、平和の敵は人間と世界を不信と敵対関係に呪縛している「天上にいる悪の霊」（「血肉に対するものではない」）であり、正義の実現を目指し、清潔明朗のうちに、無限の忍耐と寛容をもって闘い抜いて遂には勝利する、その平和に徹した闘い方にあるのであります。

平和が闘いを含むとは、日本人の伝統的考え方になじみにくいのですが、聖書は、暴力的戦争に勝るとも劣らぬ厳しい戦争をすすめています。それは、罪と不正と腐敗の現実に対して、正義が貫徹することなくして真の平和はありえないからです。……その愚かさと狂気と悲惨をどうにもならないような仕方で現実に引き起こしている悪魔的な力（「もろもろの支配と、権威と、やみの世の主権者、また天上にいる悪の霊」エペソ人への手紙六・一二）こそが真の敵であることを明確にしなければなりません。福音的平和の敵とは、このような巨大な世界的、宇宙的な勢力であります。

こういうすごい敵を相手にするのは無謀で、とうてい勝算ありと思えません。けれどもパウロは言っています。「主にあって、その偉大な力によって、強くなりなさい。悪魔の策略に対抗して立ちうるために、神の武具で身を固めなさい。……悪しき日にあって、よく抵抗し、完全に勝ち抜いて、堅く立ちうるために、神の武具を身につけなさい」（エペソ六・一〇、一三）。そして、神の武具が列挙されています（六・一四―一八）。そこでパウロが、神の完全武装―これは身に寸鉄も帯びぬ武装―により、祈りに支えられて、「完全に勝ち抜いて、堅く立ちうる」と述べていることは、決して嘘ではない、人間の力では不可能なことが、「神の偉大な力」によって真実・現実に起こりうるのであります。

ここでは、福音的平和とは座してその実現を待つのではなく、あらゆる平和的手段によって平和の敵に対する闘いを通して勝利することの必然性が述べられている。

平和の敵とは、「支配と権威、暗闇の世界の支配者、天にいる悪の諸霊」（エフェソ書六章一二節）という、圧倒的な悪魔的な力である。この世の権力者、独裁者、抑圧的体制、搾取者をはるかに越えた、人間の平和のうちに生存する権利をすべて奪い去るもの、平和ならざる状態（peacelessness）

を生み出している、血肉を越えた存在、諸勢力が私たちの闘う相手と言えようか。

そのような相手に対して、私たちは、よく闘い最終的に勝利を得ることができるのか。深瀬はできると言うが、エフェソ書の著者パウロも、六章一〇節以下の「悪と戦え」というところで、それができると断言している。

深瀬にとっては、永久平和の建設ほど戦闘的精神と犠牲的精神を必要とするものはなく、「平和の戦士は、戦争における殺戮破壊の蛮勇にまさる、平和の真勇を要する」ものであった(13)。

結びにかえて

深瀬は生涯札幌を根拠にして、平和憲法学のビジョンを実現する志を世界に向けて表明し続けた。若い日に出会った召命に誠実にこたえ、平和の福音を信じ実現するたたかいを進め、平和憲法の確保と新生の時がきたことを述べ伝え続けた。

平和憲法を最高法規として、その法規範性、平和的生存権を憲法の番人に守らせ裁判所の一角を確保したのみならず、その政治規範性、政策の指針を今こそ転換するビジョンを、政治部門に、国会、政府、地方会議《ママ》、行政部を変え、提言できるようでなければならないのではないか。

私はまったく非力な一憲法学者ながら、生きて努めぬき、皆と共に力をあわせて平和への道を進ませていただきたいと祈る(14)。

「平和的生存権、人間の安全保障を広め、日本国憲法学研究が進まねばならない。永遠の世界平和のために、『わが人生、全生涯をかけて、この一事をなせば足れり』と告白しうることを念願して、結びとしたい(15)」という晩年の深瀬の若々しい言葉が残されている。

深瀬の生涯における苦闘を身近において見聞した者の一人として、深瀬の志を受け継いで、憲法九条と平和的生存権に基づく平和構想、国家構想、地域秩序を説得的に提示し、多くの国民の支持を獲得するという課題があることを実感する。

（1）「平和憲法の原理」高橋三郎・深瀬忠一（共著）『聖書の平和主義と日本国憲法』聖燈社、一九六七年、一二五頁。
（2）「平和憲法と実践」同上書、一七八―一七九頁。
（3）「身近にできること」『平和憲法の友』第一号、一九六四年九月一二日、深瀬忠一・橋本左内著『平和憲法を守るキリスト者――恵庭事件におけるキリスト者の証し』新教出版社、一九六八年、一一三―一一四頁。
（4）「平和の主体と質」『平和憲法の友』第九号、一九六六年三月一〇日、同上書、一四〇―一四一頁。
（5）「幸いなるかな平和を創り出す者」札幌独立キリスト教会証詞（一九七三年九月三〇日）。深瀬忠一・榎本栄次（編著）『北からの平和』新教出版社、一九七五年、四〇―四二頁。
（6）「夢とその実現過程」深瀬忠一・大友浩（編著）『北国の理想―クラーク精神の純化と展開』新教出版社、一九八二年、四〇―四一頁。
（7）「平和をつくり出す人たちは、さいわいである（その三・完）」『独立教報』第三五四号、二〇一〇年。

（8）「平和を作り出す人たちは、さいわいである（その一）」独立教報第三四〇号、二〇〇八年。
（9）「〈第一〇回浅野順一先生記念講演会〉二〇世紀から新しい世紀に向かう昭和世代の『平和憲法学』──浅野先生の預言者的信仰に学びて──」『共助』第五四巻第一二号（通巻第五八七号）基督教共助会出版部発行、二〇〇四年一二月、一三─二六頁。
（10）「〈第七回浅野順一先生記念講演〉平和憲法の転機と世界化の可能性──『平和の福音』信仰に基づき、『日本文化』の根本的欠陥をのりこえて『新しい文明』の創造をめざす──」『共助』一九八九年一月号、六─一五頁、深瀬忠一『平和の憲法と福音』新教出版社、一九九〇年、一二一─一四〇頁に収録。
（11）「福音的平和」『平和の憲法と福音』新教出版社、一九九〇年、一五─三〇頁に収録。
（12）『戦争放棄と平和的生存権』岩波書店、一九八七年、一二五─二四二頁、四五一─四五二頁。
（13）「〈特別寄稿──W・S・クラーク博士没後一〇〇年特集──〉クラーク先生の精神と札幌独立キリスト教会」『北大時報』第三八三号、一九八六年二月、一二─一五頁。
（14）「札幌大通りにちなみて」二〇一一年三月二七日礼拝証詞。
（15）「札幌を源流とする立憲民主平和主義」二〇一四年三月三〇日礼拝証詞。

あとがき

執筆者に対する執筆依頼状を送ってから、一年後の今日、新教出版社から送られてきた初校の原稿を見て感無量である。執筆を依頼したほとんどの方から応諾の返事をもらい、大半の執筆者は、六月の原稿の締め切り前後の時期に完成論文を提出してくれた。追悼論文集としての本書は、故人に親しかった方々にそれぞれの思いを語ってもらうのではなく、テーマを分担し、できるだけ多様な人に登場してもらい、全体として深瀬忠一の人と学問の全体像をできるだけ客観的に明らかにし、そして、それを次の世代に継承していくことを目指している。

巻頭の西村論文（第1章）は、巻頭に相応しい内容で、キリスト教信仰を中心に据えた深瀬の人と憲法学という学問への貢献を的確に示す見取り図になっている。深瀬の憲法学の主要な研究テーマは、平和主義、議会制民主主義およびフランスを中心とした比較憲法であるが、恵庭事件を契機に平和主義研究に多くの時間が割かれるようになった。その結果、議会制研究（第6章岡田論文）や解散権の憲法上の制約（第7章高見論文）で示された高い水準の研究が中断したことは、現在議会の審議機能が形骸化していることを見るにつけ残念なことと言える。

深瀬の平和主義研究は、その発端になった恵庭事件、そしてその主人公であった野崎兄弟との出会いが大きい。「平和のために戦う自主独立の個人」の「権利のための闘争」という深瀬の評価は、確かなものであった。本書でも、野崎健美に登場してもらい、憲法一二条の不断の努力による平和に生きる権利であることに対する思いを語ってもらった（第9章）。放送や映画でも取り上げられたことも大きい（第14章小林論文、稲塚コラム1）。なお、野崎健美は、事件終了後長らく社会的に沈黙していたが、その間、酪農家として牧場の再建を図り、現在は高い品質の食品の製造で社会的にも評価されている。恵庭事件をめぐる弁護団、支援団体が重要な役割を果たしたことは疑いのない事実である（第10章内藤論文、第11章福原論文、第12章山本論文）。

日本の憲法裁判は、恵庭事件（刑事事件）、長沼事件（行政事件）のように具体的事件を前提に憲法判断が行われる。具体的事案の妥当な解決と憲法判断の是非との関係が問題になる（第2章蟻川論文）。具体的な裁判とのかかわりで深瀬が理論化した平和的生存権は、憲法判断を裁判所に求めるため、憲法九条が統治機構にかかわる規定であると同時に人権の根拠規定でもあるということである（第4章小林論文、第13章前田論文、第15章笹本論文）。深瀬理論は、現在行われている安保法制違憲訴訟（第3章志田論文）、陸上自衛隊南スーダンPKO派遣差止訴訟（池田コラム2）でも理論的支柱として活用されている。

憲法九条は、理想を追求するもので、現実性を欠いているという批判は憲法学者によく加えられる。深瀬は、「はじめに」で述べているように、憲法施行四〇年、五〇年、六〇年を記念した三つの共同研究で中心的な役割を果たしながら、軍備によらない総合的平和構想を積極的に提案してきている（第5章水島論文）。

深瀬の信仰と学問に関しては、深瀬憲法学の平和保障のヴィジョンが、「ソフトパワー・リアリズム」と「アイディアリズム」が現実の世界において結節していく「方向と軸」を示している、という指摘は興味深い（第20章千葉論文）。深瀬の信仰と学問、家族活動を軸とした全体像については、身近な家族の目を通して、その生涯が描かれている（第16章深瀬論文）。最後の章では、深瀬の学問の根底にあった信仰の意味が論じられている（第21章稲論文）。

深瀬の人と学問でさらに触れたいことは、大学の教師としての貢献である。北海道大学教養部での日本国憲法と法学部での憲法を受講した学生の数は多い。卒業生を代表した形で深瀬の教育者としての実像を明らかにするのが高崎コラムである（コラム4）。また、私見にわたることを許してもらえば、吉田は、保育園教育を論ずる中で、訃報の新聞記事で、私が深瀬について、「研究には厳しい一方、教育者としては学生をほめながら伸ばす、温かさと包容力のある人であった」と語ったことを述べている（第18章）。私の恩師深瀬忠一に対する言葉はこの一言に尽きる。

最後に、編者の意向を尊重して、力の籠った原稿を寄せてくださった執筆者の皆様に感謝したい。なお、編者として三名の名前を連ねているが、実際には、出版の企画、原案の作成、執筆者との連絡その他一切の事務的な作業は、稲正樹の献身的な働きによるものであることを記しておきたい。

平和憲法への熱き思いに充ちた本書が、多くの人々に温かく迎えられることを願ってやまない。

二〇二〇年一月

編者を代表して

中村睦男

執筆者紹介

はじめに　稲　正樹

第1部　憲法学者からみた深瀬憲法学

第1章　西村裕一（北海道大学准教授）
第2章　蟻川恒正（日本大学教授）
第3章　志田陽子（武蔵野美術大学教授）
第4章　小林　武（沖縄大学客員教授）
第5章　水島朝穂（早稲田大学教授）
第6章　岡田信弘（北海道大学名誉教授、北海学園大学教授）
第7章　高見勝利（北海道大学名誉教授、上智大学名誉教授）
第8章　中村睦男（北海道大学名誉教授、北海道大学元総長）

第2部　憲法裁判と平和的生存権の拡大

第9章　野崎健美（恵庭事件元被告）
第10章　内藤　功（弁護士）
第11章　福原正和（北海道平和委員会理事、小児科医師）

第12章　山本光一（日本キリスト教団京葉中部教会牧師）
第13章　前田輪音（北海道教育大学大学院教育学研究科准教授）
第14章　小林亮夫（ＮＨＫディレクター）
コラム1　稲塚秀孝（株式会社タキオンジャパン代表取締役）
第15章　笹本　潤（弁護士、東京大学大学院総合文化研究科博士課程）
コラム2　池田賢太（弁護士）

第3部　深瀬忠一の人と信仰・学問

第16章　深瀬ふみ子（ニューヨーク市立クイーンズ大学非常勤助教授）
コラム3　野村永子（元靖国神社国営化阻止道民連絡会議事務局次長）
第17章　小野善康（岩手大学名誉教授）
コラム4　高崎裕子（弁護士）
第18章　吉田行男（発寒ひかり保育園園長、札幌学院大学非常勤講師）
コラム5　橋本左内（牧師、北海道キリスト者平和の会）
第19章　大友　浩（札幌独立キリスト教会主管者）
第20章　千葉　眞（国際基督教大学特任教授）
コラム6　清末愛砂（室蘭工業大学大学院工学研究科准教授）
第21章　稲　正樹（元国際基督教大学教授）

あとがき　中村睦男

平和憲法とともに　深瀬忠一の人と学問

2020年2月29日　第1版第1刷発行

編　者……稲 正樹、中村睦男、水島朝穂

発行者……小林　望
発行所……株式会社新教出版社
〒162-0814 東京都新宿区新小川町9-1
電話（代表）03 (3260) 6148
振替 00180-1-9991
印刷・製本……モリモト印刷株式会社

ISBN 978-4-400-40748-5　C1016